初中

发展中的化学科学

——基于真实情境的单元项目式学习

第一册

江合佩　王　春　编著

山东科学技术出版社
·济南·

图书在版编目（CIP）数据

发展中的化学科学：基于真实情境的单元项目式学习. 第一册 / 江合佩，王春编著. -- 济南：山东科学技术出版社，2024.12
ISBN 978-7-5723-1081-2

Ⅰ. ①发… Ⅱ. ①江… ②王… Ⅲ. ①中学化学课－高中－教学参考资料 Ⅳ. ① G634.83

中国国家版本馆 CIP 数据核字 (2024) 第 021600 号

发展中的化学科学
——基于真实情境的单元项目式学习　第一册
FAZHAN ZHONG DE HUAXUE KEXUE
——JIYU ZHENSHI QINGJING DE DANYUAN XIANGMU SHI XUEXI DI-YI CE

责任编辑：孙　婷　曲丕丞　赵　霞
装帧设计：侯　宇

主管单位：山东出版传媒股份有限公司
出 版 者：山东科学技术出版社
地址：济南市市中区舜耕路 517 号
邮编：250003　电话：（0531）82098030
网址：www.lkj.com.cn
电子邮件：jiaoyu@sdkjs.com.cn
发 行 者：山东科学技术出版社
地址：济南市市中区舜耕路 517 号
邮编：250003　电话：（0531）82098067
印 刷 者：山东联志智能印刷有限公司
地址：山东省济南市历城区郭店街道相公庄村文化产业园 2 号厂房
邮编：250100　电话：（0531）88812798

规格：16 开（184 mm × 260 mm）
印张：19　字数：340 千
版次：2024 年 12 月第 1 版　印次：2024 年 12 月第 1 次印刷
定价：78.00 元

本书为全国教育科学“十三五规划”2018 年度教育部规划课题“STEM 视域下中学理化项目式学习课程实践研究”（课题编号：FHB180605）暨福建省教育科学“十三五”规划 2019 年度教育教学改革专项课题（课题编号：Fjjgzx19-059）研究成果

发展中的化学科学（初中版）

编委会

主　　编： 江合佩　王　春

副 主 编： 赵　扬　庞艳丽　徐俊龙　王曙华　叶燕珠

主要编写者： 李海洋　朱海凤　肖毛毛　庞艳丽　王　蕾　张旭忠
郑潇洁　胡若欣　肖　品　贾春丽　杨碧珣　王　瑶
盛麟添　赵　扬　商建波　何文杰　傅雷晓萌
董　阳　王　薇　张　涛　陆　平　赵亚楠　钟一楠

致同学们

欢迎同学们进入基于真实情境的项目式课程的学习！

依据《义务教育化学课程标准（2022年版）》，化学课程设置五个学习主题，即“科学探究与化学实验”“物质的性质与应用”“物质的组成与结构”“物质的化学变化”“化学与社会·跨学科实践”。其中，“物质的性质与应用”“物质的组成与结构”“物质的化学变化”三个主题，是化学科学的重要研究领域；“科学探究与化学实验”“化学与社会·跨学科实践”两个学习主题，侧重科学的方法论和价值观，反映学科内的融合及学科间的联系，凸显育人价值。

化学是研究物质的组成、结构、性质、转化及应用的一门基础学科，其特征是从分子层次认识物质，通过化学变化创造物质。化学是自然科学的重要组成部分，也是材料科学、生命科学、环境科学、能源科学、信息科学和航空航天工程等现代科学技术的重要基础。化学是推动人类社会可持续发展的重要力量，在应对能源危机、环境污染、突发公共卫生事件等人类面临的重大挑战中发挥着不可替代的作用。依据《义务教育化学课程标准（2022年版）》的理念和要求，我们编写了本书，精心选择促进核心素养发展的化学课程内容，注重结合已有生活经验，反映化学科学发展的新成就，体现化学课程内容的基础性、时代性和实践性，注重学科内的融合及学科间的联系，引导同学们利用结构化的知识拆解真实问题情境，形成化学观念，解决实际问题；经历科学探究，能从化学视角对常见的生活现象、简单的跨学科问题进行探讨，能运用简单的技术与工程的方法初步解决与化学有关的实际问题，增强实践能力，倡导“做中学”“用中学”“创中学”；发展证据推理、变化观念、“宏观—微观—符号”三重表征、模型建构等科学思维，强化创新意识。在体验过程中形成严谨求实的科学态度和主动担当的社会责任。该书课程内容的设置并不需要同学们对化学前沿问题有系统的了解，而是结合化学的前沿领域和当代社会的热点问题，了解我国化学发展的机遇和挑战，鼓励同学们关注并投身于化学事业。

本书全面贯彻党的教育方针，落实立德树人根本任务；以课程标准为依据，促进学生核心素养发展；加强学生必做实验，系统规划、设计跨学科实践活动，引导学生运用多学科知识和方法解决实际问题。在内容选择上力求凸显化学学科特征和育人价值，重视知识间的内在联系，精选有利于促进大概念形成和发展的核心知识，体现价值性与基础性的统一。着力选择体现化学对人类文明发展有重要贡献的情境素材，引导学生认识科学本质，传承科学精神，感悟民族智慧，增强文化自信，体现科学性与人文性的统一。选择密切联系学生生活经验和社会发展现实，反映时代特点和现代意识，体现跨学科知识内容，帮助学生了解科学、技术、社会、环境的相互关系，对某些社会问题作出积极的思考和决策，培养学生从化学学科及跨学科视角分析和解决实际问题的能力，体现科学性与生活性的统一。选择重视实验探究活动，围绕核心知识精选实验内容，设计有科学探究意义的实验活动，为学生提供亲身经历和体验实验探究的机会，充分发挥化学实验的教学功能，培养学生的创新意识和实践探究能力，体现理论性与实践性的统一。

本书在呈现形式上具有一系列独具匠心的设计：突出单元主题的价值导向，每个项目开始设置“单元项目学习引导”栏目，呈现真实情境，提出问题，为同学们的探究学习做好铺垫；体现知识形成与探究的过程，通过“思考交流”“活动探究”“阅读探讨”等活动性栏目组织同学们进行自主探究和开展合作学习，并利用“方法导引”栏目对有关任务活动铺设合理的台阶；采用生动多样的呈现方式，利用“科学史话”“知识链接”等资料性栏目拓展同学们的认识；每个项目都有“单元项目梳理”栏目，旨在通过具体真实情境问题的解决抽提出解决一类问题的思维模型，帮助同学们形成远迁移能力；设计多种评价方式，每个项目的“单元项目检测”按照“学习理解”“应用实践”“迁移创新”三个层次精选习题，帮助同学们应用模型解决问题。

相信本书能够成为同学们体验现代化学发展的面貌和方向、增进对化学科学的整体感知、提升研究化学潜能的好帮手；为同学们在学校的组织和老师的指导下建立问题解决的思路与方法，深化对化学基本原理、基本观念的理解与认识，促进对科学本质的理解，增进对化学的兴趣，树立学习和研究化学的志向提供有效途径。

愿基于真实情境的项目式学习之旅与您开启一段美好而高效的探索物质及其变化世界的新旅程！

CONTENTS

目录

项目1　提高室内环境舒适度

——运用跨学科综合视角解决生活问题

任务一　平衡教室内的氧气含量
任务二　调节教室内的温度
任务三　调节教室内的湿度
任务四　去除教室内的可吸入颗粒物

单元项目设计意图

本项目以“提高室内环境舒适度”为主题，引导学生从跨学科视角分析生活问题，并运用所学知识设计方案、分析利弊、选取合理方案解决问题。本主题涉及的主要学习内容包括：空气是一种宝贵资源、氧气的性质、碳氧循环、实验室制取氧气的方法。

本主题借鉴项目学习理论，本着“在活动中体验，在体验中感悟，在感悟中成长”的理念，努力创设活动情境，引导学生在探究过程中发展“变化观念与平衡思想”“科学态度与社会责任”核心素养。

单元项目学习目标

1. 通过对影响室内舒适度要素的分析，学会从多角度研究物质，形成研究物质性质的一般思路和方法。

2. 通过“平衡教室内的氧气含量”活动，认识高锰酸钾、过氧化氢制取氧气的原理、装置，初步了解实验室制取气体的一般思路和方法。

3. 通过“调节教室内的温度”活动，认识温度和温度计，自制简易温度计，学会调节室内温度的方法。

4. 通过“调节教室内的湿度”活动，学习湿度计的工作原理，学会描述物质的固、液、气三种物态的基本特征，尝试对环境湿度问题发表自己的见解。

5. 通过“去除教室内的可吸入颗粒物”活动，体会空气对人类生活的重要作用。在教师指导下或通过小组讨论，提出活动方案，制订科学探究活动计划。

6. 通过对碳氧平衡的认识，体会物质世界存在变化与平衡，感悟化学的学科价值，培养“科学态度与社会责任”核心素养。

单元项目学习引导

寒冬已至，科学小组对同学们在学校的学习状态做了调查，了解到：教室内暖气温度有点高，同学们时常昏昏欲睡；空气过于干燥，同学们口干舌燥，有时还可能流鼻血；空气质量不好时想开窗透透气，却不知开多长时间。为了解决同学们的烦恼，你能给出适切的解决办法吗？

同学们在学校里的大多数活动都集中在室内，因此拥有一个如同处于大自然般舒适的教室环境是大家的追求。经研究表明，影响室内环境舒适度的要素包括温度、湿度、气流速度、氧气含量、灰尘和气味。这些要素是人容易感知的，它们能够直接影响人们的舒适程度。由于现在建筑物的封闭性，加上人们夏天经常使用空调、冬天经常使用暖气，室内空气环境中的气流速度基本上是稳定的，但是氧气含量却不断下降，同时二氧化碳含量、灰尘含量和气味因人们的活动而增加，降低了教室内空气的质量。

因此，我们应运用所学知识，从温度、湿度、氧气含量和可吸入颗粒物含量四个维度，设计切实可行的解决方案，并且设计出有效的工具，改善教室内的空气质量。

任务一 平衡教室内的氧气含量

活动 1 认识氧气

科学史话 人类对氧气的认识经历了漫长而曲折的过程。

1774 年，英国化学家普利斯特里进行了关于燃烧的实验。他在给氧化汞加热时，得到一种新的气体，这种气体既能助燃又能支持人的呼吸。事实上，普利斯特里已经制得了氧气，但由于受“燃素说”的影响，他错误地认为这种新气体是“无燃素的空气”。

在普利斯特里之前，瑞典化学家舍勒在加热硝酸盐的过程中也曾得到这种气体。但可惜，舍勒也是“燃素说”的信奉者，他错误地认为这种气体是“火气”，燃烧正是燃素与火气结合的结果。

普利斯特里向法国化学家拉瓦锡(图 1-1-1)介绍了自己的实验，拉瓦锡随后重复了这一实验。拉瓦锡认为“燃素说”存在严重缺陷，因此得出了现在公认的“氧化学说”。同时，他将空气中能支持燃烧，性质活泼、体积约占 1/5 的气体命名为“氧气”，而称其他无法支持燃烧的气体为“氮气”。

图 1-1-1 法国化学家拉瓦锡

对空气成分的研究经历了 100 多年的时间，无数科学家对此进行了不计其数的实验，推翻了许多旧有的理论。在这个过程中，人们不仅发现了许多新的元素，建立了新的学说，也为之后的化学发展奠定了基础。

思考交流 结合图 1-1-2 思考：动植物的呼吸利用了氧气的哪种性质？自然界中有哪些途径产生氧气？

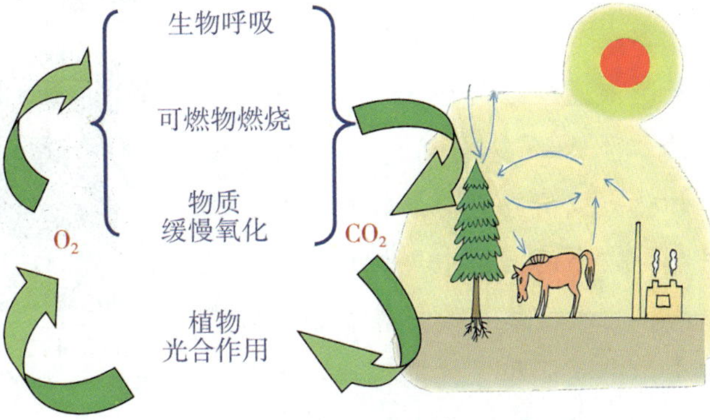

图 1-1-2 绿色植物与生物圈中的碳氧循环

动植物的呼吸需要消耗氧气，利用了氧气能供给呼吸的性质。自然界中，绿色植物的光合作用可以吸收二氧化碳，产生氧气。

资料在线 【资料 1】空气中氧气含量对人体的影响

正常情况下，空气中含氧量为 21% 左右（体积分数），当氧气含量为 19.5% ~ 23.5%，人能够正常生活。在这个区间以外，氧气含量过低或过高，对人体都是有一定危害的。氧气含量低于 19.5% 时，人就会呼吸加速、感到疲劳和无力、工作效率降低；氧气含量低于 12% 时，人就会判断力丧失、呼吸困难、出现嘴唇发紫的症状；氧气含量低于 10% 时，人就会呕吐、无法行动、失去意识甚至死亡。

【资料 2】新鲜空气“新”在哪里？

室外的新鲜空气（图 1-1-3），主要“新”在两个方面，一是空气的氧气含量，二是空气的洁净程度。长期密闭的环境会导致空气中的氧气含量降低、二氧化碳含量升高。此时，开窗换气十分有必要，但要注意，由于 $PM_{2.5}$、废气的存在，外面空气质量不佳时，开窗换气须谨慎。

图 1-1-3　森林中的氧气浓度较高

活动 2　测定空气中的氧气含量

科学史话　200 多年前，法国科学家拉瓦锡用定量实验的方法测定了空气成分。如图 1-1-4 所示，他把少量汞放在密闭容器中加热 12 天，发现有一部分银白色的液态汞变成红色粉末，同时容器中空气的体积差不多减少了 1/5。拉瓦锡又把加热生成的红色粉末收集起来，放在另一个较小的容器中再加热，得到汞和氧气，且氧气体积恰好等于密闭容器中减少的空气体积。他把得到的氧气导入前一个容器，所得气体和空气性质完全相同。

图 1-1-4　拉瓦锡测定空气中氧气含量的实验装置

思考交流　拉瓦锡实验中的汞起到了什么作用？若用某种物质代替汞测定氧气含量，该物质需要满足什么条件？

拉瓦锡实验中，曲颈甑中的汞用来消耗密闭装置中的氧气，玻璃钟罩中的汞起到液封作用并用来显示氧气体积。若用某种物质代替汞，需要满足两个条件：① 该物质能与氧气反应，且不与空气中的其他成分反应；② 反应不生成新气体。

活动探究 【实验目的】测定空气中的氧气含量。

【实验设计】利用红磷燃烧消耗氧气，装置如表 1-1-1 中所示。

【实验实施】如表 1-1-1 所示。

表 1-1-1 红磷实验

实验装置	实验操作	实验现象
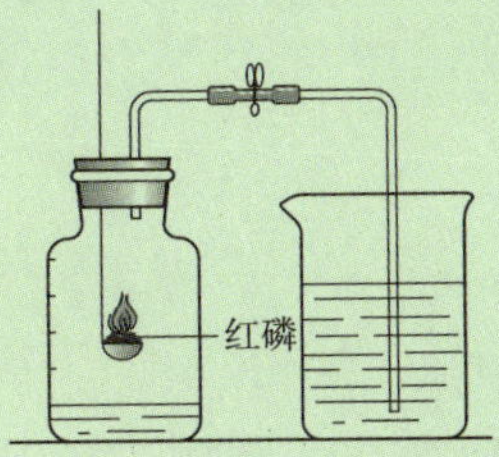	检查装置的气密性。在集气瓶内加入少量水，并将水面上方空间分为 5 等份。用止水夹夹紧胶皮管。取足量红磷放入燃烧匙中点燃，立即伸入集气瓶中并塞紧橡胶塞。待红磷熄灭并冷却至室温后，打开止水夹	烧杯中的水被吸入集气瓶中，进入集气瓶中水的体积约占原水面上方空间的 1/5

【实验结论】氧气约占空气体积的 1/5。

迁移应用 红磷燃烧的化学方程式为 $4P + 5O_2 \xlongequal{点燃} 2P_2O_5$。试比较红磷实验与拉瓦锡实验的异同。

红磷实验与拉瓦锡实验的对比如表 1-1-2 所示。

表 1-1-2 红磷实验与拉瓦锡实验的对比

比较项目	红磷实验	拉瓦锡实验
存有空气的仪器	集气瓶	曲颈甑 + 玻璃钟罩
加热方式	酒精灯	火炉
生成物	五氧化二磷（白色固体）	氧化汞（红色固体）
消耗氧气的物质	红磷	汞
显示氧气体积的物质	水	汞
起到液封作用的物质	水	汞

思考交流 实际生活中，想要测量教室空气中的氧气含量，用红磷实验有什么不方便的地方？

红磷实验需要酒精灯点燃，反应条件复杂，五氧化二磷白烟也容易污染空气。更为关键的是红磷实验只能粗略地测出氧气约占空气体积的 1/5，无法对教室内细微的氧气含量变化作出精准测量，因此实际生活中我们可以用传感器进行测量。

知识链接 传感器是一种检测装置，能感受到被测量的信息，并能将感受到的信息转换成电信号或其他所需形式的信息输出，以满足信息的传输、处理、存储、显示、记录和控制等要求。传感器的特点包括微型化、数字化、智能化、多功能化、系统化、网络化。

活动探究 【演示实验】利用氧气传感器测定教室空气中的氧气含量。

【实验仪器】数据采集器及配套计算机软件。

活动 3 自制简易制氧机

室内氧气含量会因为室内人数以及密闭程度的不同有所变化。例如，夏天或者冬天，大多数人会选择关闭门窗开空调，室内废气无法排出，外边新鲜空气也无法进入，时间一长人会感觉不舒服，不利于人体健康。

我们人体各个器官的正常运转都必须依靠氧气来维持。人体每分钟消耗 0.25 ~ 0.3 L 氧气，其中大脑耗氧占 25%、心脏耗氧占 35%。什么样的含氧量对人体最适宜？其实，含氧量对人体舒适度的影响因人、因地而异，但适当提高氧气含量的确会提高人体的舒适度。

活动探究 我们已经学习过，绿色植物的光合作用可以产生氧气，化学实验室也常用两种方法制取氧气：加热高锰酸钾制氧气和过氧化氢分解制氧气（表 1–1–3）。请大家动手实验，并比较用这几种方法来增加教室空气中的含氧量时各有什么利弊。

$$\text{水} + \text{二氧化碳} \xrightarrow{\text{光照}} \text{有机物} + \text{氧气}$$

$$2KMnO_4 \xlongequal{\text{加热}} K_2MnO_4 + MnO_2 + O_2\uparrow$$

$$2H_2O_2 \xlongequal{MnO_2} 2H_2O + O_2\uparrow$$

表 1–1–3　氧气制取方法图示

光合作用制氧气	高锰酸钾制氧气	过氧化氢制氧气
		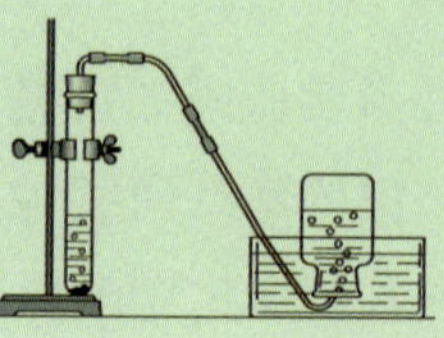

对比我们学过的几种制取氧气的反应，绿色植物的光合作用可以产生氧气，但产生氧气速度较慢；高锰酸钾制氧气需要加热，且高锰酸钾具有腐蚀性，反应装置、条件都比较复杂，不适合用于教室内制氧气；过氧化氢制氧气速度快、无须加热，但过氧化氢具有腐蚀性。

单独使用上述任意一种方法，都不能快速、安全地增加教室空气中的含氧量，因此需要改进反应，使多种方法结合。为了使增加教室空气中含氧量的方案合理可行，我们来看看市面上制氧机的工作原理。

引入展示 按制氧原理不同，市面上的制氧机主要分为分子筛制氧机、化学制氧机、电子制氧机和高分子膜制氧机（图 1-1-5）。

分子筛制氧机

工作原理：以空气为原料，以电能为动力，用物理变压吸附法将空气中的氧气提取出来。

特点：常用作医疗器械，纯物理制氧，长期使用费用较低。

化学制氧机

工作原理：通过水 +A/B 两种制剂发生化学反应而产生氧气。

特点：使用方便，可携带；单次使用 20 分钟，成本较高。

电子制氧机

工作原理：利用空气中的氧气在化学溶液中进行氧化与还原反应析出较纯净的氧气。

特点: 内部有强腐蚀性液体，危险，属于电子产品。

高分子膜制氧机

工作原理：通过高分子膜滤出一部分氮气，可将氧含量从 21% 提升到 30%。

特点: 疗效甚微，氧含量低，属于电子产品。

图 1-1-5　几种制氧机的原理和特点

思考交流 比较几种制氧机的原理和特点。如果我们要自制简易制氧机，选取哪种原理的制氧机最合适？

几种制氧机的对比如表 1-1-4 所示。

表 1-1-4　几种制氧机的对比

制氧机	结构原理	制作原材料
分子筛制氧机	复杂	不易得
化学制氧机	简单	易得
电子制氧机	较简单	不易得
高分子膜制氧机	复杂	不易得

我们一般选择制作结构原理相对简单、原材料易得的化学制氧机，提高教室空气中的含氧量。

引入展示 化学制氧机使用说明书（图 1–1–6）

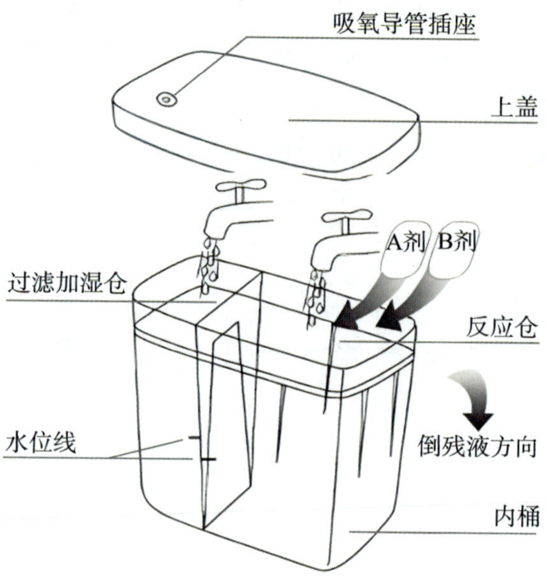

【使用说明】
① 向过滤加湿仓和反应仓中加清水至水位线。
② 向反应仓加入制氧剂，先放A剂后放B剂。
③ 盖好上盖，把提手扳回正上方锁紧。
④ 插好导管鼻塞，开始吸氧，由观察窗查看供氧情况。
⑤ 气泡消失，表示供氧完毕，打开上盖，取出内桶，倒出残液，冲洗干净收存。
【制剂成分】
A 剂：固体氧释放剂（白色过碳酸钠颗粒）。
B 剂：催化剂（黑色二氧化锰粉末或颗粒）。
【制剂规格】A 剂：100 g/ 包；B 剂：3 g/ 包。

图 1–1–6　化学制氧机使用说明书

活动探究 【实验目的】探究化学制氧机的反应原理。

【查阅资料】过碳酸钠（$2Na_2CO_3\cdot 3H_2O_2$）俗称固体双氧水，白色固体。溶于水时分解生成 Na_2CO_3 和 H_2O_2，其中 Na_2CO_3 与 MnO_2 不反应。

【猜想与假设】过碳酸钠遇水生成 H_2O_2，MnO_2 催化 H_2O_2 分解产生氧气。

【进行实验】如表 1–1–5 所示。

表 1–1–5　过碳酸钠制氧实验

实验装置	实验操作	实验现象
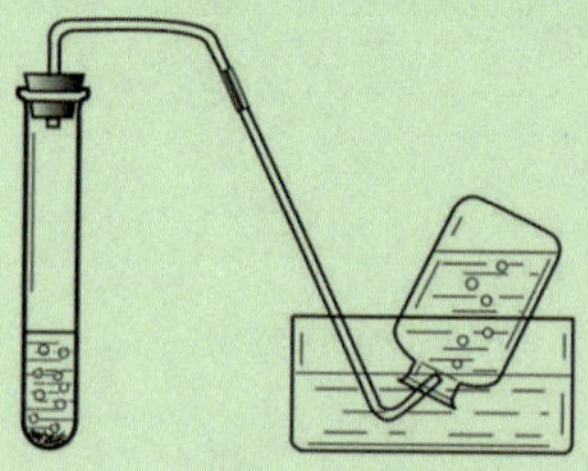	（1）检验装置气密性；（2）在试管中依次加入水、过碳酸钠和二氧化锰；（3）收集满一瓶气体，用带火星的木条检验	未加入二氧化锰时，无明显现象；加入二氧化锰后有大量气泡生成，用带火星的木条检验时木条复燃

【实验结论】原理为：$2Na_2CO_3\cdot 3H_2O_2 = 2Na_2CO_3 + 3H_2O_2$

$$2H_2O_2 \xlongequal{MnO_2} 2H_2O + O_2\uparrow$$

思考交流 观察化学制氧机的内桶结构(图 1-1-7)，过滤加湿仓起到了什么作用？为何在反应仓产生的氧气会从过滤加湿仓的出气口出来？

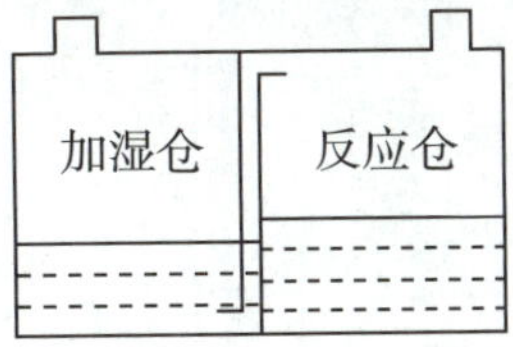

图 1-1-7 化学制氧机内桶结构示意图

由过滤加湿仓的名称可知，产生的氧气通入加湿仓的水中，一来可以增加氧气湿度，二来可以除去气体中一些能溶于水的杂质。发生反应时，由于制氧机盖好上盖，内部为密闭体系。过氧化氢分解产生氧气，反应仓内气体量增多、气压增大，反应仓气压大于加湿仓气压，产生的氧气由两仓中间狭缝进入加湿仓，最后从出气口出来。

活动探究 利用过碳酸钠分解制氧气原理，仿照化学制氧机结构，制作简易制氧机，辅以绿色植物的光合作用产生氧气，提高教室空气中的含氧量，并用传感器测量（图 1-1-8）。

图 1-1-8 对比实验探究含氧量变化

任务二 调节教室内的温度

活动 1 认识温度和温度计

知识链接 在生产生活中，我们用温度表示物体或环境的冷热程度。要准确判断物体或环境温度的高低，仅凭感觉是不可靠的，需要借助仪器进行测量。测量温度的仪器叫作温度计（图 1-2-1）。

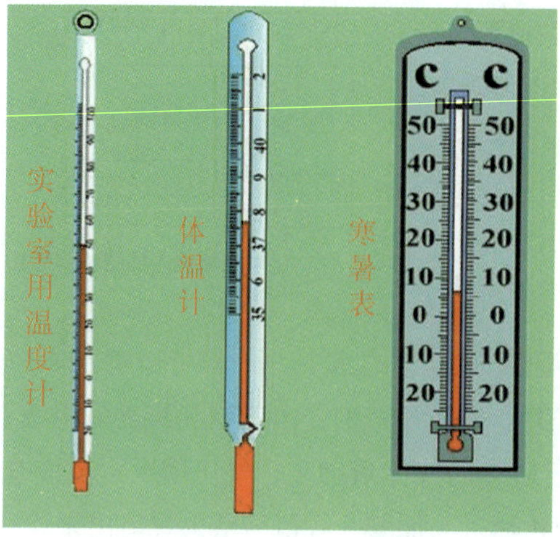

图 1-2-1　常用温度计

温度的单位有很多，其中摄氏温度是一种使用广泛的温度单位，历史上它由摄氏温标所定义。摄氏温标是瑞典人摄尔修斯在 1742 年首先提出的一种经验温标，曾被广泛使用。在标准大气压下，摄氏温标规定水沸腾时的温度为 100℃和冰水混合物的温度为 0℃。摄氏温标采用玻璃汞温度计作为内插仪器，假定温度和汞柱的高度成正比，即把水沸点与冰点之间的汞柱的高度差等分为 100 格，1 格对应 1℃。

思考交流　你能使用实验室温度计测量水的温度吗？除了常用的液体温度计外，还有哪些温度计是我们生活中常用的？

资料在线　【资料 1】合适的温度对学习效率的提高至关重要

在不同温度下，测试项目的正确率、反应时间和学习效率存在一定差异。对整体学习效率而言，15℃时学习效率各项指标最佳，此时的热感觉投票值约为 -1.1，介于“凉”和“稍凉”之间，即在偏冷环境下学习效率较高。

【资料 2】了解 24 小时中教室内的温度变化

白天，同学们在教室内学习，大家的呼吸会带出大量的热，此外加上身体的热辐射，使得室内的温度在一个较高的温度值上下波动；夜晚，教室内没有同学们聚集，加上植物的蒸腾作用，使得室内的温度低于一天的平均温度。

活动 2　自制简易温度计

知识链接　液体膨胀式温度计是根据液体的热胀冷缩的性质制造的。最常见的液体膨胀式温度计为玻璃管液体温度计（图 1-2-2）。它利用的是玻璃管内液体的体积随温度的升高而膨胀的原理，由液体存储器、毛细管、标尺、安全泡组成，液体可为水银、酒精、甲苯等。

使用玻璃管液体温度计时，视线应与标尺垂直，并与液柱于同一水平面上；手持温度计顶端的小耳环，不可触摸标尺。

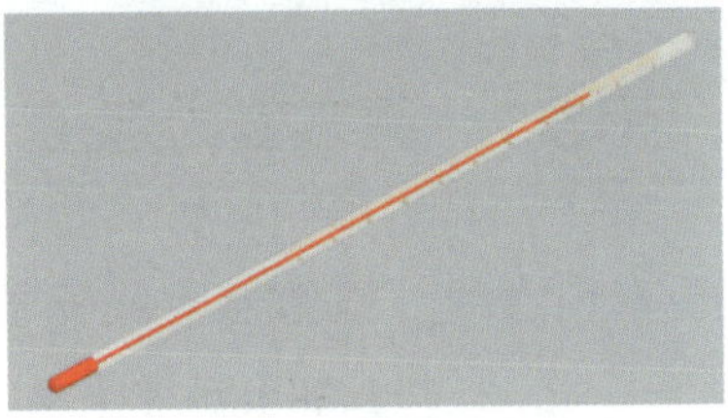
图 1-2-2 玻璃管液体温度计

思考交流 常见的工业用温度计还有固体膨胀式温度计、压力式温度计、热电偶温度计、热电阻温度计。请查阅资料，了解其原理，并将资料分享给身边的同学或朋友。

活动探究 【实验目的】制作简易温度计。

【实验步骤】

（1）向玻璃瓶中滴加几滴食用色素，这是为了给水染上颜色，以便我们观察实验现象；之后，向玻璃瓶中倒满水。

（2）将吸管放在玻璃瓶中，并且用黏土将吸管固定于瓶口正中间；黏土也起封闭作用，将瓶口封闭严实。

（3）将制作好的玻璃瓶分别放进盛有冷水和热水的烧杯中，观察发生的现象（图 1-2-3）。

图 1-2-3 用自制简易温度计测量水温

【实验原理】如果放在冷水中，玻璃瓶吸管中的液面会下降；如果放在热水中，玻璃瓶吸管中的液面会上升，利用的就是液体的热胀冷缩。一般状态下，液体受热以后体积会膨胀，受冷以后体积会缩小。大多数液体都具有这种性质。

活动 3 调节室内温度

资料在线 哈佛大学的研究人员曾做过一项名为“高温与学习”的研究，分析了1 000万名中学生13年间的考试成绩，发现在天气炎热的年份学生的考试成绩会下降，而在天气凉爽的年份学生的考试成绩更好。根据研究人员的计算，一年的平均气温每升高0.55℃，学生的学习成绩就会下降1%；气温超过21℃时，学生上课、做作业则难以集中注意力；一旦气温升到32℃以上，学生更容易分心、躁动、难以集中注意力，学习成绩的下滑速度加快；气温升到38℃以上现象更明显，学生汗流浃背，难以安心学习。

我国研究人员针对大学生做了这样一个实验：在大学教室的学习环境中，利用空调将室内温度分别调节到凉爽环境（17℃）、舒适环境（22℃）和温热环境（27℃）。实验发现，温度对人的感知、思维、学习与记忆均有显著影响。

思考交流 夏天，天气炎热，为了降低室内温度，是该开空调、开风扇，还是用其他降温的方法？能否在节约资源的前提下，实现智能降温？图1-2-4是两种简易降温器，同学们也可以设计方案，自制简易降温器。

图1-2-4　自制的两种简易降温器

任务三 调节教室内的湿度

活动1 认识湿度和湿度计

知识链接 表示空气干湿程度的物理量称为湿度。单位体积的空气中含有水蒸气的质量叫作绝对湿度，通常都用水蒸气的压强来表示。空气的绝对湿度并不能决定地面上水蒸发的快慢和人对潮湿程度的感觉。人们把某温度时空气的绝对湿度和相同温度下可能达到的最大绝对湿度之比叫作相对湿度。

思考交流 你会使用湿度计（图1-3-1）测量教室内空气的湿度吗？想一想，教室内水蒸气的来源有哪些？

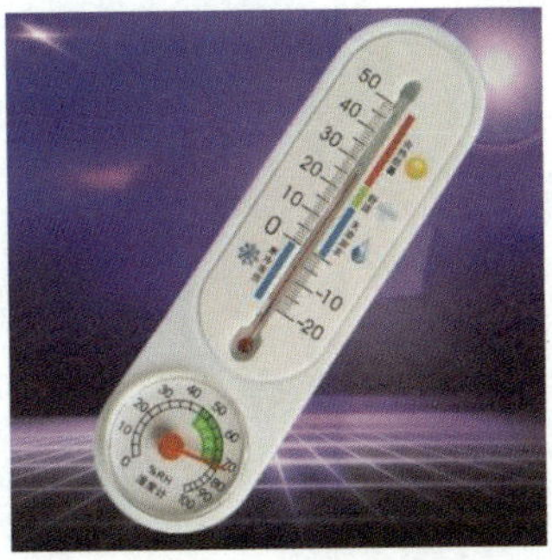
图1-3-1 湿度计

资料在线 适宜的湿度对人体的健康至关重要

研究表明，最有益于人体的健康湿度范围为45%～60%。如果空气湿度低于45%，会造成室内干燥，导致人的皮肤、咽喉、呼吸道干燥，容易引发哮喘等呼吸道疾病；当空气湿度高于60%时，人会感觉闷热难耐；而当空气湿度高于80%时，则属于湿度过高，会使人体散热困难，从而导致体温升高、心跳加快、头晕恶心等症状。此外，如果空气温度过高但湿度过低，也会对人体造成不利影响：高温会使人体大量出汗，从而使水分流失、唾液分泌减少，造成喉咙干渴；还容易引起人体毛细血管扩张、肠胃不适、皮肤过敏等问题。另外，高温还会加速细菌的生长和繁殖，造成食物及水源的污染。

活动 2 自制简易湿度计

知识链接 湿度计的工作原理

最简单的湿度计是干湿型的，由两个温度计组成，如图 1-3-2 所示。一个测定空气温度，另一个的球体包着微湿的棉布（利用虹吸原理用棉布从水罐中吸取水分），湿度越低，棉布上的水分蒸发越快（水分蒸发会带走热量，使温度降低），与干球的温差越大。这样，我们可以通过干湿球的温差及当时的温度（通常为湿球温度），用速查表来查看对应的相对湿度。

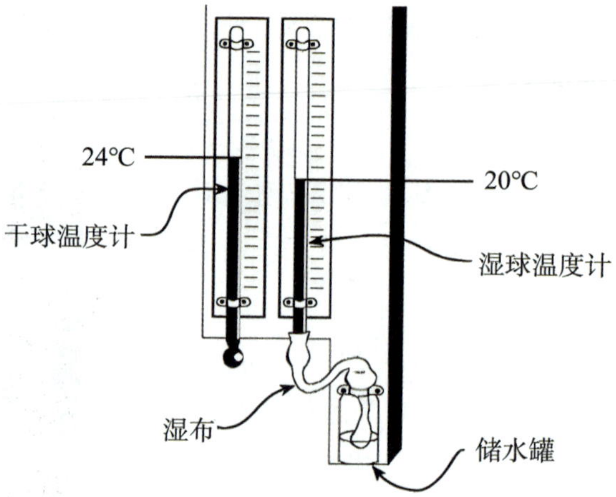

图 1-3-2 干湿球湿度计原理

活动探究 利用以上干湿球湿度计原理，自制简易湿度计。

思考交流 常用的简易湿度计存在哪些弊端？你能否就目前简易湿度计存在的问题给出一些改进建议？此外，你还知道哪些精度更高的湿度计？请说一说，与你身边的同学和朋友分享。

活动 3 调节室内湿度

资料在线 空气湿度过高或过低都会对人体产生影响，因此我们应想办法将室内的空气湿度控制在人体适应的范围之内。

在空气潮湿的夏季，要多开窗通风，保持空气流通；如果室内过于潮湿，可以利用空调、电风扇等进行除湿，保持室内干燥。此外，有些人为了追求凉爽，夏天会直接睡在地板上，这是不可以的。地板的湿气较重，睡地板容易使湿气侵入体内，引起关节疼痛等问题。除了控制湿度外，我们也应该注意饮食卫生。由于环境潮湿，食物容易变质、发霉，误食之后容易导致肠胃出现问题。

而在空气干燥的冬季，尤其是北方，我们则要采取措施增加空气中的湿度。可以在室内放置绿植，如绿萝、滴水观音等，日常浇水有利于提高空气湿度，植物本身也可以起到净化空气的作用。同时，可以多使用潮湿的墩布擦拭地板，这样既保证了室内卫生，又能利用墩布的湿气提高室内湿度。除此之外，还可以在室内多放置一些鲜花，花瓶中的清水相当于一个小的水环境，既能保持室内环境的湿润，又能提升室内环境的美感，一举两得。如果湿度过低，我们可以使用加湿器来增加湿度，但加湿器容易滋生细菌，所以一定要定期清理，同时注意对湿度的调节，保障人体健康。

图 1-3-3 自制的简易加湿器

正是因为空气湿度会影响人体健康，所以我们在关注温度变化的同时，也要时刻关注空气湿度的变化，努力营造一个既有利于人体健康又适合学习的湿度环境。

思考交流 生活中，摆在教室内的植物多种多样，它们有些是天然的加湿器、有些是天然的除湿器。以下给出了一些能给教室空气加湿的植物(表1-3-1)，还有一些能给教室空气除湿的植物（表1-3-2）。和同学们一起调查一下它们为何有加湿或除湿的功能，说说自己的看法，分享给身边的同学或朋友。此外，你还知道其他具有天然加湿或除湿功能的植物吗？除了植物，还有什么样的方式能达到夏季除湿和冬季加湿的目的？

表 1-3-1　天然加湿植物

散尾葵	垂叶榕	金钱树

表 1-3-2　天然除湿植物

常春藤	仙人掌	吊兰

任务四　去除教室内的可吸入颗粒物

活动 1　认识 $PM_{2.5}$

资料在线　近年来，雾霾给我们的生活带来了很多困扰。$PM_{2.5}$ 是可吸入颗粒物的一种，指环境空气中空气动力学当量直径小于或等于 2.5 μm 的细颗粒物。与直径较大的粗颗粒物相比，$PM_{2.5}$ 能较长时间悬浮于空气中。它们粒径小、面积大、活性强，易附带有毒、有害物质（如重金属、微生物等），且在大气中的停留时间长、输送距离远，因而对人体健康和大气环境质量产生了严重影响（图 1-4-1）。颗粒物有天然来源，如风沙尘土、火山爆发、森林火灾等；也有人为来源，如工业活动、建筑工程、垃圾焚烧、车辆尾气等。

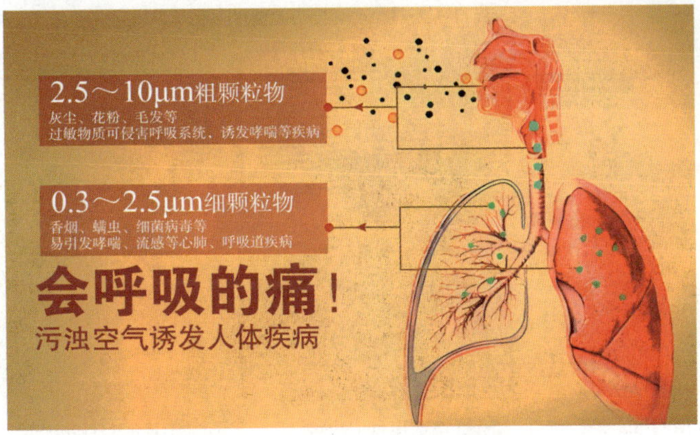

图1-4-1　可吸入颗粒物的危害

活动2　设计简易空气净化器

活动探究　观察常见空气净化器的结构（图1-4-2）。一般而言，空气净化器由壳体、净化部分、风机、电控电器四个部分组成。想一想，哪个部分是去除颗粒物的关键？

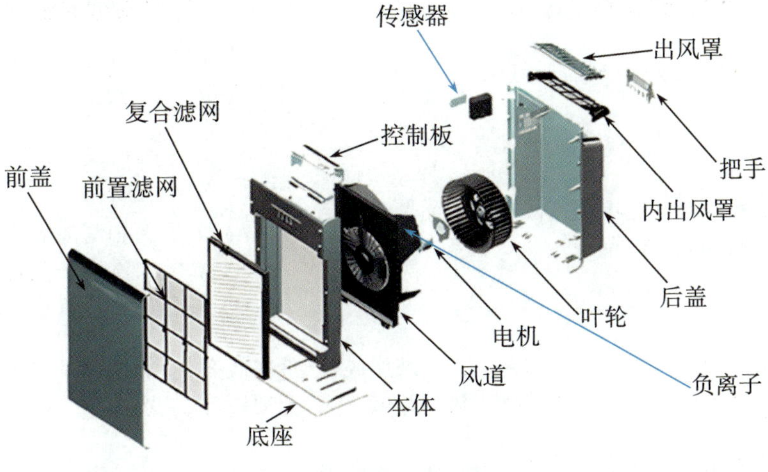

图1-4-2　常见空气净化器的部件

方法引导　过滤是利用微粒大小不同，通过特殊装置将流体提纯净化的过程，常见的有固-液分离、固-气分离等。像“去除粗盐中难溶性杂质”实验，就是利用过滤原理将食盐溶液和泥沙分离。空气净化器中的过滤原理如图1-4-3所示。

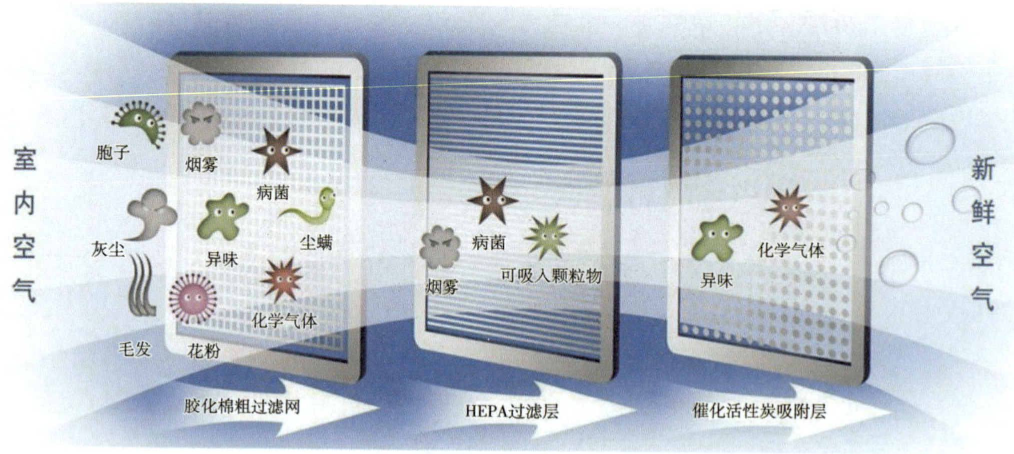

图 1-4-3　空气净化器中的过滤原理示意图

思考交流　请比较各类空气净化器的原理和特点（表 1-4-1）。如果我们要自制简易空气净化器，选取哪种原理最合适？

表 1-4-1　不同空气净化器的原理和特点

净化技术	原理	优点	缺点
物理过滤	通过滤网对污染物进行过滤	净化效率高，安全	需要定期维护 更换滤网
静电集尘	利用高压静电场使气体电离从而使尘粒带电吸附到电极上	风阻小	对较大颗粒和纤维捕集效果差 会引起放电 清洗麻烦费时 易产生臭氧造成二次污染
负离子等离子	通过使空气中的颗粒物带电，聚结形成较大颗粒而沉降，但颗粒物实际上并未移除	价格低廉，无须耗材	净化效果有限，易导致再次扬尘
光触媒	将纳米金属氧化物材料涂布于基材表面，在紫外线的作用下产生强烈催化降解作用，从而有效地将细菌等释放出的毒素分解处理，同时还具备除臭、抗污等功能	长期有效	若设计防护不当易对人体造成伤害

通过分析可知，除物理过滤外，其余方法过于复杂，难以自制。因此，我们选择结构简单、原材料易得的物理过滤。物理过滤的主要原理是用风机将空气抽入机器，通过内置的滤网过滤空气，起到过滤粉尘，去除异味、有毒气体以及杀灭部分细菌的作用。

迁移应用　请思考如何利用过滤原理和现有材料，设计并制作简易空气净化器。
材料：无纺布、风扇、电机、亚克力板、胶黏剂等。

设计并制作的简易空气净化器如图 1-4-4、图 1-4-5 所示。

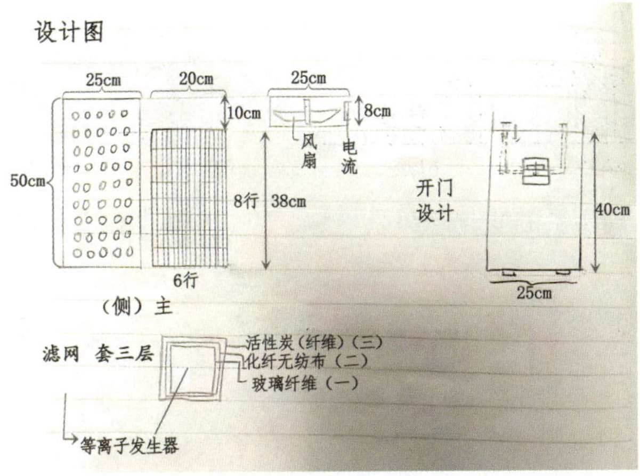

图 1-4-4　简易空气净化器设计草图

图 1-4-5　简易空气净化器

单元项目梳理

- 设计制作：最终设计，制作产品 → 利用传感器和软件统计数据验证实际有效性
- ⇧
- 迁移应用：利用原理，设计方案；讨论比较，确定方案 → 工程思维：成本、反应条件；学科思维：对比实验
- ⇧
- 原理指导：查阅资料，熟悉原理 → 实验室制取氧气；温度计的原理与读数；植物的光合作用、蒸腾作用

单元项目检测

学习理解

1. 空气中体积分数约占 21% 的是（　　）。

A. 氮气　　B. 氧气　　C. 二氧化碳　　D. 稀有气体

2. 某市 2017～2019 年除夕夜和正月初五的 $PM_{2.5}$ 峰值浓度变化如图所示。

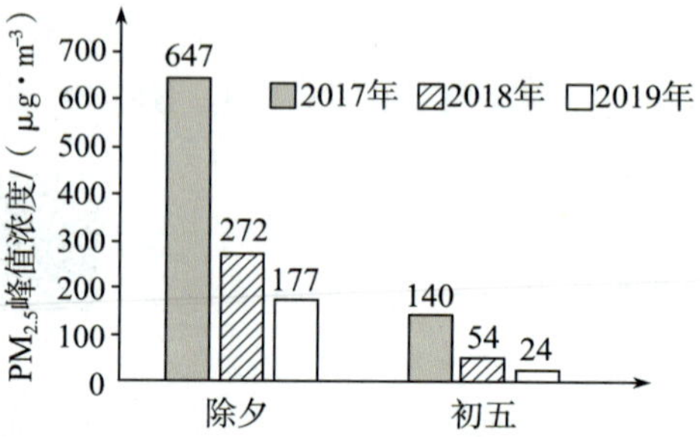

（1）由图可知，2017～2019 年空气质量的变化趋势是__________（填“渐差”或“渐好”）。

（2）形成上述变化的原因主要是减少燃放烟花爆竹，说明市民__________的意识在增强。

应用实践

3. 下列关于“物质——用途——性质”的对应关系不正确的是（　　）。

A. 氧气——火箭发射——可燃性

B. 干冰——制冷剂——升华吸热

C. 氮气——食品防腐——化学性质稳定

D. 稀有气体——霓虹灯——通电能发出不同颜色的光

4. 右图是测定空气中氧气含量的装置。下列操作和结论不正确的是（　　）。

A. 实验时加入足量红磷

B. 点燃红磷前先用弹簧夹夹紧胶皮管

C. 红磷熄灭后立刻打开弹簧夹读数

D. 实验前应先检查装置的气密性

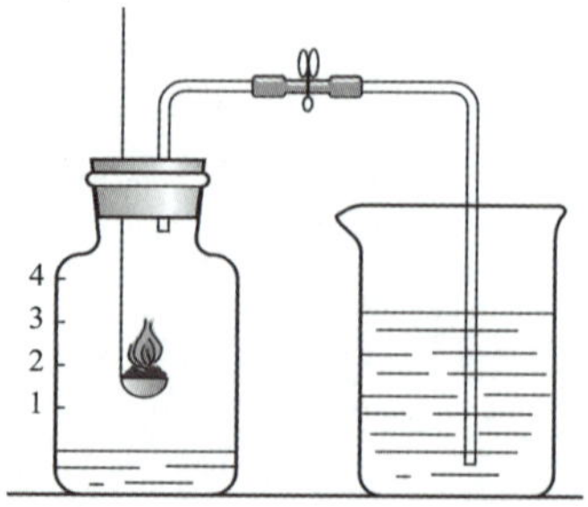

迁移创新

5. 膜技术应用广泛。利用膜技术净化水的部分过程示意图如下：

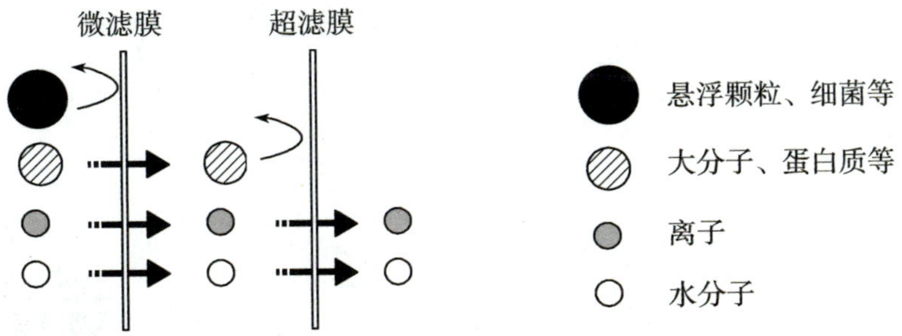

（1）图中净化水的原理与__________（填“过滤”或“蒸发”）类似。

（2）经过超滤膜后得到的净化水属于__________（填“混合物”或“纯净物”）。

6. 某研究小组对影响过氧化氢分解快慢的某些因素进行实验探究，实验记录如下：

实验序号	过氧化氢溶液的体积 /mL	过氧化氢溶液的质量分数 /%	MnO_2 的质量 /g	相同时间内收集氧气的体积 /mL
1	50.0	1	0.1	9
2	50.0	2	0.1	16
3	50.0	4	0.1	31

（1）过氧化氢分解的文字表达式为________________________。

（2）该实验的目的是探究__________对过氧化氢分解制氧气快慢的影响。

（3）该实验的结论是______________________________。

项目 2　二氧化碳的捕获和利用

——运用跨学科综合视角解决社会热点问题

任务一　二氧化碳之“源”：从源头减少二氧化碳
任务二　二氧化碳之“变”：多角度认识二氧化碳
任务三　二氧化碳之“美”：二氧化碳的捕获和利用

单元项目设计意图

本项目以“二氧化碳的捕获和利用”为主题，以“减少大气中的二氧化碳含量”为驱动任务。通过学习二氧化碳的性质和制取相关知识并运用其解决问题，发展学生基于元素的物质性质及转化的元素观、转化观；引导学生客观理性地分析二氧化碳所造成的环境问题，关注人类面临的与化学有关的社会问题，并运用化学知识解决问题，培养学生的社会责任感、参与意识和决策能力。

单元项目学习目标

1. 通过对生活中、工业上、实验室里制取二氧化碳的认识，学会从反应原理、装置原理、操作原理等角度制取气体。知道二氧化碳的来源，以及如何从源头减少大气中的二氧化碳含量。

2. 通过对二氧化碳性质的学习，能够利用二氧化碳的性质设计方案，减少大气中的二氧化碳含量。

3. 通过对不同捕获剂与二氧化碳反应压强变化的预测，了解数字化实验检测原理，发展图形表征能力和证据推理能力，了解科学探究的一般过程。

单元项目学习引导

地球大气是混合物，主要由 78% 的氮气、21% 的氧气、0.94% 的稀有气体、0.03% 的二氧化碳组成，余下的 0.03% 则主要是水蒸气、臭氧、甲烷等其他气体。通过分析可以发现，地球大气中的二氧化碳含量其实很少，连 0.1% 都不到；但是，大气中二氧化碳浓度的增加却会使全球平均气温上升。

《共同构建人与自然生命共同体》中指出："中华文明历来崇尚天人合一、道法自然，追求人与自然和谐共生。中国将生态文明理念和生态文明建设写入《中华人民共和国宪法》，纳入中国特色社会主义总体布局。中国以生态文明思想为指导，贯彻新发展理念，以经济社会发展全面绿色转型为引领，以能源绿色低碳发展为关键，坚持走生态优先、绿色低碳的发展道路。""中国将力争 2030 年前实现碳达峰、2060 年前实现碳中和。这是中国基于推动构建人类命运共同体的责任担当和实现可持续发展的内在要求作出的重大战略决策。"那么，如何减少大气中的二氧化碳含量实现碳中和呢？对本项目任务进行拆解，可以从两个方面来考虑：一是减少二氧化碳的来源，二是增加二氧化碳的转化利用（图 2–1）。

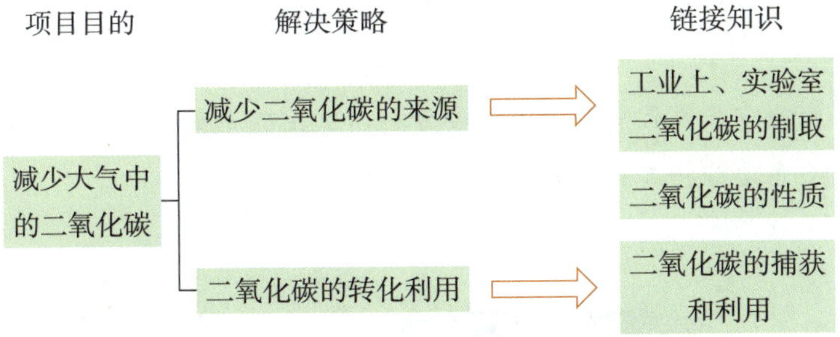

图 2–1　项目思路示意图

任务一　二氧化碳之"源"：从源头减少二氧化碳

活动 1　如何减少大气中的二氧化碳

资料在线　大气中二氧化碳浓度增加的主要原因有两方面。一是工业革命以来化石燃料的广泛使用。19 世纪中叶以来，随着化石燃料的广泛使用，二氧化碳的排放量逐年升高，过去一个世纪的二氧化碳排放量超过了人类上千年的二氧化碳排放总量。二是人类对植被的破坏速度大大增加。地球表面的绿色植物就是一个巨大的造氧工厂，还具有固定碳的作用。据估计，每平方米的森林可以转化 1～2 kg 二氧化碳。由于人类的居住以及农业、工业生产需要，大量的森林被砍伐，其中一部分被烧掉了。燃烧使空气中的二氧化碳含量大大增加，而植被的减少则使空气中的二氧化碳得不到及时转化。

思考交流 近年来二氧化碳含量增多的原因是什么？请尝试提出减少大气中二氧化碳含量的策略。

二氧化碳是主要的温室气体之一，它会使地球表面温度升高。据估计，到 21 世纪 30 年代，二氧化碳和其他温室气体增加的总效应将相当于工业化前二氧化碳浓度水平的 2 倍，可引起全球气温上升 1.5～4.5 ℃。由于气温升高，两极的冰川覆盖面积可能缩小，融化的雪水可使海平面上升 20～140 cm，对海岸城市及全球都会造成严重的影响。

思考交流 为减少二氧化碳的来源就要分析二氧化碳是如何产生的，请结合图 2-1-1 多角度分析二氧化碳的来源。

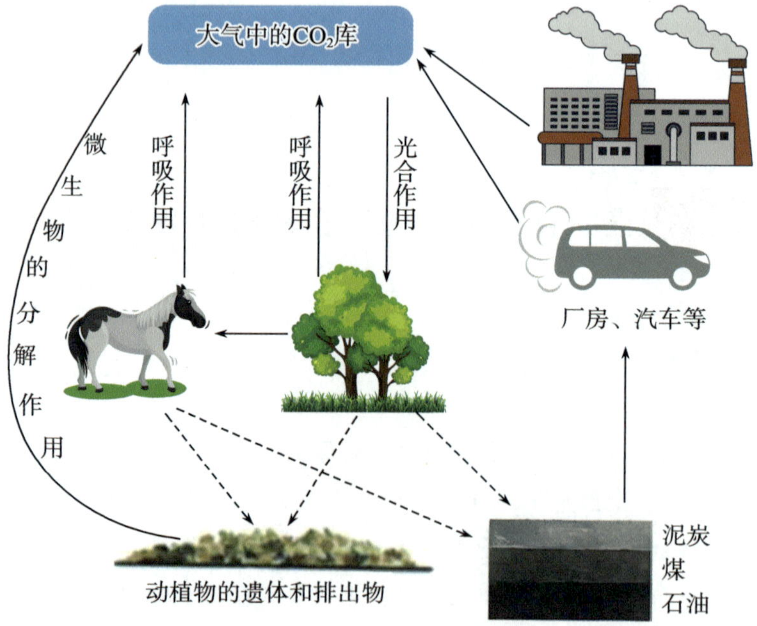

图 2-1-1　自然界的碳循环

二氧化碳气体是大气组成的一部分，其产生途径主要有以下几种：① 有机物（包括动植物）在分解、发酵、腐烂、变质的过程中，可以释放出二氧化碳；② 石油、石蜡、煤炭、天然气燃烧过程中，会释放出二氧化碳；③ 石油、煤炭在生产化工产品的过程中，会释放出二氧化碳；④ 所有粪便、腐植酸在发酵、熟化的过程中，能释放出二氧化碳；⑤ 所有动物在呼吸过程中，都要吸入氧气并呼出二氧化碳。接下来，我们就学习如何制取二氧化碳。

活动 2 如何实现实验室制取二氧化碳

思考交流 思考上述二氧化碳产生的途径能否用于实验室制取二氧化碳，请分析原因。

实验室制取二氧化碳考虑的是：操作是否简单易行，试剂是否安全，会不会污染环境，反应是否快速，产率是否较高，以及尾气处理是否简易或产生的尾气是否少。

思考交流 要实现实验室制取二氧化碳，应选择哪个反应？选择的依据是什么？

在实验室里，二氧化碳常用稀盐酸与大理石（或石灰石，主要成分都是碳酸钙）反应来制取，反应的化学方程式为：

$$CaCO_3 + 2HCl = CaCl_2 + CO_2\uparrow + H_2O$$

活动探究 请结合具体实验分析选用稀盐酸与大理石块反应的原因，完成表 2-1-1。

表 2-1-1 制取二氧化碳的实验分析

反应物	实验现象	能否用于实验室制取 CO_2
稀盐酸与大理石块		
稀盐酸与碳酸钙粉末		
稀硫酸与大理石块		
稀硫酸与碳酸钙粉末		

活动 3 实验室制取二氧化碳

思考交流 如何选择实验室制取二氧化碳的装置？

实验室制取气体的装置主要包括发生装置和收集装置两部分，“方法导引”中列出了确定气体发生装置和收集装置时应考虑的因素。

➡方法导引

- 气体发生装置
  - 反应物的状态
    - 固体与固体反应
    - 固体与液体反应
    - 液体与液体反应
    - ……
  - 反应条件（是否需要加热、加催化剂等）
- 气体收集装置
  - 排空气法
    - 密度比空气大——向上排空气法
    - 密度比空气小——向下排空气法
  - 排水法（不易溶于水，不与水反应）

根据实验室制取二氧化碳的原理，我们可以选择固液常温型装置制取二氧化碳，可以选择向上排空气法收集二氧化碳。

活动探究 请从图 2-1-2 所示的仪器中选择合适的仪器（也可自己另选仪器或使用其他替代品）实现实验室制备二氧化碳。

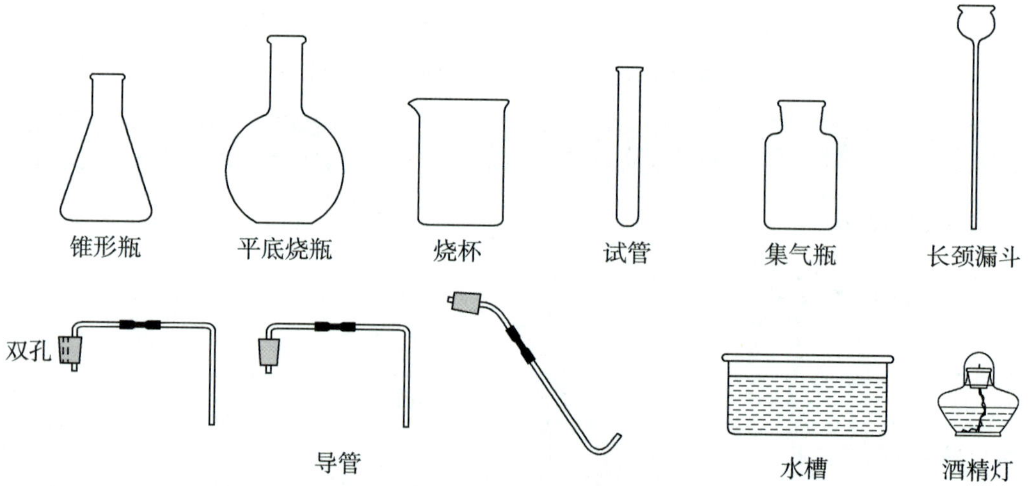

图 2-1-2 实验仪器图

实验室制取二氧化碳装置

思考交流 交流讨论所选择的实验室制取二氧化碳装置的优缺点，选择最佳装置。

在实验室里我们通常采用如图 2-1-3 所示装置制备二氧化碳。

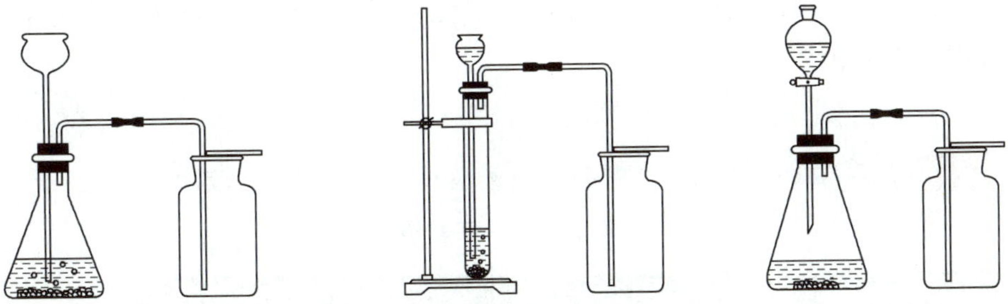

图 2-1-3　实验室制取二氧化碳常见装置

思考交流 如何检验生成的气体是二氧化碳并验满？

实验室中使用澄清石灰水检验二氧化碳，将生成的气体通入澄清石灰水中，若石灰水变浑浊则为二氧化碳。将燃烧的木条放于集气瓶口，若木条熄灭，则表示二氧化碳已集满。

活动探究 依据二氧化碳的来源，提出减少大气中二氧化碳含量的策略。

任务梳理

减少二氧化碳的来源

二氧化碳的来源	措施策略
工业上	使用清洁能源
生活中	低碳生活，植树造林
实验室	节约试剂，尽量少制取二氧化碳，注意尾气吸收

图 2-1-4　任务一梳理示意图

任务二 二氧化碳之“变”：多角度认识二氧化碳

活动 1 了解如何减少大气中的二氧化碳含量

思考交流 如何减少大气中的二氧化碳含量？

减少大气中的二氧化碳含量就要将二氧化碳吸收或转化，而吸收或转化二氧化碳首先要了解其性质。

活动探究 二氧化碳可能具有哪些性质？请设计实验证明，完成表 2-2-1。

表 2-2-1 实验设计

可能具有的性质	实验设计	预测实验现象	实验结论

活动 2 多角度认识二氧化碳

活动探究 【实验 1】将二氧化碳气体慢慢倒入表 2-2-2 中所示的烧杯中，观察现象。

表 2-2-2 二氧化碳性质检验 1

实验现象		
实验分析		

【实验 2】向一个收集满二氧化碳气体的质地较软的塑料瓶中倒入 1/3 体积的水（表 2-2-3），随后旋紧瓶盖，振荡，观察现象。

表 2-2-3　二氧化碳性质检验 2

实验现象		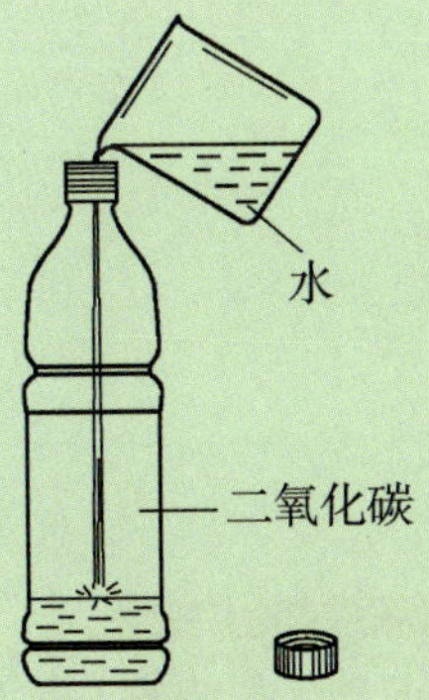
实验分析		

二氧化碳不能燃烧，也不支持燃烧。二氧化碳能溶于水，通常状况下，1 体积水约能溶解 1 体积的二氧化碳，增大压强可溶解更多。

活动探究　上述实验 2 中加水振荡后塑料瓶变瘪，试分析其中的原因，该过程是物理变化还是化学变化？请设计实验证明。

二氧化碳与水反应生成碳酸，碳酸能使紫色石蕊溶液变成红色。

$$CO_2 + H_2O \xlongequal{} H_2CO_3$$

碳酸很不稳定，容易分解成二氧化碳和水。加热时，碳酸分解，二氧化碳从溶液中逸出，红色溶液又变成紫色。

$$H_2CO_3 \xlongequal{\triangle} CO_2\uparrow + H_2O$$

二氧化碳能使澄清石灰水变浑浊，即二氧化碳能与氢氧化钙反应生成碳酸钙和水。

$$CO_2 + Ca(OH)_2 \xlongequal{} CaCO_3\downarrow + H_2O$$

活动 3 设计方案实现大气中二氧化碳含量的减少

活动探究 基于二氧化碳的性质，设计实验方案减少大气中的二氧化碳含量。

任务三 二氧化碳之“美”：二氧化碳的捕获和利用

活动 1 减少大气中的二氧化碳含量——二氧化碳的捕获

活动探究 分别将水和澄清石灰水迅速注入充满二氧化碳气体的塑料瓶中（图 2-3-1），试推测可能观察到的实验现象，进行实验验证。

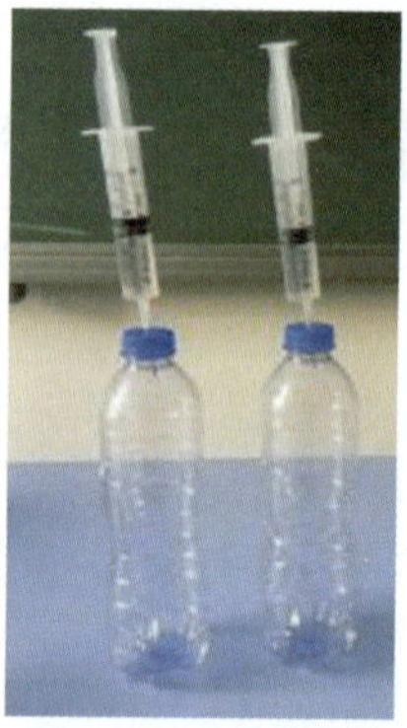

图 2-3-1 水和澄清石灰水分别注入充满二氧化碳气体的塑料瓶中实验

将等体积的水和澄清石灰水迅速注入充满二氧化碳气体的塑料瓶中，塑料瓶无明显变化。

思考交流 上述实验中，塑料瓶为何无明显变化？请分析原因。

利用传感器技术分析体系中压强变化，将等体积的水和澄清石灰水迅速注入充满二氧化碳气体的平底烧瓶中，检测瓶内压强变化，如图 2-3-2 所示。

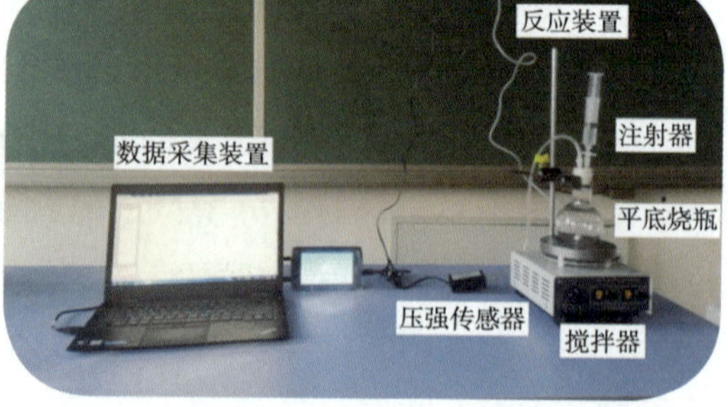

图 2-3-2 利用传感器检测体系的压强变化

思考交流　1. 图 2-3-3 中 *AB* 段、*BC* 段压强变化的原因是什么？

2. 如何证明塑料瓶中剩余气体的成分？

3. 为什么两个塑料瓶都没变瘪？

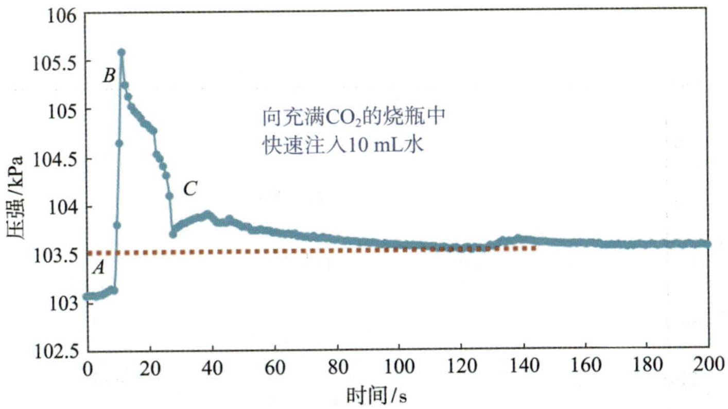

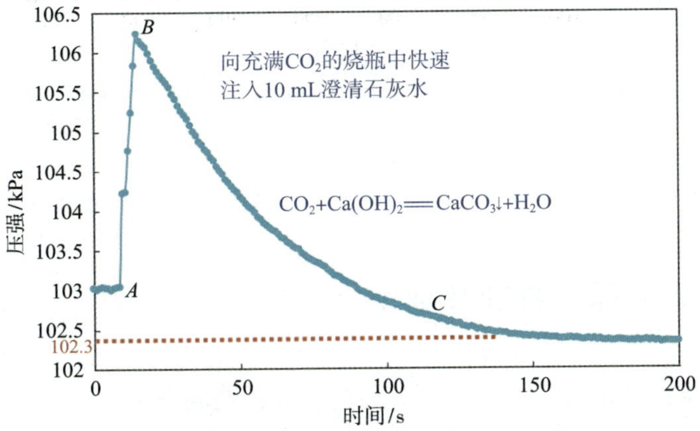

图 2-3-3　压强变化结果图

通过对图 2-3-3 的对比分析可知，注入澄清石灰水的烧瓶中的压强是降低的。两个塑料瓶之所以变化不明显，可能是由于澄清石灰水中氢氧化钙的含量较低。

活动探究　请设计实验证明以上推测并选择合适的捕获剂减少大气中的二氧化碳含量。

将不同 $Ca(OH)_2$ 含量的石灰浆 10 mL（表 2-3-1）分别迅速注入充满二氧化碳气体的三个完全相同的平底烧瓶中，使用传感器数据记录压强变化，得到结果如图 2-3-4 所示。

表 2-3-1　不同 $Ca(OH)_2$ 含量的石灰浆

名称	石灰浆-1	石灰浆-2	石灰浆-3
$Ca(OH)_2$ 含量/g	1	2	4

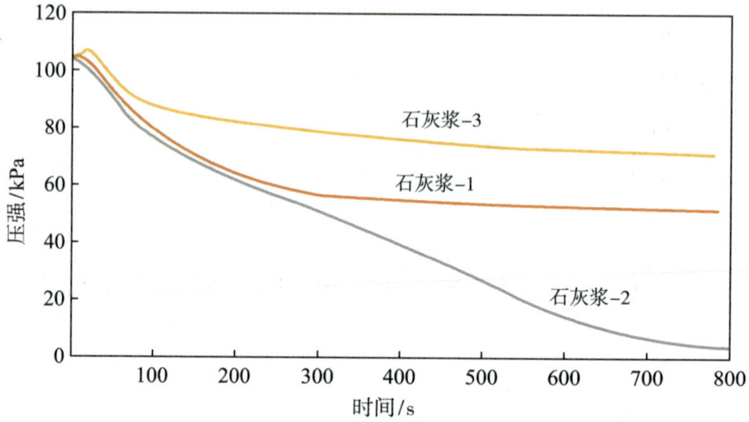

图 2-3-4　三种石灰浆与二氧化碳反应引起的容器压强变化

通过实验对比分析，石灰浆-2 作为吸收剂捕获二氧化碳效果最好。

活动 2　二氧化碳的捕获和利用

活动探究　请设计实验实现二氧化碳的捕获并检验捕获效果。

【可选试剂】澄清石灰水、石灰浆、水。

【可选装置】如图 2-3-5 所示。

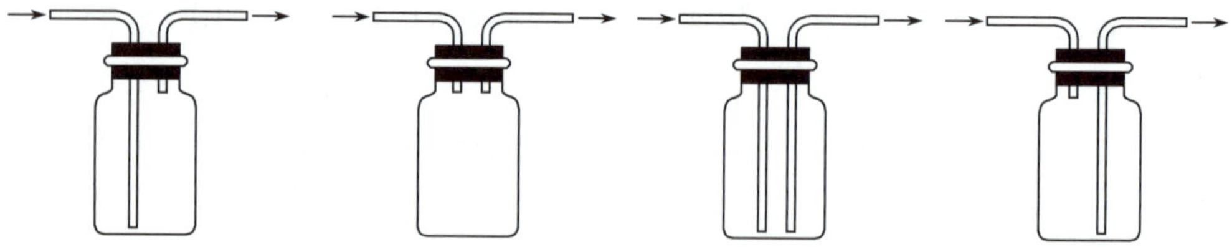

图 2-3-5　实验装置

在图 2-3-6 中，对选择的装置进行连接，并标注所用试剂。

图 2-3-6　二氧化碳捕获实验装置设计

分享讨论　展示分享设计（图 2-3-7），讨论得出最佳设计。

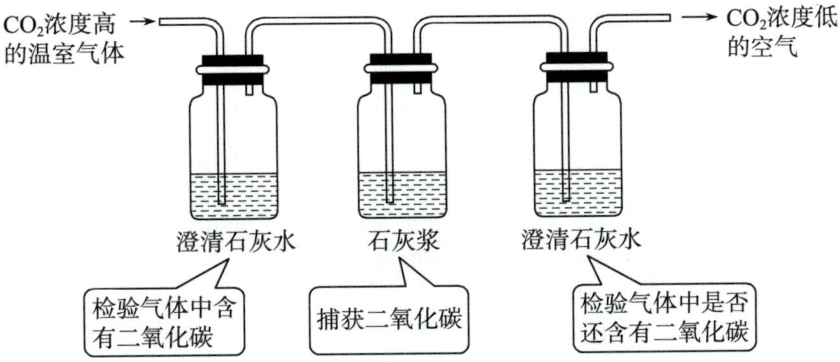

图 2-3-7　二氧化碳的捕获及效果检测

科学前沿　科学家在二氧化碳的捕获方面也进行了很多尝试。有科学家提出利用双碱法实现二氧化碳的捕获，如图 2-3-8 所示。

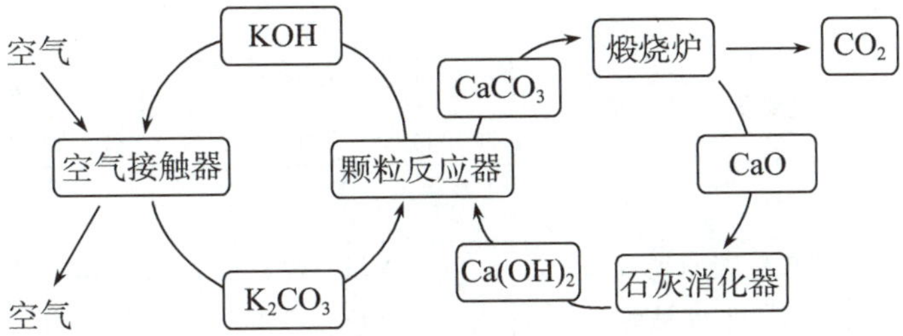

图 2-3-8　双碱法捕获二氧化碳流程示意图

思考交流　1. 捕获流程中，哪部分实现二氧化碳的捕获？

2. 捕获的纯净的二氧化碳有什么用途？

二氧化碳的捕获和利用已是全世界讨论的热点问题。工业上，利用二氧化碳的一种途径是将二氧化碳转化为有机物及高分子聚合物等化工产品；而另一种途径是将二氧化碳与水反应，转化为甲醇、石油等再生能源。

任务梳理

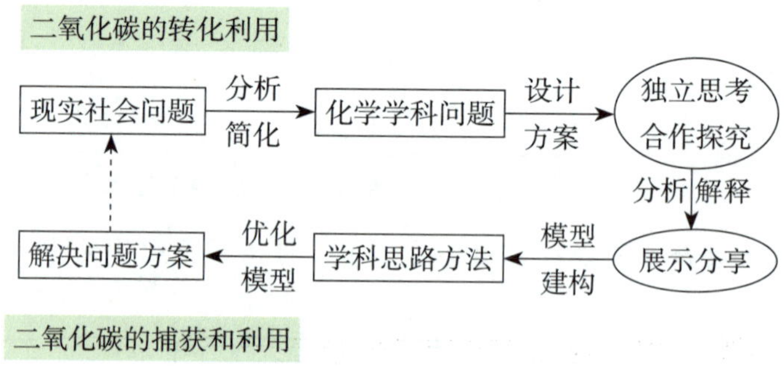

图 2-3-9　任务三梳理示意图

单元项目梳理

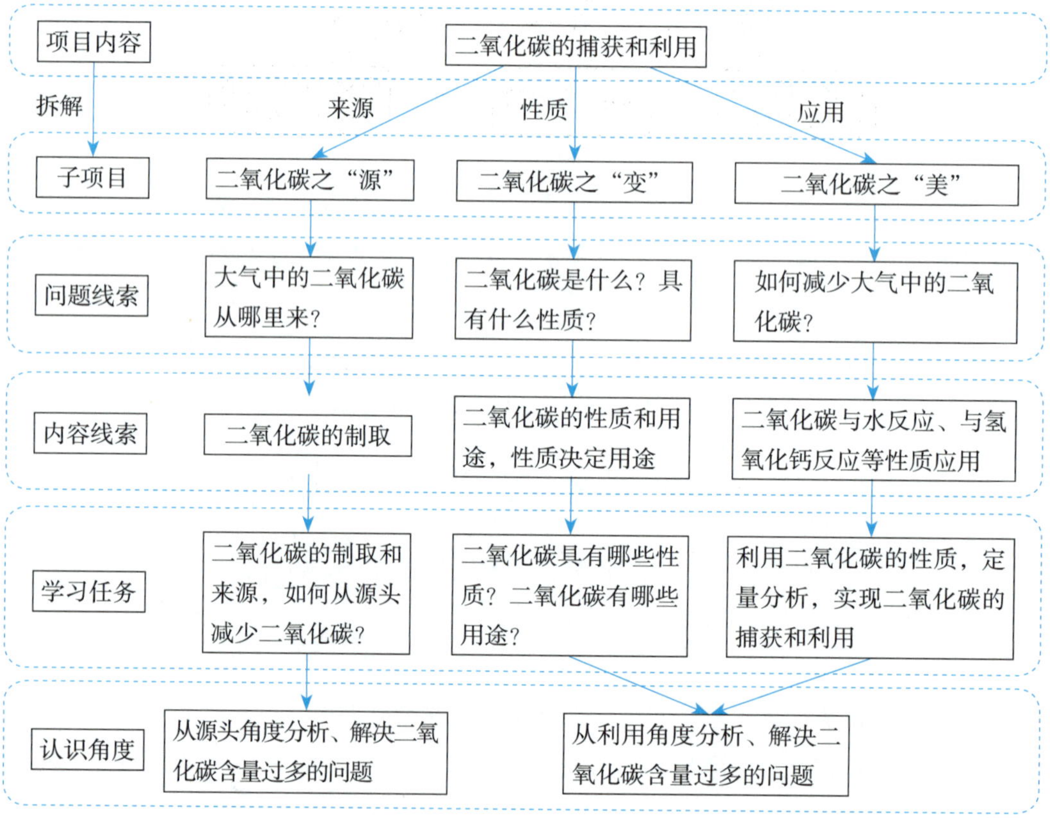

单元项目检测

学习理解

1. 干冰的成分是（　　）。

A. CO　　B. CO_2　　C. H_2CO_3　　D. H_2O

2. 根据阶梯蜡烛实验，不能得到的结论是（　　）。

A. CO_2 的密度比空气的大　　B. CO_2 不能燃烧

C. 蜡烛燃烧生成 CO_2 和 H_2O　　D. CO_2 不支持燃烧

3. 开启碳酸饮料时，饮料容易喷溅出来。右图是某碳酸饮料成分示意图，据图回答下列问题。

成分：① 水　② 二氧化碳
③ 柠檬酸（$C_6H_8O_7$）
④ 蔗糖（$C_{12}H_{22}O_{11}$）

（1）饮料成分中属于氧化物的是________（填序号）。

（2）汽水被称作碳酸饮料的原因是__________________（用化学方程式表示）。

4. 南极的一块冰架坍塌了，这是大自然的又一次警告。全球变暖主要与空气中的____________（写化学式）气体有关。

应用实践

5. 下列关于二氧化碳用途的说法不正确的是（　　）。

A. 制成多种电光源　　B. 用作光合作用的原料

C. 用作气体灭火剂　　D. 用于生产碳酸饮料

6. 某化学小组同学用如图所示两个装置进行二氧化碳性质的探究。已知：通常状况下，1 体积水约能溶解 1 体积二氧化碳。

A 和 B 均为质地较软的塑料瓶，二者容积相等，装置的气密性良好且充满二氧化碳。

将 A 的瓶盖打开，加入体积约为塑料瓶容积 1/3 的蒸馏水，旋紧瓶盖后充分振荡；向 B 中也注入体积约为塑料瓶容积 1/3 的蒸馏水，充分振荡。

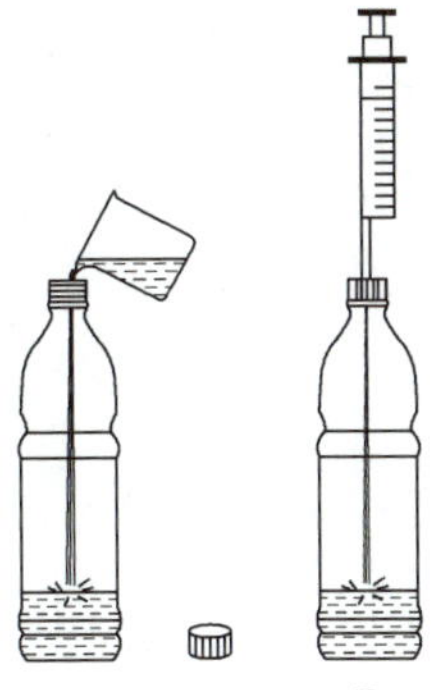

（1）A 中观察到的实验现象是________________________。

（2）B 塑料瓶无明显变化，其原因是________________________________。

迁移创新

7. 取相同质量大理石和相同体积的酸在密闭容器内进行二氧化碳制取的实验研究，并用压强传感器测定，实验结果如图所示。

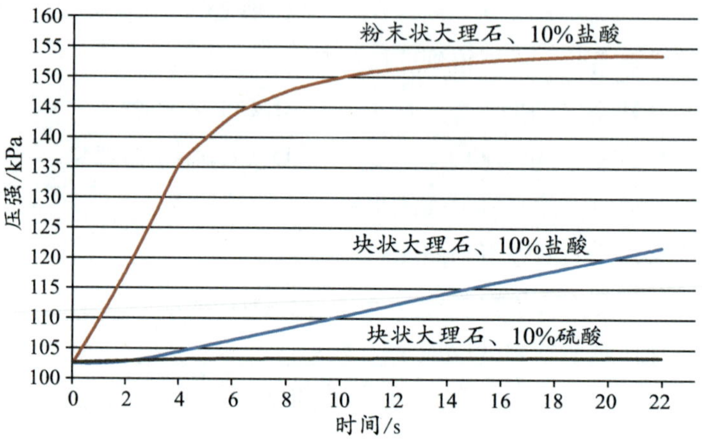

（1）实验室制取二氧化碳反应的化学方程式为____________________________。

（2）三个实验中，块状大理石和 10% 盐酸最适宜用于实验室制取二氧化碳，原因是____。

项目 3　探秘吸附剂世界

——应用模型建构的方法解决实际问题

任务一　认识双吸剂氧化钙
任务二　湿法脱碳技术中的吸附剂选择
任务三　氧化钙基吸附剂的制备及吸附性能分析

单元项目设计意图

以《义务教育化学课程标准（2022 年版）》中学习主题 2“物质的性质与应用”为内容载体，根据学情及核心物质的共性，搜集、整合形形色色的吸附剂素材，用驱动性问题串联学生的学习活动，组织实验探究，通过三个任务情境的转换，从生活→生产→高精尖实验室等角度将被吸附的物质（氧气、二氧化碳、水蒸气）和吸附剂（氧化钙、氢氧化钙、氢氧化钠）等众多物质的物理、化学性质融会贯通，形成知识网络，并在复习中提炼思路和方法，建构思维模型，进而解决实际问题，达到促进学生化学学科核心素养发展的目的。

单元项目学习目标

1. 通过对吸附剂中的双吸剂（氧化钙）成分的探究，建构物质检验和鉴别模型，体会化学知识在生活中的应用。

2. 通过对湿法脱碳中吸附剂的选择以及固体脱碳中吸附剂的制备、吸附性能分析的学习，体会化学守恒观、变化观及控制变量思想在工业生产中的重要作用，培养在真实情境中解决问题的能力，建构物质制备及性质影响因素的分析模型。

单元项目学习引导

吸附剂是能有效地从气体或液体中吸附其中某些成分的物质。吸附剂一般有以下特点：具有大的比表面（比表面积的简称，指单位质量物料所具有的总面积，单位

是 m^2/g ）、适宜的孔结构及表面结构；对吸附质有强烈的吸附能力；一般不与吸附质和介质发生化学反应；制造方便，容易再生；有良好的机械强度等。

初中化学中的众多物质都可以充当吸附剂，如浓硫酸可吸附水蒸气；铁粉可同时吸附氧气和水蒸气，NaOH 固体和生石灰均可同时吸附水蒸气和二氧化碳，作为双吸剂使用。这部分知识在生活中有着广泛的应用。

此外，随着现代工业的飞速发展，焦化厂、热电厂等高耗能产业的高温废气中含有大量的二氧化碳，直接排放将对环境造成不利影响，同时也造成热能的大量浪费。因而，选择合适的吸附剂减少废气中二氧化碳的含量是一个真实且重要的科研任务。综上所述，湿法吸附剂和高温固体吸附剂因其各自的优点而受到研究者们的广泛关注。

任务一　认识双吸剂氧化钙

活动 1　生活中常见的干燥剂及其干燥原理

思考交流　根据收集到的生活中的干燥剂（图 3-1-1），确定它们的有效成分及干燥原理，尝试对干燥剂进行分类，说明分类的依据。

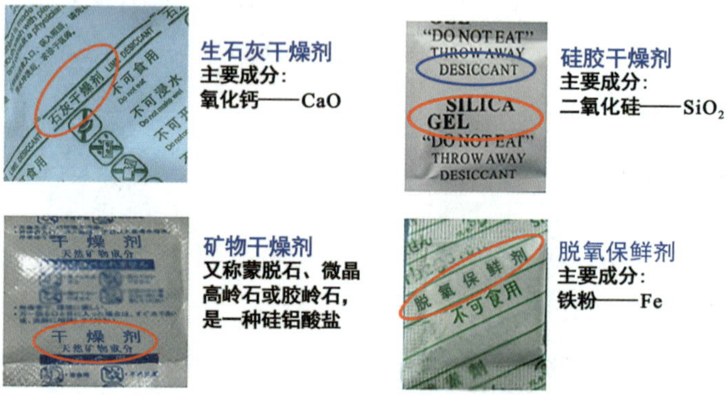

图 3-1-1　生活中的干燥剂

根据说明书的介绍，将干燥剂按吸水原理、有效成分的酸碱性、适用范围、是否除氧气等分为以下几类（表 3-1-1），发现分类的依据不同，其物质归属也不同。通过阅读说明书中的注意事项，发现干燥剂成分不同，其注意事项也不同，如生石灰干燥剂因与水反应放热又生成碱，使用要注意安全。所以，我们在生活中要关注陌生物质使用的说明书。

表 3-1-1 干燥剂分类

分类依据	吸水原理	使用范围	酸碱性	是否除氧气
干燥剂分类	物理吸附干燥剂	生活干燥剂	酸性干燥剂、中性干燥剂	干燥剂
	化学吸附干燥剂	实验室干燥剂	碱性干燥剂	脱氧剂

生产、生活中可用作干燥剂的物质有很多。之所以能用作干燥剂，是因它们能与水反应或者能吸附水，体现了物质的性质决定物质的用途、物质的用途反映物质的性质的关系。

思考交流 进一步阅读干燥剂包装袋上的说明书，你对干燥剂的使用有什么新认识？对搜集到的干燥剂你最想探究什么问题？

物质分类方法因分类角度或者分类标准不同而不同。对任何陌生物品，通过读取包装袋上的信息及注意事项做到安全使用很重要。此外，不同干燥剂久置后的成分是否改变、是否还有效，哪些干燥剂吸水效果更好等，都是值得深入思考与探讨的问题。

活动 2 双吸剂生石灰的成分判断

思考交流 生石灰干燥剂的有效成分是哪种物质？生石灰能用作干燥剂的原理是什么？为何被称作双吸剂？为何不可食用、不可水浸、不可开袋？如何检验久置的生石灰干燥剂是否仍有效？加入试剂的量有何要求？

生石灰干燥剂的有效成分是氧化钙；其干燥原理为氧化钙与水反应生成氢氧化钙，此时氢氧化钙会继续吸收二氧化碳生成碳酸钙，故被称作“双吸剂”。不可食用是因为氧化钙与水反应放出热量并生成碱性物质氢氧化钙，易对人体造成危害；不可浸水是因为氧化钙与水发生反应；不可开袋是因为氧化钙能吸收空气中的水蒸气，其反应产物氢氧化钙会继续与空气中的二氧化碳发生反应。检验久置的生石灰干燥剂是否仍有效，最简单的方法为加水以观察是否放热，但水必须少量，否则水还会作溶剂起到降温的作用，观察不到预期现象或现象不明显。

活动探究 久置的生石灰干燥剂中可能有哪些成分？请设计实验验证你的猜想（表 3–1–2、表 3–1–3）。

表 3–1–2 久置生石灰干燥剂成分预测和实验方案验证（平行实验）

操作	现象和结论	涉及反应的化学方程式
取少量样品于烧杯中，加入少量水，用手触碰烧杯外壁		
取少量样品于烧杯中，加入无色酚酞溶液		
取少量样品于烧杯中，加入足量稀盐酸		

表 3–1–3 久置生石灰干燥剂成分预测和实验方案验证（递进实验）

操作	现象和结论	涉及反应的化学方程式
取少量样品于烧杯中，加入少量水，用手触碰烧杯外壁		
向上述烧杯中加入大量水，过滤，向滤液中加入 Na_2CO_3 溶液		
向滤渣中加入足量稀盐酸		

思考交流 请结合已学知识判断上述实验方案的可行性，并说明理由。

氢氧化钙微溶于水，如果想通过碳酸钙不溶于水这一性质检验碳酸钙的存在，加入的水应该是足量的，以排除氢氧化钙的干扰。而在定性的条件下，将无法在氧化钙存在的情况下检验是否含有氢氧化钙，但可以通过定量实验确定氢氧化钙的存在。

知识链接 1. 碳酸钙在 900℃左右分解产生氧化钙和二氧化碳。
2. 氢氧化钙在 500℃以上失去结合水成为氧化钙。

结合“知识链接”中的信息，可设计如下实验方案：取样，用天平称量固体的质量记为 m_1，将固体加热至 500℃以上（小于 900℃）至固体的质量不再发生变化，称量质量为 m_2。若 $m_1=m_2$，则固体中无氢氧化钙；若 $m_1>m_2$，则固体中含有氢氧化钙。

类比迁移　探究铁粉双吸剂是否有效（表 3-1-4）。

表 3-1-4　铁粉双吸剂是否有效的实验验证

有效成分	选择方案	实验现象	结论
铁	观察颜色	若是黑色	有效
	用吸铁石	若吸起黑色固体	有效
	加入稀硫酸（或稀盐酸）	若冒气泡，溶液变成浅绿色	有效
	加入 $CuSO_4$ 溶液（或 $CuCl_2$ 溶液）	有红色固体析出，溶液变成浅绿色	有效

任务梳理

图 3-1-2　混合物中成分测定的思路

任务二　湿法脱碳技术中的吸附剂选择

活动 1　碳管理的现状简介

思考交流　目前，工业排放依然是大气中二氧化碳的主要来源。以煤、石油为主要原料的工厂废气，以及未经净化处理的天然气等原料气中有相当量的二氧化碳，如果未经任何处理直接向大气排放或直接使用，都会加重温室效应，或者对工业生产造成严重不利影响。在我们生活中如何减少空气中的二氧化碳含量？科学家在面对“如何减少空气中的二氧化碳含量”时又有何方案？

二氧化碳减排途径如图 3-2-1 所示。从长远来看，发展核能、风能、太阳能、潮汐能等清洁能源，开展植树造林以生物固碳形式减少二氧化碳排放无疑是理想的减排途径。

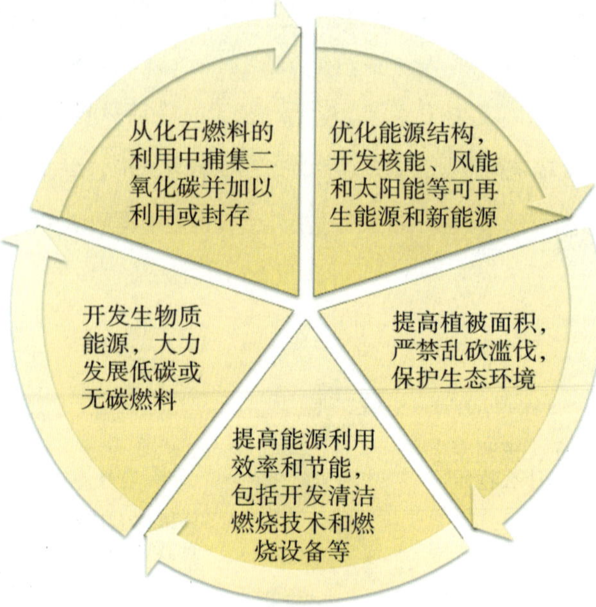

图 3-2-1　二氧化碳减排途径

但是，核能的发展不可能一蹴而就；风能、太阳能和潮汐能等可再生能源整体上还都处于发展的初级阶段，由于其本身的局限性以及受技术水平和成本的限制，数量上还无法满足经济快速增长的需求；提高植被面积，保护生态环境的措施更是一个循序渐进的过程，在今后相当长的时期内仍将以燃煤为主要能源的现实情况下，很难在短时间内获得明显的减排效果；生物质总量巨大、可储存、能进行碳循环，是取代化石燃料从源头减排二氧化碳的理想能源，不过生物质利用是一个系统的工程，从原料的选择和种植、原料转化工艺的开发到生物质产品高效利用技术和设备的研发都需要做大量的工作，因此其在相当长一段时间内对二氧化碳减排的贡献比较有限。

同时，由于二氧化碳排放源不同，很难用单一的方法分离回收，而且不论采用哪种二氧化碳分离方法，分离过程的能耗都很高，这不仅意味着额外增加了单位发电量或产品的二氧化碳排放量，而且大幅降低了能源系统效率。二氧化碳被分离后，需要存储起来才能达到与大气隔离的目的。由于二氧化碳排放量巨大，每年达百亿吨，如此大量的二氧化碳安全存储，也是二氧化碳减排的难点之一。在此情况下，开发二氧化碳捕捉及存储技术具有极大的现实意义。

活动 2　二氧化碳捕捉中吸附剂的选择

思考交流　目前成熟的二氧化碳脱除技术，根据二氧化碳的物理性质可以粗分为湿法脱碳和干法脱碳。其中，湿法脱碳即溶剂吸收脱碳，可以对其再进一步细分为物理吸收法、化学吸收法。湿法脱碳技术中化学吸收法使用最多，技术也最成熟。利用湿法脱碳技术的二氧化碳捕捉和封存工厂一般都建在化工厂或者炼钢厂这样二氧化碳排放比较多的工厂周围。观察图 3-2-2，用语言描述碳捕捉过程。

图 3-2-2　化工厂中二氧化碳捕捉示意图

空气经过捕捉装置后，将二氧化碳和其他成分分离，然后再收集。空气中的氮气、氧气等其他气体和杂质直接排除在装置流程之外。

思考交流　设备 I 中如何将二氧化碳与其他气体分离？如果选用化学方法，有哪些可以吸收二氧化碳的方法？作为工厂设计师，你想选择哪种方法吸收二氧化碳？为什么？

结合初中所学化学知识，可得到如表 3-2-1 所示的实验方案，二氧化碳可以与水、氢氧化钠和氢氧化钙发生化学反应从而被消耗。从实验目的角度出发，为了使吸收二氧化碳气体的效果更好，反应物应充分接触。结合已有实验经验，液体与气体的反应进行程度比固体与气体的反应更加充分，故从实验试剂状态的角度排除实验 3。

表 3-2-1　化学法吸收二氧化碳的实验方案

实验序号	选择方案	涉及反应的化学方程式
1	水	$CO_2 + H_2O \xlongequal{} H_2CO_3$

（续表）

实验序号	选择方案	涉及反应的化学方程式
2	澄清石灰水	$CO_2 + Ca(OH)_2 = CaCO_3\downarrow + H_2O$
3	氢氧化钠固体	$CO_2 + 2NaOH = Na_2CO_3 + H_2O$
4	NaOH 浓溶液	$CO_2 + 2NaOH = Na_2CO_3 + H_2O$

活动探究 作为工厂设计师，你想选择哪种试剂作为设备Ⅰ中二氧化碳的吸附剂？请说明选择理由。

二氧化碳可以与水、NaOH 溶液和 $Ca(OH)_2$ 溶液发生反应被消耗，从而达到捕捉二氧化碳的目的。为选择最佳的吸附剂，可设计对比实验进行验证。我们可以利用各种各样的装置和仪器进行验证，在小组交流和汇报的过程中不断完善自身方案，以得到精准的实验结论。如图 3-2-3 所示即为其中一组同学利用压强传感器所设计的对比实验。

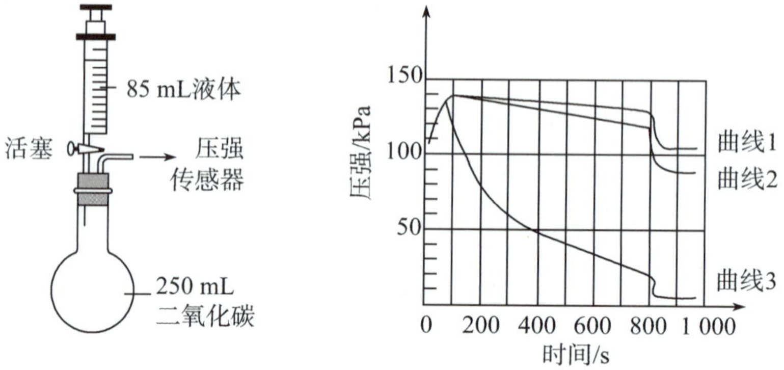

图 3-2-3　二氧化碳与三种液体反应的实验装置图及气压随时间变化的曲线

思考交流 从图像中你看出哪一条曲线表示的吸收二氧化碳最好？这条曲线对应的实验组是哪种物质？产生这种情况的原因是什么？通过这组实验你得出的结论是什么？

根据图像变化，分析三种溶液吸收二氧化碳的多少：曲线 3 为加入 NaOH 溶液的烧瓶，压强减小最多，说明消耗的二氧化碳最多。由此可知，NaOH 溶液对二氧化碳的吸收效果最佳，为设备Ⅰ中的最佳吸附剂。

活动探究 工业上除了要考虑物质的化学性质之外，还要考虑成本等因素。氢氧化钠、氢氧化钙的价格数据如表 3–2–2 所示。请设计一种既能降低成本又有较好吸收效果的方案，写出相应反应的化学方程式。

表 3–2–2 氢氧化钠、氢氧化钙价格表

物质	价格 / (元 · 吨$^{-1}$)
氢氧化钠	4 000
氢氧化钙	640

通过表 3–2–2 可知，氢氧化钠价格相比氢氧化钙高了很多。进而从节约成本的角度考虑，可将氢氧化钠循环使用，故在设备 I 中氢氧化钠吸收二氧化碳生成碳酸钠［$CO_2+2NaOH \xlongequal{} Na_2CO_3+H_2O$］进入设备 II 后，与设备 II 中的氢氧化钙继续反应［$Na_2CO_3+Ca(OH)_2 \xlongequal{} CaCO_3+2NaOH$］。此番操作既能使价格昂贵的氢氧化钠循环使用，达到节约成本的目的；同时，还能将二氧化碳以更加稳定的碳酸钙的形式存储起来。

除以上所述外，在工业生产中此原理对二氧化碳气体吸收得较快，吸收程度也较高，气体整体净化程度高，容易得到较纯的产品；且系统简单，维护方便。但溶剂再生过程能耗大，设备腐蚀严重，溶剂损失大，运行成本依旧偏高。

任务梳理

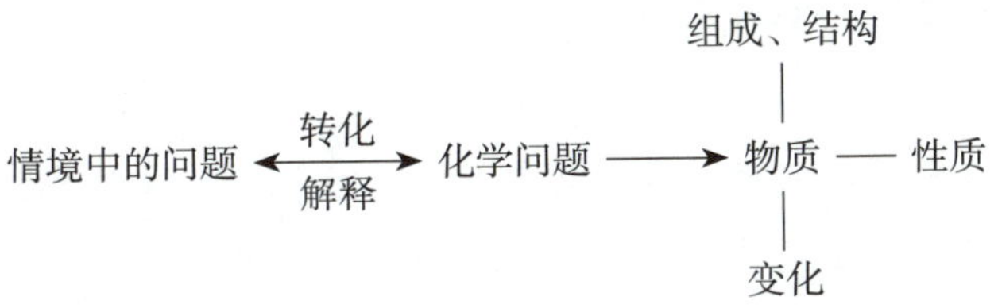

图 3–2–4 真实情境中的问题分析模型

任务三 氧化钙基吸附剂的制备及吸附性能分析

活动 1 固体吸附剂脱碳技术简介

知识链接 与传统溶液吸收工艺相比较，固体吸附剂易于处理，没有溶剂损耗，能耗低，对环境污染小，工艺相对简单，运行成本较低；从吸附原理上看，可以分为物理吸附剂和化学吸附剂。物理吸附，利用吸附剂对二氧化碳的物理吸附作用，其吸附能力小，选择性低，不易提纯气体，对吸附温度敏感，随着温度的提高其吸附能力显著下降；主要吸附材料有碳基材料、分子筛材料、MOF 材料等。化学吸附，利用吸附剂和二氧化碳的化学反应原理，因此其吸附量大，对二氧化碳选择性好，吸附材料主要包括类水滑石材料、锂基材料、碱性氧化物（氧化钙等）、碳酸盐（碳酸钾等）。从吸附剂工作温度上看，可以将固体吸附剂分为低温吸附剂、中温吸附剂和高温吸附剂。物理吸附剂大多数为低温吸附剂，化学吸附剂大多数为中高温吸附剂。

从能量的有效利用角度来看，高温二氧化碳捕集技术更具有优势，也是以后二氧化碳吸附剂的发展趋势。目前氧化钙基吸附剂和锂基吸附剂是主要的二氧化碳高温吸附剂。锂基吸附剂可直接用于高温吸附，但由于其制造成本高，因而不易大规模推广。而氧化钙在自然界中以碳酸钙的形式广泛存在，原材料丰富，成本较低，这也是氧化钙可以商业利用的基础。

思考交流 阅读“知识链接”中对固体吸附剂脱碳技术的介绍后，你有何体会？

活动 2 氧化钙基吸附剂的制备

思考交流 钙基吸附剂的有效成分为氧化钙，请思考：氧化钙能够吸收二氧化碳可能的原理是什么？通过哪种方法可制得氧化钙？请结合已有知识和实验经验分析得到氧化钙并利用其进行吸附的可行性。

利用工业制取二氧化碳的原理，即煅烧石灰石时即可得到产物氧化钙。氧化钙接触水后发生化学反应生成氢氧化钙，进而再与二氧化碳反应生成碳酸钙；同时，氧化钙在高温下（通常 600℃以上）亦可吸附二氧化碳生成碳酸钙。在更高温度下，通过焙烧脱附二氧化碳，氧化钙得以再生。根据反应的化学方程式可知，其最大理论吸附量（1 g 氧化钙所能吸收的二氧化碳质量）为 0.786 g。此反应机理简单，吸附量大，原材料丰富，成本低。氧化钙基吸附剂是目前二氧化碳捕集技术中极具潜力、重点研究的高温吸附剂，被视为高温吸附剂首选材料，而受到广泛的关注。

但是，氧化钙基吸附剂也有不可避免的缺点：生成的碳酸钙产品层会覆盖在吸附剂表面，阻止二氧化碳的进一步扩散，造成吸附性能显著降低。

思考交流 虽然通过计算可知氧化钙基吸附剂理论吸附量很大，但从目前的报道来看，很少有吸附剂初始吸附量能达到其理论吸附量的。通过查阅文献可知，吸附剂的表面形貌和孔结构将直接影响到吸附剂的最终吸附性能。对此，你认为如何改进实验方案才能制得吸附性能更好的氧化钙基吸附剂？

表面形貌和孔结构能够影响吸附剂的最终吸附性能的主要原因是改变二者之间的接触面积。由此可采取的实验方案众多，可利用二氧化碳鼓泡通入饱和 $Ca(OH)_2$ 溶液的方法，制备出具有蜂窝状多孔结构的沉淀碳酸钙，此种结构的碳酸钙进一步制得的氧化钙中保留了原有的蜂窝状结构，有利于二氧化碳向吸附剂内部扩散和吸附；也可将氧化钙基吸附剂加工成极小的颗粒，如纳米级别，使氧化钙与二氧化碳的接触面积增大，从而达到增强钙基吸附剂吸附性能的目的。

活动 3 氧化钙基吸附剂的吸附性能分析

活动探究 溶剂改性，从本质上也是通过不同的溶剂与吸附剂产生物理或化学相互作用，改变氧化钙基吸附剂的形貌结构、孔分布和比表面，从而改善吸附剂的吸附性能。目前常用的改性溶剂是乙醇溶液或者纯水；而且，溶剂的温度也会对吸附剂的最终吸附量（计算公式如图 3-3-1 所示）产生影响。现提供如图 3-3-2 所示实验试剂（如需要可自行补充），请设计实验探究氧化钙基吸附剂的最佳溶剂改性条件。

$$\text{吸附量} = \frac{\text{吸附的二氧化碳质量}}{\text{氧化钙质量}} \times 100\%$$

图 3-3-1 吸附量的计算公式

氧化钙吸附剂

75% 乙醇溶液
温度分别为室温、100℃、160℃

纯水
温度分别为室温、100℃、160℃

图 3-3-2 实验方案设计中可用的部分试剂

为探究氧化钙基吸附剂的最佳溶剂改性条件，需要借助控制变量这一核心思想进行实验方案的设计，具体内容如表 3-3-1 所示。

表 3-3-1 实验方案梳理

实验目的	实验方案			实验结论
	自变量	控制变量	因变量	
探究氧化钙基吸附剂的最佳溶剂改性条件	乙醇溶液的温度	氧化钙基吸附剂的质量、表面形貌和孔结构，乙醇溶液的体积、浓度等……	吸附量	
	纯水的温度	氧化钙基吸附剂的质量、表面形貌和孔结构，纯水的体积等……	吸附量	

知识链接 吸附剂性能评价

实验装置如图 3-3-3 所示。采用热重分析仪（TGA）测试吸附剂对 CO_2 的循环吸附性能。测试实验时，将约 10 mg 吸附剂装入 TGA 样品托盘，在氮气气氛下从 35℃以 10℃ /min 速度升温至 600℃。待稳定 20 min 后，开始通入 CO_2 气体进行吸附反应，设定吸附时间为 45 min。待吸附结束后，停止通入 CO_2，以 10℃ /min 速度升温到 700℃，进行脱附反应，脱附时间为 20 min。脱附完成后再降温到 600℃；温度稳定后，再次通入 CO_2 气体进行吸附反应，然后升温到 700℃再次进行脱附反应。依次循环下去，进行循环吸附和脱附反应。根据实验过程中热重仪实时记录的温度和吸附剂质量变化数据，分别计算吸附剂多次循环的吸附量。

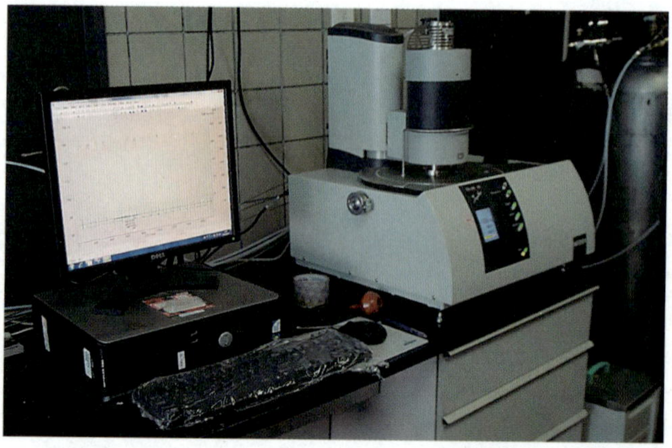

图 3-3-3 热重分析仪（TGA）测试吸附剂对 CO_2 循环吸附性能实验装置

活动探究　分别使用体积分数为 75% 的乙醇溶液和纯水在三个不同的处理温度下进行改性氧化钙的吸附性能实验，测得的数据如图 3-3-4 和图 3-3-5 所示。请分析图中数据，尝试得出实验结论。

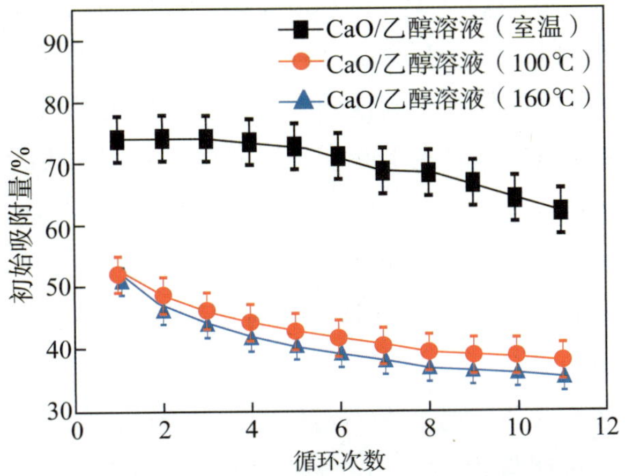

图 3-3-4　乙醇溶液在不同温度下改性氧化钙的吸附性能数据

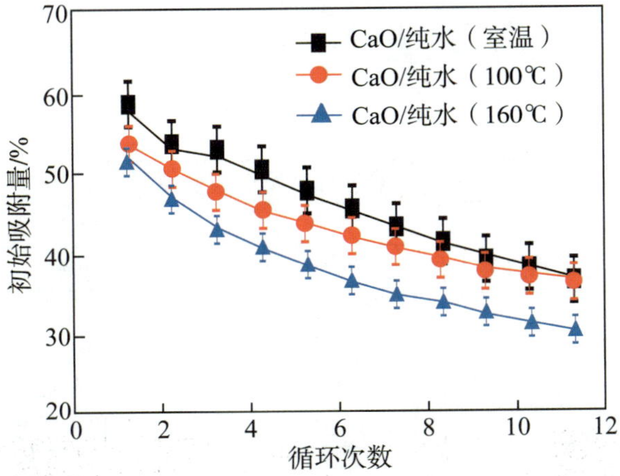

图 3-3-5　纯水在不同温度下改性氧化钙的吸附性能数据

从图 3-3-4 中可以明显看出，室温条件下处理的吸附剂吸附性能明显好于另外两个较高温度下处理的吸附剂。其中，第 1 次循环的初始吸附量约为 74%。在接下来的 3 次循环周期中，吸附量基本上保持不变，保持在 73% 左右；从第 5 次循环开始，吸附量就有了较明显的下降；在第 11 次循环后，吸附量已经降低到 65% 左右了，并有继续下降的趋势，但和分别在 100℃和 160℃下处理的吸附剂相比，其仍具有明显的优势。100℃和 160℃下处理的吸附剂的初始吸附量都在 52% 左右，且随着循环周期的继续吸附量下降明显；在第 11 次循环后，两者的吸附量都在 40% 左右，并有继续下降的趋势。虽然 100℃下处理的吸附剂和 160℃下处理的吸附剂的变化趋势和吸附性能相差不大，但从图 3-3-4 中还是可以看出，100℃下处理的吸附剂的吸附量和稳定性都略高于 160℃下处理的吸附剂。

从图 3-3-5 中可以看出，三个不同温度下处理的吸附剂表现出与乙醇溶液处理的吸附剂相同的变化趋势，三者都随着循环次数的增加而吸附量明显降低，且室温下处理的吸附剂的吸附性能仍好于其他两个较高温下处理的吸附剂的吸附性能。不同的是，三者的吸附性能的差距在不断缩小。室温下处理的吸附剂的初始吸附量约为 59%、转化率约为 75%，而另外两个吸附剂的初始吸附量分别约为 54% 、 52%，三者的差距并不大。其中，100℃下处理和室温下处理的吸附剂的吸附量差距逐渐缩小，在第 11 次循环后两者的值基本相同。三种吸附剂经 11 次循环后吸附量都不足 40%。

对图 3-3-4 和图 3-3-5 的数据分析后可知，低温处理的吸附剂具有较好的吸附性能，处理温度越高吸附性能越差。而乙醇溶液处理的吸附剂的吸附性能普遍好于纯水处理的结果，表现为吸附剂的吸附性能提高。

任务梳理

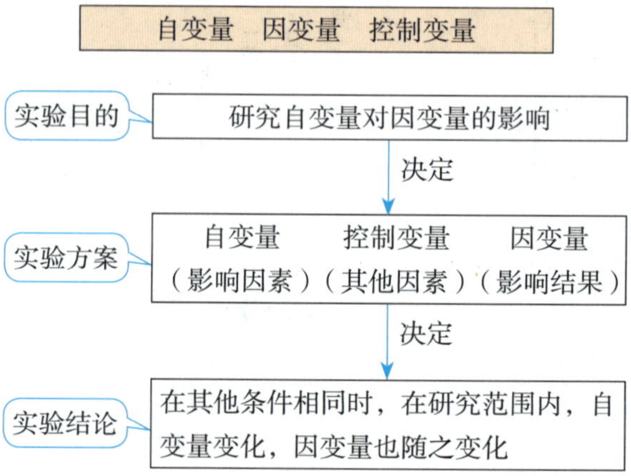

图 3-3-6　控制变量法设计实验的思维模型

单元项目梳理

工程思维 →	实际应用	安全、成本、效率、操作
真实情境 →	化学问题	物质组成、结构、性质、变化
科学思维 →	控制变量	自变量、因变量、控制变量

单元项目检测

学习理解

1. 为延缓袋装食品变质，包装时不宜采用（　　）。

A. 真空包装　　B. 充入氧气

C. 放入一小包铁粉　　D. 充入二氧化碳

2. 如图是“504 双吸剂”标签说明书（部分），请回答下列问题。

品名：504 双吸剂
成分：铁粉、NaCl、炭粉、CaO 等

（1）食品包装袋中，被该双吸剂吸收的主要物质是____________。

（2）部分失效的双吸剂中，有红棕色固体，其主要成分是____________。

（3）取少量双吸剂加入蒸馏水中，振荡后静置，测得上层清液的 pH=9。双吸剂在水中发生反应的化学方程式为________________________。

应用实践

3. 随着人们对生活品质的追求，市场上出现了一些不添加防腐剂的绿色食品，这种食品中有一包保鲜剂，不与食品直接接触，不危害食品安全。小明和小慧找来一包在空气中放置一段时间的食品保鲜剂，对它进行探究。

【查找资料】

（1）食物腐败是因为微生物在食物中生长。微生物只要得到养分，再加上充足的氧气和水，在适当的条件下就会迅速生长；因而，只要缺失一种条件，就可以防止食物腐败。

（2）下面是常见的具有吸水性的几种物质：

①浓硫酸；②生石灰；③氢氧化钠固体；④铁粉；⑤硅胶（化学式 $SiO_2 \cdot nH_2O$，无色透明粒状固体，无毒无害）。

分析：

生石灰可用作食品保鲜剂的原理：________________________；铁粉可用作食品保鲜剂的原理：____________________。

【活动探究】

（3）初步探究：你认为①~⑤的物质中，不适合用作食品干燥剂的是________，理由是________________________。

（4）实验探究：

实验	操作	主要现象	结论与解释
实验 1：初步判断	打开这种保鲜剂的包装袋，取少量样品于试管中，进行观察	该样品为黑色固体	该保鲜剂一定不是________（填序号）
实验 2：对该保鲜剂的有效性进行探究	向实验 1 的试管中加入过量的稀盐酸，振荡	有气泡产生，溶液最终变成浅绿色	该保鲜剂________（填“有效”或“无效”）
实验 3：对该保鲜剂的成分进行探究	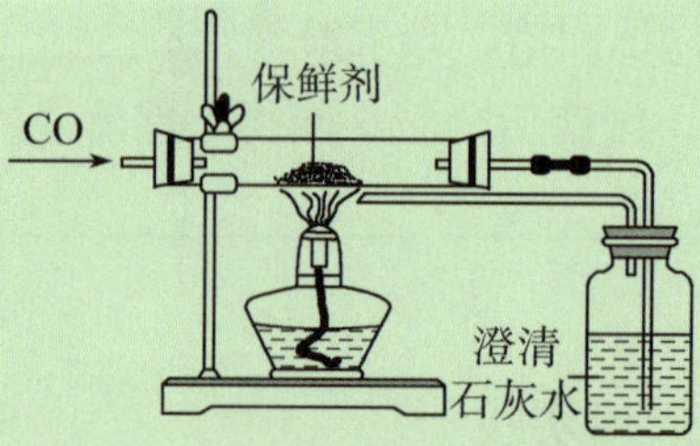	澄清石灰水变浑浊	该保鲜剂中一定含有的物质是________

【活动反思】

（5）实验 2 充分反应后试管中所得溶液的溶质可能含有____________________。（提示：$Fe + 2FeCl_3 \xlongequal{} 3FeCl_2$）

（6）根据食物腐败的条件分析，我们除可以使用这些保鲜剂外，还可以采用的保鲜方法是____________________、____________________。（写出两种方法）

迁移创新

4. 用如图所示装置进行铁与水蒸气在较高温度下反应的实验。取适量的铁粉与氢氧化钙平铺在试管底部，点燃酒精灯，待有较大气泡产生时，用燃着的木条靠近气泡直至有爆鸣声。

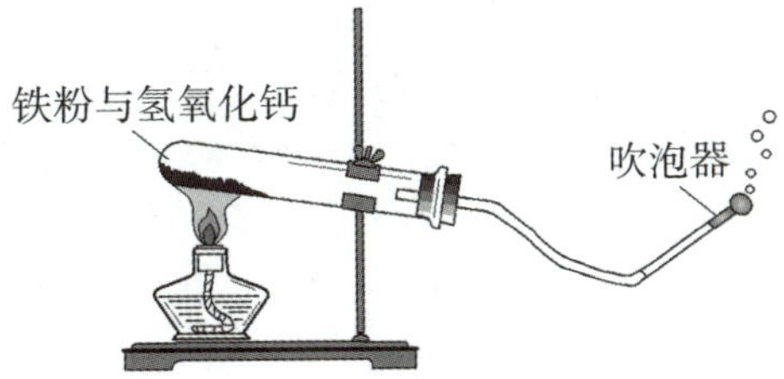

【提出问题】

改变铁粉和氢氧化钙的质量及两者放置的方式是否会影响实验效果呢？

【查阅资料】

① $Ca(OH)_2 \xlongequal{\triangle} CaO + H_2O\uparrow$

② “气泡爆鸣时间”指从开始加热到第一个气泡爆鸣所用的时间。

③ “气泡爆鸣时间”越短，实验效果越好。

【进行实验】

按表 1 进行实验，记录“气泡爆鸣时间”。

表 1

实验	铁粉与氢氧化钙的放置方式	铁粉的质量 /g	氢氧化钙的质量 /g	气泡爆鸣时间 /s
1	铁粉在上层	0.5	1.5	151
2		1.0	1.0	119
3		1.5	0.5	66
4	铁粉在下层	0.5	0.5	88
5		1.0	*a*	44
6		1.5	1.0	54
7	二者均匀混合	0.5	1.0	77
8		1.0	0.5	58
9		1.5	1.5	60

【处理数据】

根据表 1 计算“气泡爆鸣时间”均值，结果如表 2 所示。

表 2

因素	放置方式			铁粉的质量 /g			氢氧化钙的质量 /g		
	铁粉在上层	铁粉在下层	均匀混合	0.5	1.0	1.5	0.5	1.0	1.5
气泡爆鸣时间均值 /s	112	62	65	105	74	60	70	83	85

【解释与结论】

（1）实验中，使用氢氧化钙的目的是________________________。

（2）实验中生成的气体为氢气，其理由是________________________。

（3）表 1 中，*a* 为____________。

（4）根据表 2 推断，最佳的实验条件为________________________。

【反思与评价】

（5）表 2 中，1.5 g 铁粉对应的均值为 60。计算该值依据的 3 个数据分别是________________________。

（6）实验中，铁粉在下层比上层的实验效果好，从金属性质的角度解释原因：________________________。

项目 4 “生态鱼缸”中的碳氧循环

——基于真实情境多角度认识物质

任务一 认识“生态鱼缸”中的碳氧循环
任务二 揭秘“生态鱼缸”氧气来源
任务三 揭秘“生态鱼缸”二氧化碳来源

单元项目设计意图

本主题以揭秘生态鱼缸中的碳氧循环为主要任务，组织学生从化学视角剖析生态鱼缸结构，了解氧气和二氧化碳产生和消耗的途径，体会氧气和二氧化碳的性质和用途；通过小组合作，研究生态鱼缸的供气来源，聚焦气体实验室制法的研究思路。本主题涉及的主要学习内容包括氧气和二氧化碳的性质以及实验室制取气体的方法。

本主题借鉴项目学习理论，充分发挥学生的主体作用，引导学生自主经历真实情境中发现化学问题→利用化学知识进行初步设计和实验→反思实验过程→提炼方法和思路的全过程。

单元项目学习目标

1. 通过对生态鱼缸中氧气、二氧化碳的产生与消耗的途径的分析，学会从多角度研究物质，形成研究具体物质性质的一般思路和方法，发展“宏观辨识与微观探析”核心素养。

2. 通过应用化学反应“给生态鱼缸提供氧气”的活动，认识高锰酸钾、过氧化氢制取氧气的原理、装置、步骤、检验和验满方法，初步了解实验室制取气体的一般思路和方法，发展学生科学探究的能力以及“证据推理与模型认知”核心素养。

3. 通过应用化学反应“给生态鱼缸提供二氧化碳”的活动，在模仿氧气的实验室制法过程中，运用实验室制取气体的一般思路和方法解决实际问题，发展“证据推理与模型认知”核心素养。

4. 通过对生态鱼缸中生态平衡的认识，感悟化学的学科价值，发展“科学态度与社会责任”“变化观念与平衡思想”核心素养。

单元项目学习引导

随着经济水平的不断提高和科学技术的迅猛发展，生态鱼缸也跻身于装饰行业中，大到商场、酒店、海鲜市场，小到办公室、家庭都能看到生态鱼缸的身影。鱼缸内鱼类的养殖不仅要追求不同品种的鱼类带来的视觉上的美感，还要有层次之分。同时，评价生态鱼缸的优劣还要判断鱼缸内水草的长势与设计。近些年来，专门从事生态鱼缸造景的专家级造景师不断涌现，生态鱼缸造景也逐渐发展成一门艺术，被称为“玻璃后面的艺术”（图 4-1）。

图 4-1　生态鱼缸内的造景图

透过生态鱼缸，可以认识重要的物质及其变化，感受到化学中渗透的美学，体会到化学在生产、生活中的实用价值。通过了解生态平衡，进一步树立科学的物质观、可持续发展的意识和绿色化学的观念，深刻理解化学、技术、社会、环境相互作用的关系。

任务一　认识“生态鱼缸”中的碳氧循环

活动 1　画出你印象中的生态鱼缸

活动探究　从生活经验出发，以小组为单位，画出你印象中的生态鱼缸简图。在班级内展示的同时，谈一谈生态鱼缸应该具备哪些因素，写出有关反应的文字表达式。

学生绘制的生态鱼缸如图 4-1-1 所示。鱼的呼吸需要氧气，同时产生二氧化碳。水草能够发生光合作用，吸收二氧化碳，产生氧气。在生态鱼缸中存在碳氧循环（图 4-1-2）。

光合作用：二氧化碳 + 水 $\xrightarrow{\text{光照}}$ 有机物 + 氧气。

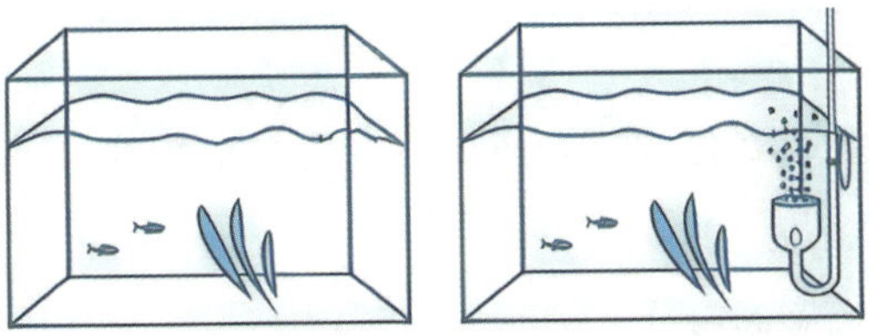

图 4-1-1　不同小组学生绘制的生态鱼缸

图 4-1-2　碳氧循环示意图

活动 2　观察家用生态鱼缸的结构图，认识氧气、二氧化碳的性质及用途

思考交流　观察实际生活中的生态鱼缸结构图（图 4-1-3），思考下列问题：

1. 有水草光合作用产生氧气，为什么还要长时间地向水中通入氧气？这体现氧气具有哪些性质？
2. 氧气细化器（图 4-1-4）起到什么作用？

图 4-1-3　家用生态鱼缸结构图

图 4-1-4　氧气细化器

【问题 1】鱼的生存需要氧气，氧气可供给呼吸。而水草产生的氧气量较少，且氧气不易溶于水，所以每天需要长时间地向水中通入氧气，从而增加水中的溶氧量。

【问题 2】氧气细化器使得气泡更小，增大了氧气与水的接触面积，可使氧气更易溶解在水中，避免浪费。

知识梳理

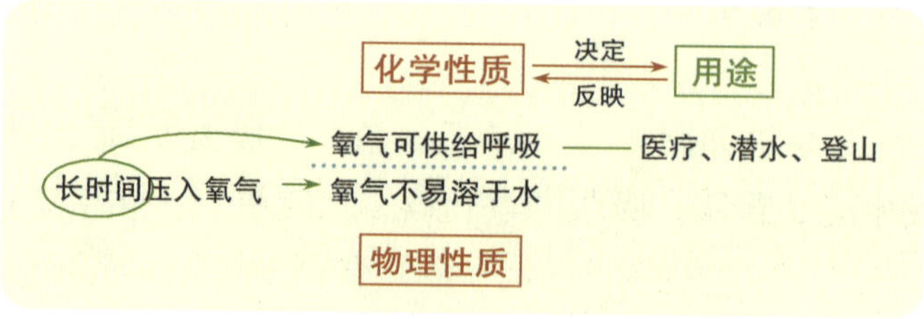

图 4-1-5　氧气的性质与用途思维导图

思考交流　观察图 4-1-6，思考下列问题：

1. 鱼类通过呼吸作用产生二氧化碳，为什么还要向水中鼓入二氧化碳？推测二氧化碳具有哪些性质。

2. 为何要给生态鱼缸配备照明灯？

图 4-1-6　二氧化碳发生器广告

【问题 1】水草进行光合作用需要吸收二氧化碳，鱼类数量较少，产生的二氧化碳气体较少，导致水草合成有机物较少，从而长势不佳。额外通入的二氧化碳气体可促进水草进行光合作用，产生更多的有机物和氧气，于是可观察到“水草茂盛、健康冒泡”的现象。

【问题 2】发生光合作用的必要条件之一是光照，所以鱼缸需要配备照明灯。

资料在线

【资料 1】水草鱼缸为何需要二氧化碳？通入二氧化碳可降低水的 pH，使水呈弱酸性，利于水草对肥料的吸收；且 pH 下降可将氨的毒性减低，避免鱼类中毒甚至死亡。

【资料 2】石蕊是一种常见的酸碱指示剂，溶于水后溶液呈紫色，遇到酸性物质溶液呈红色。醋酸、碳酸显酸性。

活动探究

【实验目的】探究二氧化碳能否与水反应生成碳酸。

【设计实验】利用提供的用品设计实验，验证猜想。

【实施实验】如图 4-1-7 所示（实验中所用纸花均用石蕊溶液染成紫色并干燥）。

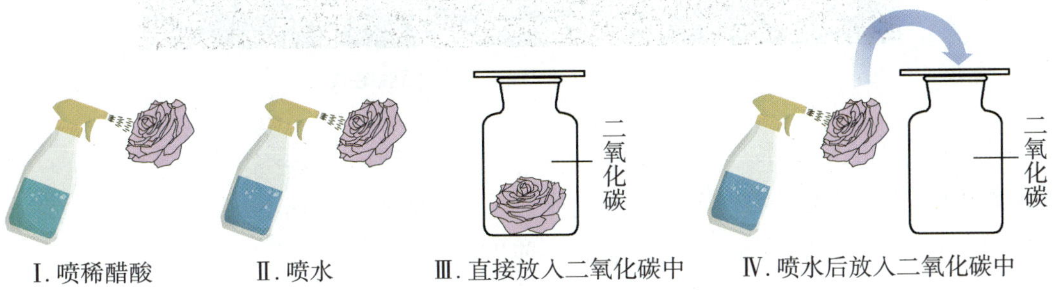

图 4-1-7　实验示意图

【实验报告】如表 4-1-1 所示。

表 4-1-1　实验现象及结论

实验步骤	Ⅰ. 喷稀醋酸	Ⅱ. 喷水	Ⅲ. 直接放入二氧化碳中	Ⅳ. 喷水后放入二氧化碳中
实验现象	石蕊小花由紫色变红色	石蕊小花仍为紫色	石蕊小花仍为紫色	石蕊小花由紫色变红色
实验结论	酸性物质能使石蕊变红	水不能使石蕊变红	二氧化碳不能使石蕊变红	水与二氧化碳反应生成的酸性物质能使石蕊变红

【实验结论】二氧化碳能与水反应生成碳酸。

反应的化学方程式为 $CO_2 + H_2O = H_2CO_3$。

阅读探讨 阅读二氧化碳发生器说明书（图 4-1-8），思考：为什么通入二氧化碳的速度要慢且通入的气体量要少？推测二氧化碳具有哪些性质，能否通过生活实例或实验证明？

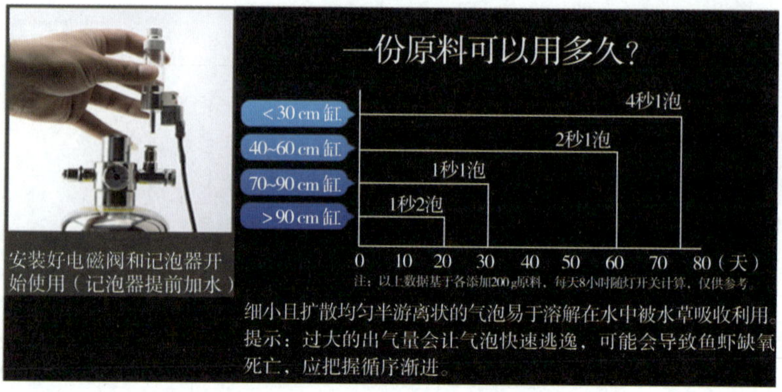

图 4-1-8 二氧化碳发生器说明书

二氧化碳能溶于水，二氧化碳不能供给呼吸。举例：生活中我们常喝汽水，正是利用了二氧化碳能溶于水这一性质。坐满了人的教室内长期不开窗通风，人会有困乏、呼吸不畅等症状，体现了二氧化碳不能供给呼吸这一性质。

活动探究 【实验目的】探究二氧化碳能否溶于水。

【设计实验】利用提供的用品设计实验，验证猜想。设计的实验如表 4-1-2 所示。

表 4-1-2 二氧化碳能否溶于水的性质探究

实验操作	实验现象	实验结论	原理解释
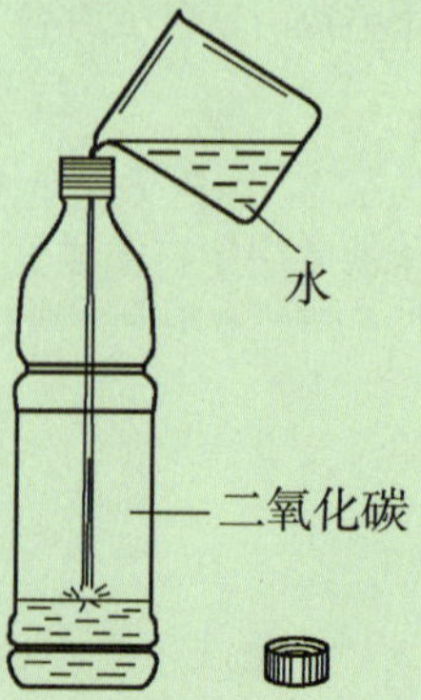 倒入水后立刻拧紧瓶盖	瓶子变瘪	二氧化碳能溶于水	二氧化碳溶于水，气体的量减少，瓶内压强变小，在大气压作用下瓶子变瘪

知识梳理

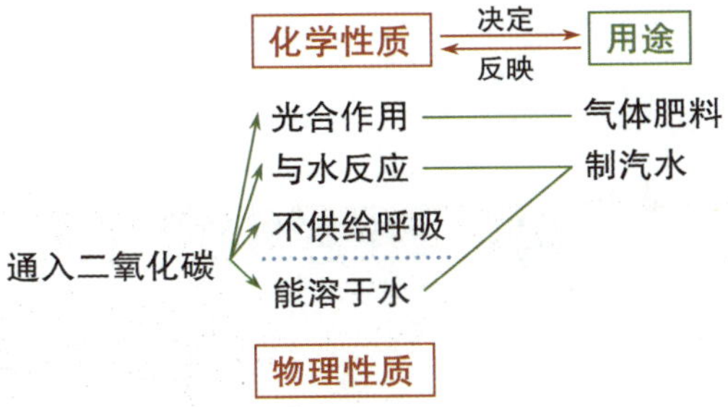

图 4-1-9 二氧化碳的性质与用途思维导图

活动 3 认识自然界中的碳氧循环

阅读探讨

资料：自然界中的碳氧循环

自然界中的碳元素和氧元素，通过单质以及化合物的形式在地球各个圈层进行天然或人工转化，形成了持续、稳定的碳氧循环。例如，地壳中不可再生能源煤炭（C）、天然气（CH_4）的燃烧产生二氧化碳；粮食和氧气发生氧化反应酿造可再生能源乙醇（C_2H_5OH），乙醇燃烧后可产生二氧化碳和水。诸如此类的碳氧循环，维持了相对恒定的大气含氧量，构建了陆地、海洋和大气等环境的物质和能量平衡，为生态系统的正常运转提供了可靠的资源保障。

阅读资料后思考以下问题：

1. 写出煤炭、天然气、乙醇燃烧的化学方程式。它们体现了氧气的什么性质？反应是吸收能量还是放出能量？

2. 以上反应与呼吸作用是否存在异同？

【问题 1】煤炭燃烧：$C + O_2 \xlongequal{点燃} CO_2$

天然气燃烧：$CH_4 + 2O_2 \xlongequal{点燃} CO_2 + 2H_2O$

乙醇燃烧：$C_2H_5OH + 3O_2 \xlongequal{点燃} 2CO_2 + 3H_2O$

这些反应体现出氧气具有支持燃烧的化学性质，可燃物燃烧时均能感觉到热，所以燃烧是放热反应。

【问题 2】呼吸作用消耗氧气，同时也放出热量。物质与氧气反应均属于氧化反应，燃烧时可观察到发光等较剧烈的现象，属于剧烈氧化；像动植物呼吸、食物腐坏、金属生锈等无明显现象或缓慢发生的变化，属于缓慢氧化：它们均体现出氧气具有氧化性。

任务二 揭秘“生态鱼缸”氧气来源

活动 1 实验室制取氧气的方法

阅读探讨 资料：可用来制取氧气的原料

• 过氧化氢（H_2O_2）：无色无味液体，常温下会缓慢分解成水和氧气。生活中常用于处理伤口、进行消毒。若用黑色粉末二氧化锰（MnO_2）作催化剂，会迅速放出氧气。催化剂具有改变反应速率的特点。

• 高锰酸钾（$KMnO_4$）：紫黑色固体，受热很快分解放出氧气。生活中常用紫红色的高锰酸钾溶液进行消毒。

• 氯酸钾（$KClO_3$）：白色固体，400℃以上会分解放出氧气，急剧加热会发生爆炸，有时在日光照射下会自爆。

• 氧化汞（HgO）：红色固体，加热到500℃时会缓慢分解出汞蒸气和氧气。汞为有毒物质。

• 水（H_2O）：无色液体，向水中加入适量酸或碱，再伸入铂电极，连接电源正、负极，通电后会在两极缓慢释放气泡，正极为氧气，负极为氢气。

阅读资料后思考以下问题：

1. 为何以上物质能生成氧气？

2. 小组讨论可选择哪种方法用于实验室制取氧气，需要考虑哪些方面的问题并简述理由。

【问题 1】氧气是由氧元素组成的，H_2O_2、$KMnO_4$、$KClO_3$、HgO、H_2O 这五种物质中均含氧元素，所以能生成氧气。

【问题 2】从反应条件考虑，氯酸钾和氧化汞制氧气所需温度较高，条件苛刻；从安全角度考虑，氯酸钾有爆炸的危险，氧化汞分解后会产生有毒的汞蒸气；从环保角度考虑，电解水需要通电，不低碳；从经济角度考虑，电解水所需设备价格较高；

从反应快慢角度考虑，氧化汞和水制取氧气反应过慢：故不选择这些物质。而用过氧化氢和高锰酸钾制取氧气具有反应条件易达到、安全环保无毒害、试剂廉价易得、反应进行得快等优点，故可用于实验室制取氧气。

阅读探讨 资料：制取气体的发生装置与收集方法

- 固液常温型装置，适用于在常温条件下进行的固体和液体试剂间的反应。
- 固体加热型装置，适用于在加热条件下进行的固体试剂的反应。
- 向上排空气法，适用于收集密度比空气大的气体。
- 向下排空气法，适用于收集密度比空气小的气体。
- 排水法，适用于收集不溶或不易溶于水的气体。

实验装置如图 4-2-1 和图 4-2-2 所示。

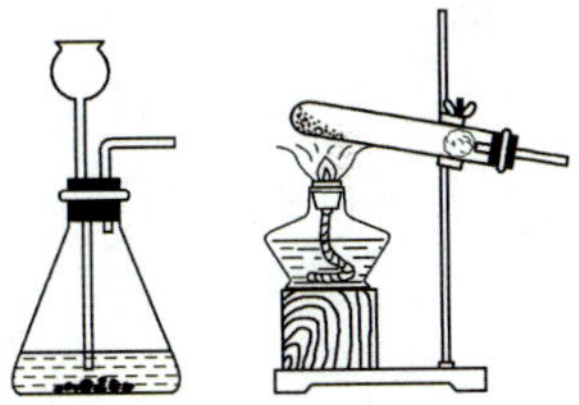

图 4-2-1　发生装置

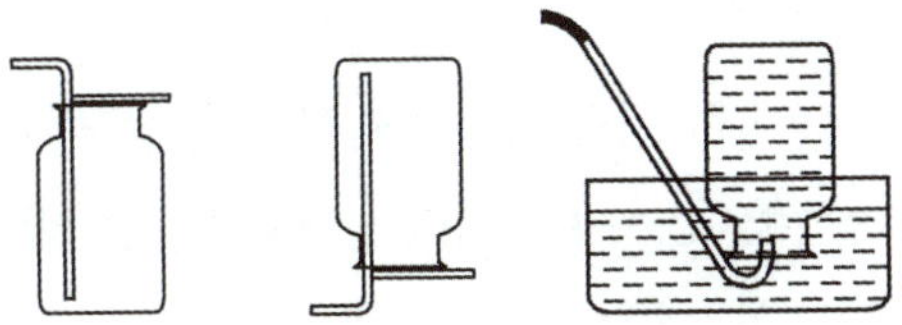

图 4-2-2　收集装置

阅读资料后思考以下问题：

1. 若用过氧化氢溶液在二氧化锰催化的条件下制取氧气，发生装置应选哪种？若用高锰酸钾制取氧气，发生装置应选哪种？
2. 若想收集氧气，则需考虑氧气的哪些性质？请设计实验或通过生活实例证明。
3. 收集氧气应选择哪种方法？

【问题 1】过氧化氢溶液为液体，二氧化锰为固体，反应在常温条件下进行，故选择固液常温型装置。高锰酸钾为固体，反应在加热条件下进行，故选择固体加热型装置。

【问题 2】收集氧气需要考虑氧气的密度是否比空气的密度大，还需要考虑氧气在水中的溶解性。鱼能在水中呼吸，则说明氧气能溶于水，但是溶解的量较少，氧气不易溶于水。

可用以下实验验证氧气的密度是否比空气的密度大。

【实验目的】探究氧气的密度是否比空气的密度大。

【设计实验】如表 4-2-1 所示。

表 4-2-1 实验验证氧气的密度是否比空气的密度大

实验操作	实验现象	实验结论
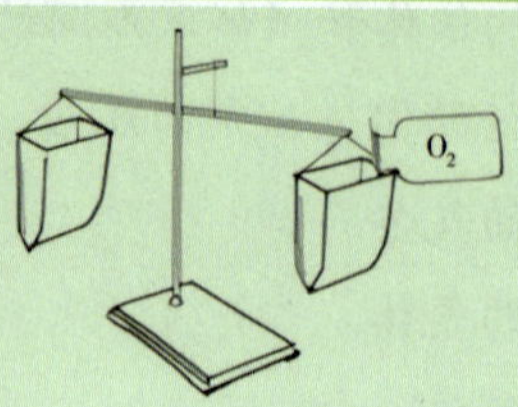	天平向右偏转	氧气的密度比空气的密度大

【查阅资料】ρ_{O_2}=1.429 g/L，$\rho_{空气}$=1.293 g/L。

【实验结论】氧气的密度比空气的密度略大。

【问题 3】因为氧气不易溶于水，故可用排水法收集。因为氧气的密度比空气的密度略大，故可用向上排空气法收集。

思考交流 如何检验产生的气体是否为氧气？如何证明氧气收集满了？请设计实验方案。

因为氧气有支持燃烧的化学性质，可以使带火星的木条复燃。将带火星的木条伸入瓶中，若木条复燃，则气体是氧气。将带火星的木条放在瓶口，若木条复燃，则氧气收集满了。

方法引导 实验室制取气体的一般思路如图 4-2-3 所示。

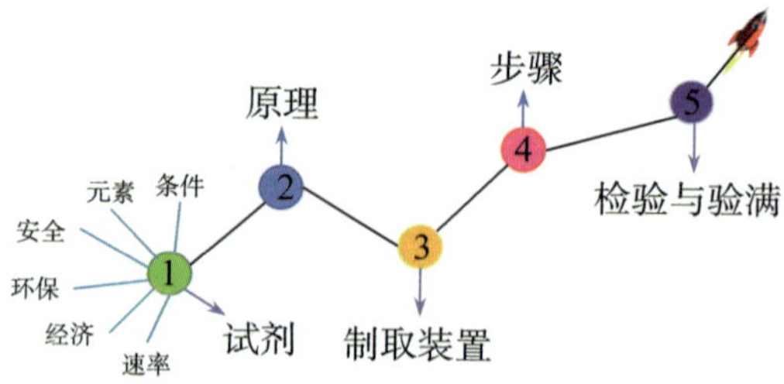

图 4-2-3 实验室制取气体的一般思路示意图

活动2 “生态鱼缸”氧气来源

阅读探讨 资料1：工业制氧方法

工业制氧是将空气（空气成分如图4-2-4所示）降温至液化，然后再升温，利用各种气体的沸点不同，从而分离出较纯净的氧气。为了便于储存、运输和使用，会将液氧加压保存在蓝色钢瓶中（图4-2-5）。

资料2：增氧压缩机工作原理

增氧压缩机（图4-2-6）通过电磁感应原理提供动力，活塞的往复运动引起气室内压强变化，完成吸气、排气。气室容积变大时，压强变小，空气经吸气阀进入气室，在压缩过程中，随着气室容积变小，压强变大，压缩空气经排气阀沿输气管进入鱼缸。

资料3：气体体积与分子个数的关系

同温同压下，气体体积比等于分子个数比。

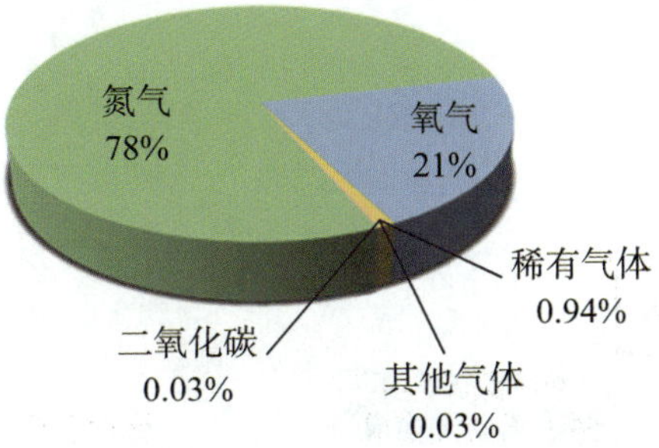

图4-2-4 空气成分示意图（体积分数）

图4-2-5 工业上存放氧气的钢瓶

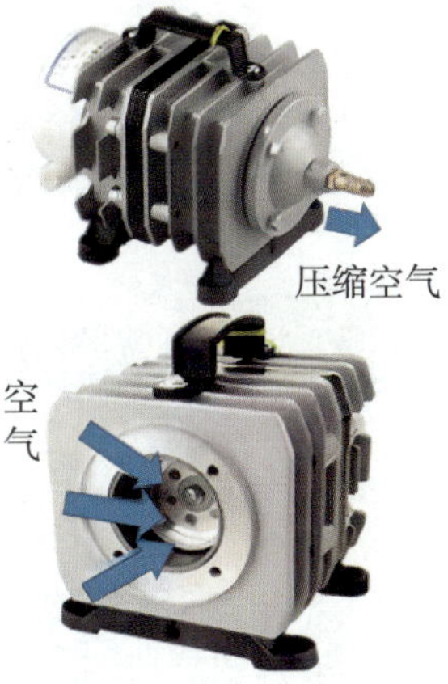

图4-2-6 增氧压缩机

阅读资料后思考以下问题：

1. 能否从微观的角度表示出工业制氧流程？鼓入空气或纯氧是否能达到相同目的？

2. 为什么生活中普遍用液氧瓶或增氧压缩机为鱼缸提供氧气，而不用实验室制取氧气的方法？

【问题 1】从微观角度表示工业制氧流程如图 4-2-7 所示。

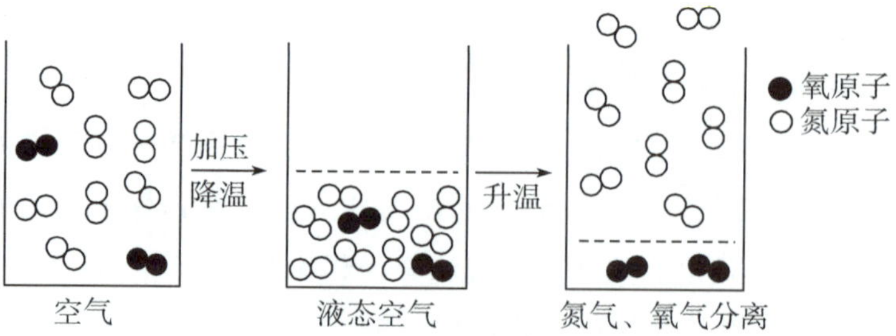

图 4-2-7　工业制氧微观示意图

氧气的化学性质由构成它的氧分子保持，虽然空气中还混有其他气体，但是这些气体都保持着各自的化学性质，故鼓入空气或鼓入纯氧都可达到为鱼缸中的鱼类供氧呼吸的目的。

【问题 2】空气中氧气含量较高，原料易得，成本低廉，供氧量大。而用高锰酸钾和过氧化氢制取氧气相对成本较高，受试剂用量的限制无法持续提供大量氧气，只能用于实验室中制氧气。

知识梳理

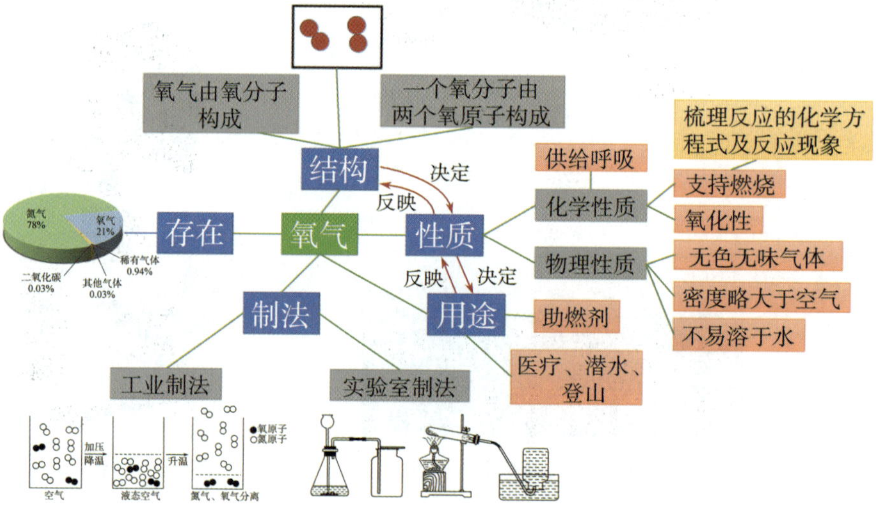

图 4-2-8　多角度认识氧气思维导图

任务三 揭秘“生态鱼缸”二氧化碳来源

活动 1 实验室制取二氧化碳的方法

知识链接 碳酸盐与酸的反应

$Na_2CO_3 + 2HCl = 2NaCl + H_2O + CO_2\uparrow$

$Na_2CO_3 + H_2SO_4 = Na_2SO_4 + H_2O + CO_2\uparrow$

大理石、石灰石的主要成分是 $CaCO_3$，还含有不溶杂质，纯的碳酸钙为白色粉末。

$CaCO_3 + 2HCl = CaCl_2 + H_2O + CO_2\uparrow$

$CaCO_3 + H_2SO_4 = CaSO_4 + H_2O + CO_2\uparrow$

思考交流 你还知道哪些方法可以产生二氧化碳？仿照实验室制取氧气的思路，判断这些方法哪些可用于实验室制取二氧化碳，简述理由。

二氧化碳可通过下述途径获得：

$C + O_2 \xlongequal{点燃} CO_2$　$CH_4 + 2O_2 \xlongequal{点燃} CO_2 + 2H_2O$　蜡烛燃烧

$C_2H_5OH + 3O_2 \xlongequal{点燃} 2CO_2 + 3H_2O$　呼吸作用　干冰升华

燃烧反应不适用于实验室制取二氧化碳，在燃烧过程中均有氧气参与反应，氧气的量不易控制，故会导致收集的气体不纯。呼吸作用也不适用，呼出气体不仅有二氧化碳，还有水蒸气、氮气等杂质气体。干冰是固态的二氧化碳，易升华，可释放二氧化碳气体，但价格较高，且不易保存，若保存于密闭体系内会导致内部压强过大，引起爆炸，故也不适用。从物质的分类角度看，“知识链接”中的反应均为碳酸盐与酸的反应，常温下即可发生。

活动探究 碳酸钠粉末、碳酸钙粉末、大理石与稀盐酸、稀硫酸相互反应，哪个更适用于实验室制取二氧化碳？请设计实验进行验证。

设计的实验如表 4-3-1 所示。

表 4-3-1　实验验证适用于实验室制取二氧化碳的试剂

实验设计	控制固体质量相同、酸的体积和浓度相同，比较产生气泡的快慢
实验操作	
实验现象	碳酸钠、碳酸钙粉末与稀盐酸、稀硫酸产生气泡的速率很快，反应很快就结束了；大理石与稀硫酸产生气泡速率较慢，很快就停止反应，且表面出现白色物质；大理石与稀盐酸产生气泡速率适中，且能持续进行反应
实验结论	大理石和稀盐酸可作为实验室制取二氧化碳的试剂

活动探究　若想收集二氧化碳，则需要考虑二氧化碳的哪些性质？请设计实验验证。

需要考虑二氧化碳的密度是否比空气的密度大，还需要考虑二氧化碳在水中的溶解性。已知二氧化碳能溶于水，故不能用排水法收集二氧化碳。

可用以下实验验证二氧化碳的密度是否比空气的密度大（表 4-3-2）。

表 4-3-2　实验验证二氧化碳的密度是否比空气的密度大

实验操作	实验现象	实验结论
	蜡烛自下而上依次熄灭	二氧化碳的密度大于空气的密度，且不可燃、不助燃

因为二氧化碳的密度比空气的密度大，故可选择向上排空气法收集。

活动探究 根据图 4-3-1 中提供的仪器，设计实验室制取二氧化碳的步骤，完成实验报告。

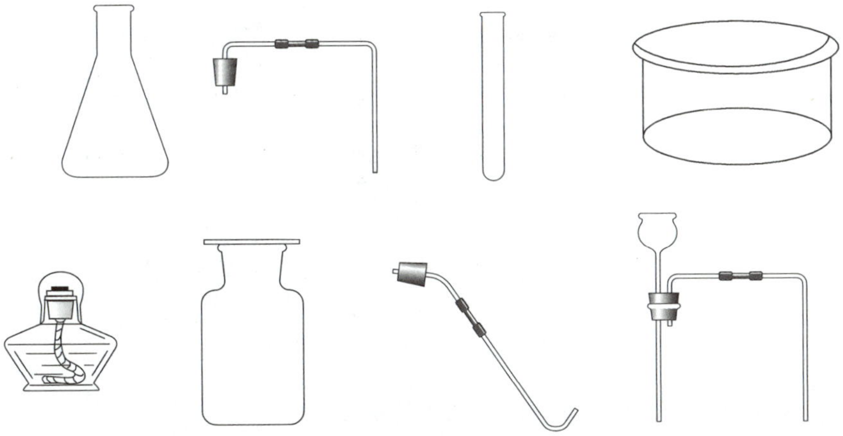

图 4-3-1 实验室常见制备气体仪器

实验设计如表 4-3-3 所示。

表 4-3-3 用大理石与稀盐酸反应制取二氧化碳实验

实验试剂	大理石（石灰石）、稀盐酸
实验原理	$CaCO_3 + 2HCl = CaCl_2 + H_2O + CO_2\uparrow$
制取装置	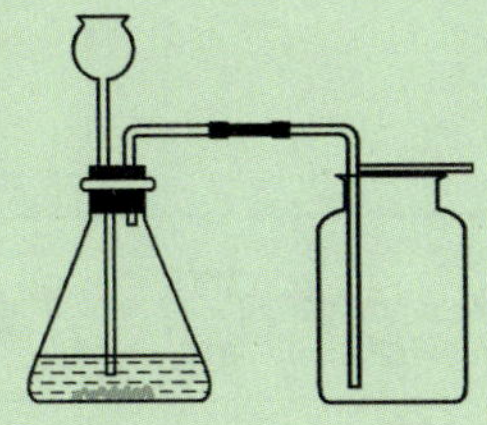 大理石为固体，稀盐酸为液体，反应在常温下进行，选择固液常温型装置。二氧化碳的密度比空气的密度大，选择向上排空气法
检验方法	向集气瓶内倒入澄清石灰水，若瓶内石灰水变浑浊，则为二氧化碳
验满方法	将燃着的木条放在集气瓶瓶口，若木条熄灭，则二氧化碳收集满了

活动 2 “生态鱼缸”二氧化碳来源

引入展示 二氧化碳发生器使用说明书（图 4-3-2）。

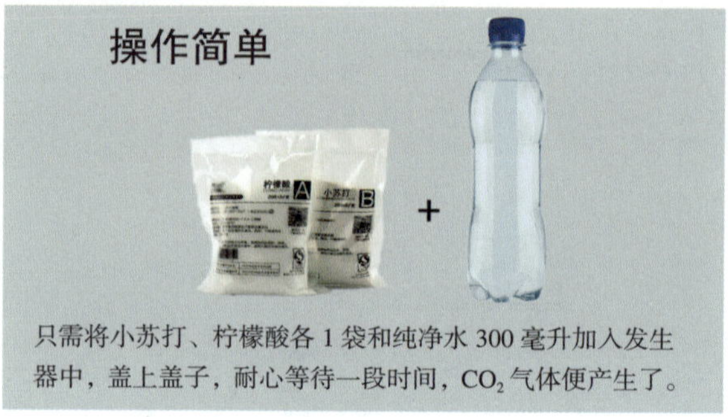

图 4-3-2 二氧化碳发生器使用说明书

阅读探讨 资料：小苏打与柠檬酸之间的反应

小苏打是碳酸盐，柠檬酸是酸，均为可溶晶体。加入两种粉末后再加水，水先将两种晶体溶解，增大了反应物之间的接触面积，可使反应更充分，反应后不会有杂质剩余，故被选为二氧化碳发生器中制取气体的试剂。

阅读资料后思考：二氧化碳发生器为何不选用实验室制取二氧化碳的方法？

大理石反应完后还有不溶的杂质剩余在发生器内，不便于处理。稀盐酸的溶质氯化氢气体也比较容易挥发，导致气体中有少量杂质气体，实验室制得的二氧化碳不纯，故实验室制法不宜用于二氧化碳发生器。

知识梳理

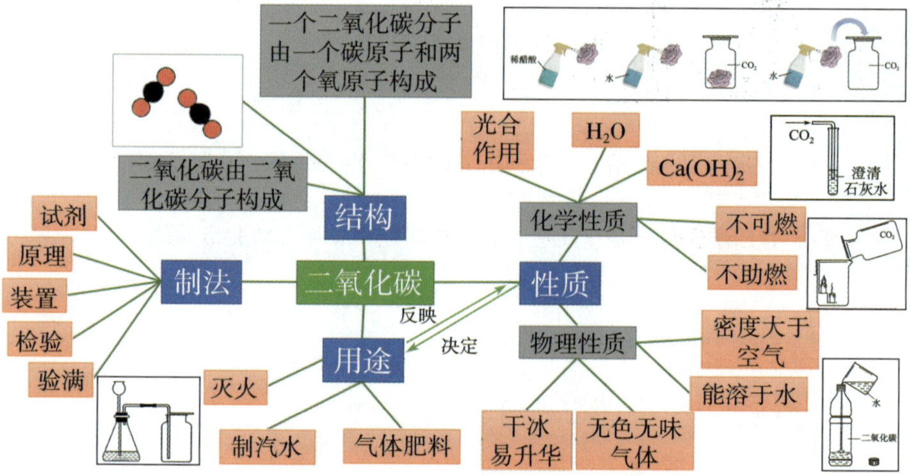

图 4-3-3 多角度认识二氧化碳思维导图

单元项目梳理

01 认识“生态鱼缸”中的碳氧循环 —— 原理指导 拓展应用 —— 1.初步形成多角度研究物质的一般思路和方法 2.树立绿色化学观念，发展“科学态度与社会责任”核心素养

02 揭秘“生态鱼缸”氧气来源 —— 初步设计 指导实践 —— 1.初步了解实验室制取气体的一般思路和方法 2.强化多角度研究物质的意识，发展“宏观辨识与微观探析”核心素养

03 揭秘“生态鱼缸”二氧化碳来源 —— 提炼方法 实际应用 —— 运用实验室制取气体的一般思路和方法解决实际问题，发展“证据推理与模型认知”核心素养

单元项目检测

学习理解

1. 下列各项不属于氧气用途的是（　　）。

A. 炼钢　　B. 气焊　　C. 用作燃料　　D. 抢救病人

2. 下列符号表示“两个氧分子”的是（　　）。

A. O_2　　B. H_2O_2　　C. $2O_2$　　D. 2O

3. 下列关于二氧化碳用途的说法不正确的是（　　）。

A. 光合作用　　B. 供给呼吸　　C. 制碳酸饮料　　D. 灭火

4. 关于 CO_2 的实验室制法及性质实验，下列各项不正确的是（　　）。

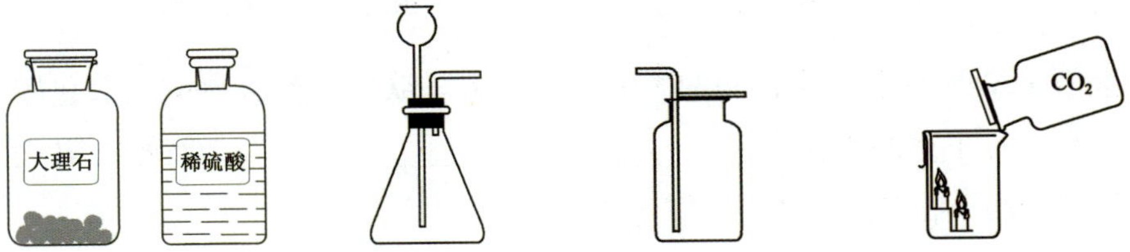

A. 制 CO_2 的试剂　　B. 发生装置　　C. 收集装置　　D. 比较 CO_2 与空气的密度

应用实践

5. 下图所示的是 4 个探究二氧化碳能否与水反应的实验（实验中所用的纸花均用石蕊溶液染成紫色并干燥），下列说法正确的是（　　）。

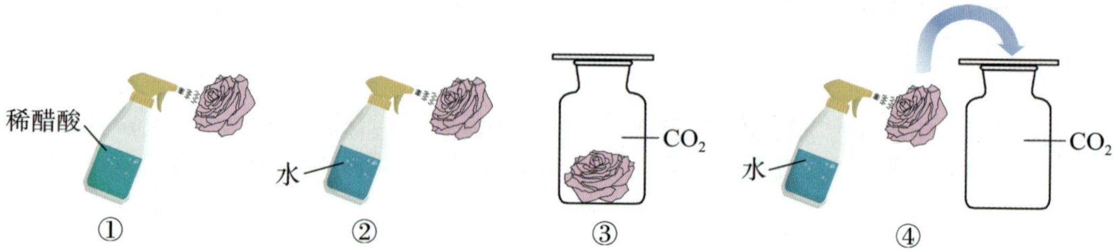

A. 最终只有实验④中的紫色石蕊小花会变红

B. 实验④就能说明二氧化碳与水发生了反应

C. 在实验④中，若对比小花放入集气瓶前后的现象，可以不必做实验③

D. 由实验①④推断，实验④中有酸性物质生成

6. 利用如图所示实验装置回答有关问题。

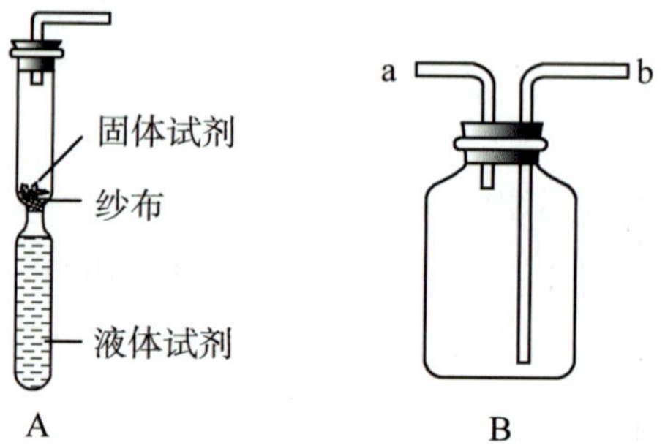

（1）装置 A 是用软塑料管自制的气体发生装置。欲用装置 A 制取二氧化碳，试剂加入完毕后，接下来的操作是________________，收集二氧化碳气体。该装置还可用于制取的气体是________。

（2）用装置 B 收集二氧化碳，验满时将带火星的木条放在________（填“a”或“b”）处。

迁移创新

7. 利用数据传感技术比较块状和粉末状的碳酸钙与足量稀盐酸反应的快慢。按如图所示装置进行实验，倾斜锥形瓶，使 10 mL 稀盐酸与固体充分接触，瓶内气压随时间的变化如图所示。下列有关说法不正确的是（　　）。

A. m=1

B. t s 内，粉末状碳酸钙与稀盐酸反应产生的二氧化碳更多

C. d 点表示反应已停止

D. 对比 a、c 点或 b、d 点可知，粉末状碳酸钙反应更快

8. 化学小组利用表中所示装置进行实验。

<table>
<tr><th>实验装置</th><th colspan="3">实验试剂</th><th>实验数据</th></tr>
<tr><td rowspan="3">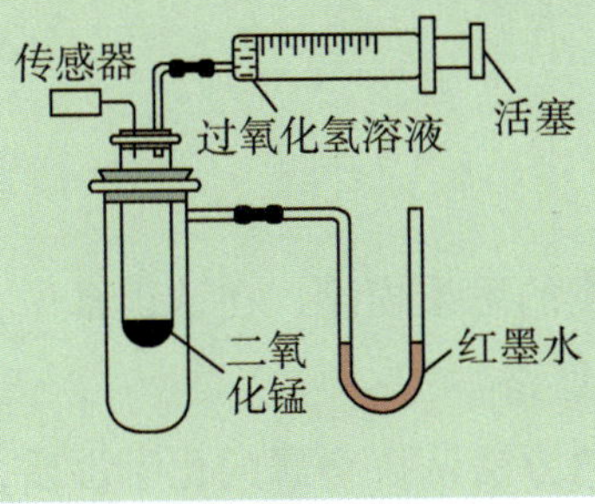
</td><td>序号</td><td>过氧化氢溶液</td><td>二氧化锰</td><td rowspan="3">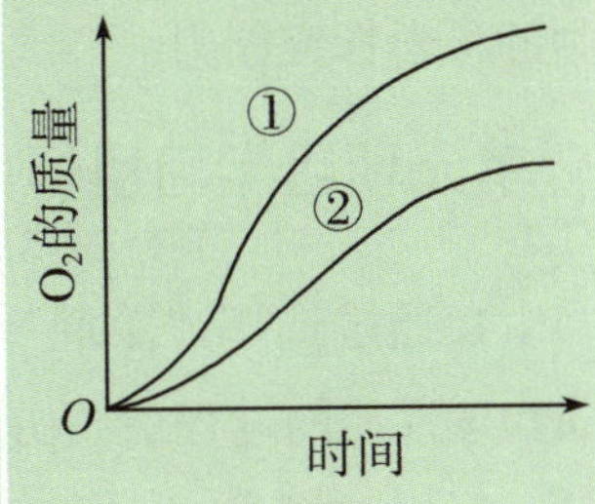
</td></tr>
<tr><td>①</td><td>10 mL 3.4%</td><td>0.2 g</td></tr>
<tr><td>②</td><td>10 mL 2.4%</td><td>0.2 g</td></tr>
</table>

（1）设计实验①和实验②的目的是________________________________。

（2）实验过程中观察到 U 形管右侧液面均上升，依据此现象可推测该反应是__________反应。

项目5 “徽章”的设计与制作

——初步建构通过类别研究物质性质的思维模型

任务一　“徽章”之材料
任务二　“徽章”之篆刻
任务三　“徽章”之保存

单元项目设计意图

在“徽章”的设计过程中，强化巩固多角度认识物质的基本研究框架，并初步建构通过类别研究物质性质的思维模型，凸显“结构决定性质，性质决定用途，用途反映性质”的学科思想，发展学生的“模型认知”核心素养；并在多种方案设计与评价的过程中逐步培养学生的科学态度，提升学生的“证据推理”意识，发展学生的科学探究能力。

单元项目学习目标

1. 通过选择“徽章”的材料，完善多角度认识物质的思维模型，在认识常见金属物理性质的过程中，初步建构按类别研究物质的基本思路。

2. 通过探寻“徽章”的篆刻方法，借助实验探究的方法认识金属的化学性质，体会控制变量的思想在实验探究中的重要作用，发展“科学探究”核心素养，提升“证据推理”意识。

3. 通过探究“金属锈蚀”的原理，了解“徽章”的保存方法，发展“科学态度与社会责任”核心素养。

单元项目学习引导

徽章，即佩戴在身上表示身份、职业、荣誉等的标志。它有着悠久的历史，起源最早可以追溯到原始社会氏族部落的图腾。而徽章真正有文字记载，则起源于中国。徽章是一种象征艺术，代表着一定的事物，同时也是一种传播符号。它以各种精炼的形象表达一定的含义，传达明确、特定的信息，给人明确的记忆和启示，使人们记住它。徽章的种类有很多种，如队徽、校徽、班徽、纪念章、运动奖章等。在徽章的制作过程中蕴含了哪些化学原理？利用这些化学原理，你能否为自己或自己的学校、班级设计并制作一款富有个性的徽章呢？让我们一起来探索吧！

任务一 “徽章”之材料

活动1 寻找“徽章”制作材料，认识金属材料

活动探究 作为一名“徽章”设计者，你会选择什么材料，你会考虑哪些方面？请初步绘制“徽章”的草图，并说明你选择的材料、选择的依据以及图案中各部分的寓意。

绝大多数徽章的主体材质是金属。金属材料包括纯金属以及它们的合金。日常生活中常见的纯金属有铁、铝、铜等。如果在金属中加热熔合某些金属或非金属，就可以制得具有金属特征的合金。例如，生铁和钢就是含碳量不同的两种铁合金。在日常生活、工农业生产和科学研究中，大量使用的常常不是纯金属，而是它们的合金。

模型建构 应用物质多角度分析模型的建构

通过交流我们可以看出，在选择材料的过程中，物质的性质在很大程度上决定了物质的用途，但这并不是唯一的决定因素。在考虑物质的

用途时，还需要考虑价格、资源、是否美观、使用是否便利，以及废料是否易于回收和对环境的影响等多种因素（图 5-1-1）。

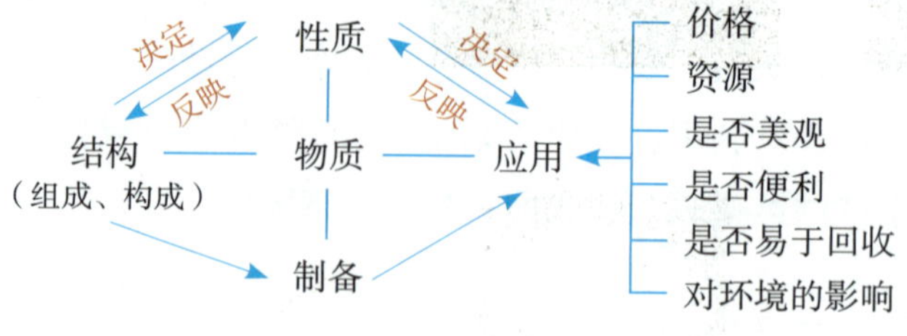

图 5-1-1　应用物质的多角度分析模型

思考交流　请利用建构的“应用物质的多角度分析模型”，选择制作“徽章”的金属材料。

制作“徽章”的金属材料，要符合日常生活中常见、价格便宜、便于雕刻、易于保存等特点，因此一般采用的徽章材料有铜（紫铜、红铜等）、锌、铝、铁等。

活动 2　研究金属的物理性质，建构通过类别研究物质的思维模型

调查分析　搜集身边的金属制品，通过观察、查阅资料等多种方法，了解它们的主要成分、性质以及使用注意事项，填写表 5-1-1。

表 5-1-1　金属制品的主要成分、性质以及使用注意事项

金属制品	主要成分	性质	注意事项

思考交流　观察图 5-1-2 中的金属制品，结合你的调查分析，思考以下问题：

1. 图中的金属制品利用了金属的哪些性质？
2. 为什么大多数金属制品使用合金而非纯金属？

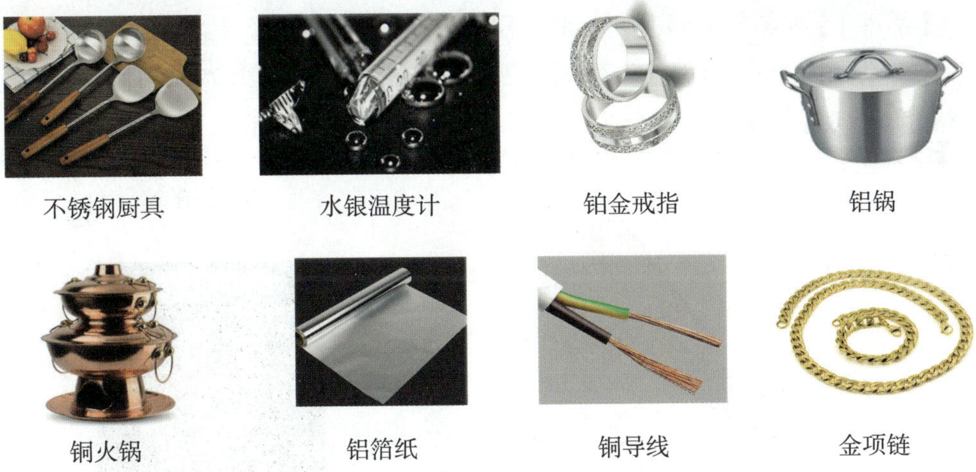

图 5-1-2　金属的一些物理性质及用途

知识链接　一些金属物理性质的比较如图 5-1-3 所示。

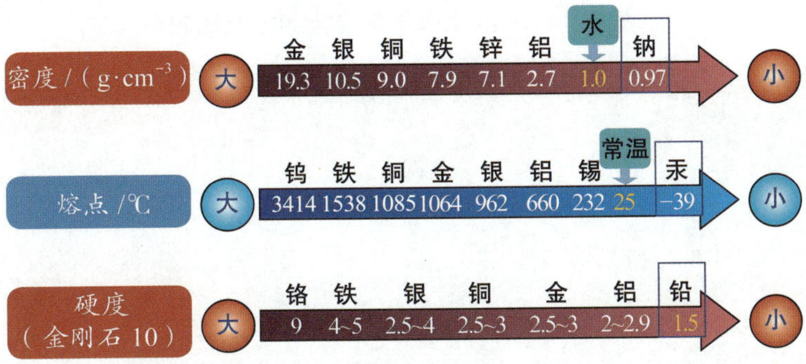

图 5-1-3　金属物理性质比较示意图

金属具有很多共同的物理性质，如良好的导电性、导热性、延展性等，但也有些金属具有特性。例如，绝大多数金属呈银白色，有金属光泽，但铜呈紫红色，金呈黄色；常温下绝大多数金属是固体，但汞却是液体；金属的密度、熔点、硬度上也有较大差别。

活动探究　比较纯金属与其合金的性质。

提供的实验用品：纯铜和黄铜，纯铝和硬铝，铅、锡和铅锡合金；三脚架、酒精灯等。

【活动1】如图5-1-4所示实验，用纯金属与其合金进行互相刻画。

【活动2】如图5-1-5所示实验，三种金属材料距离三脚架中心距离一样，点燃酒精灯后，观察现象。

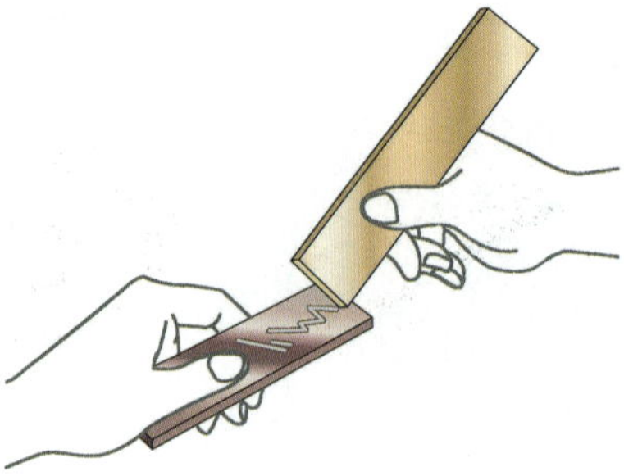

图5-1-4　比较纯金属与合金的硬度

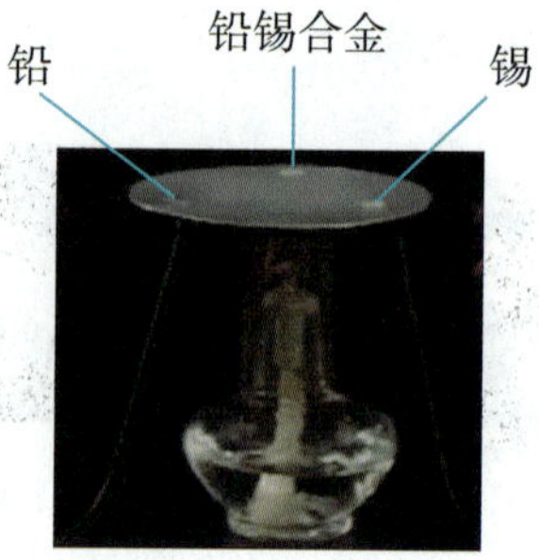

图5-1-5　比较纯金属与合金的熔点

思考交流　查阅资料，了解纯金属与其合金的性能比较，完成表5-1-2。

表5-1-2　纯金属与其合金的性能比较

金属与合金		铁与铁合金			钛与钛合金	
		铁	生铁	钢	钛	钛合金
性能	硬度					
	抗腐蚀性					
用途						

由于合金是纯金属中熔合了一定量的其他元素，从而使得合金具有了不同于纯金属的性质。一般来说，合金的硬度大于组成它的纯金属，熔点低于组成它的纯金属，抗腐蚀性能比纯金属更好。因此，日常使用的金属材料大多数属于合金。

活动探究　请设计实验证明金属具有导电性和导热性，并比较性质上的差异。
提供的实验用品：铜片、铁片或自选金属材料；电池、小灯泡、导线、蜡烛、火柴、酒精灯、坩埚钳等。

金属导电性的实验：在控制同温、同电压，连接金属片的厚度、长、宽相同的情况下，比较连通电路后小灯泡发光的亮度。具体实验装置如图5-1-6所示。

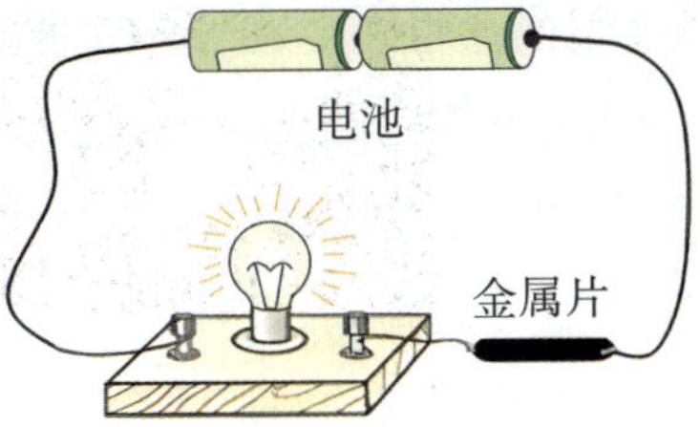

图 5-1-6　金属导电性实验

金属导热性的实验：要体现“导”的含义，因此也是在控制其他条件相同的情况下，观察蜡烛落下或火柴开始燃烧所用时间的长短，具体实验装置如图 5-1-7 所示。

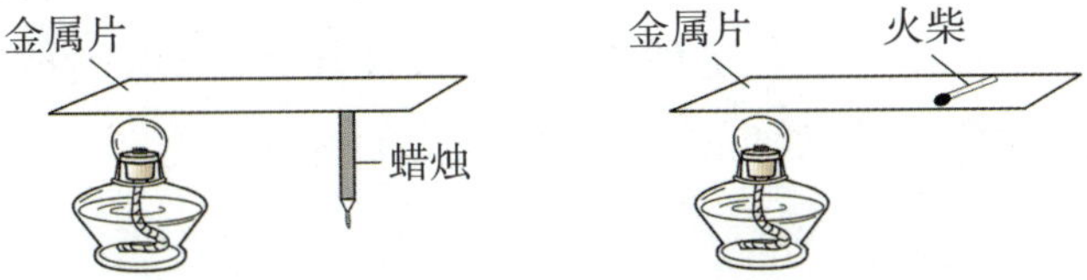

图 5-1-7　金属导热性实验

知识链接　金属的导电性与导热性比较如图 5-1-8 所示。

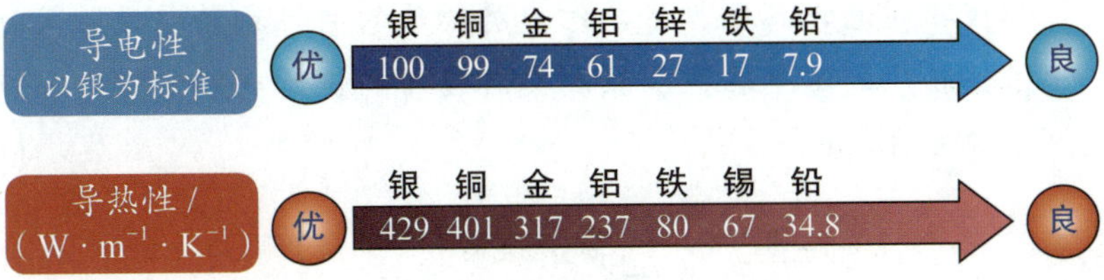

图 5-1-8　金属导电性与导热性比较示意图

思考交流　观察图 5-1-9、图 5-1-10，尝试以金属的导电性和延展性为例，思考并分析：

1. 导致金属这类物质物理性质上有异同性的原因是什么？
2. 为什么纯金属形成合金后性能会发生改变？

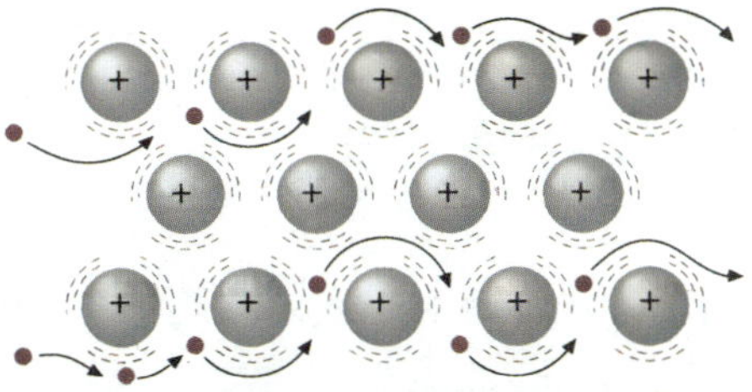

图 5-1-9　金属导电性微观示意图

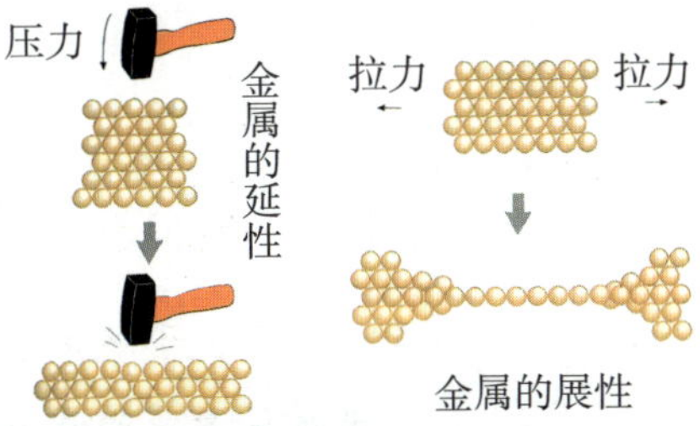

图 5-1-10　金属延展性微观示意图

金属相似的物理性质即金属的通性，是由金属晶体的特殊结构决定的。金属晶体是由金属阳离子和自由电子间的作用力结合而成的。其中，金属阳离子以一定的方式紧密堆积；自由电子也就是金属原子的价电子，在晶体中它不属于任何一个金属阳离子，而属于整个晶体，在晶体中自由移动，所以金属可以导电。当金属受到外力作用时，晶体中的各原子层就会发生相对滑动，但不会改变原来的排列方式，而弥漫在金属原子间的自由电子可以起到类似轴承中滚珠的润滑作用，所以金属具有良好的延展性。但不同金属因原子半径大小、自由电子多少不同，因此又表现出其性质上的差异。

当向金属中掺入不同的金属或非金属原子时，就像在轴承的滚珠之间掺入了细小而坚硬的砂土或碎石一样，会使这种金属的延展性甚至硬度发生改变，这也是对金属材料形成合金之后性能发生改变的一种比较粗浅的解释。

模型建构 通过类别研究物质性质思维模型的建构

在研究物质性质时，可运用分类的方法进行一类物质性质及其变化的研究，利用实验和比较的方法，找出物质性质之间的异同，认识物质性质之间的内在联系，总结一类物质的共性和差异性；同时，还可以根据物质的类别特点，预测某种物质的性质，在探究中发现它的特性（图 5-1-11）。

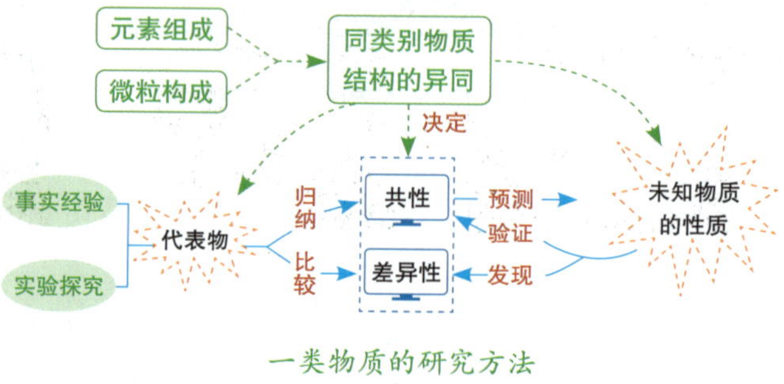

图 5-1-11　通过类别研究物质性质的思维模型

活动 3　认识“徽章”所用金属材料的冶炼方法

活动探究 查阅资料，了解金属资源在自然界中的存在形式以及获得金、铜、铁、铝等常见金属的方法。

金属资源广泛存在于地壳和海洋中，金属元素在地壳中的含量如表 5-1-3 所示。除少数不活泼的金属如金、银等能以单质的形式存在外，其余均以化合物的形式存在。因此，金属都是从含有金属元素并且具有开采价值的矿石中提炼出来的。图 5-1-12 为常见的金属矿石。

表 5-1-3　金属元素在地壳中的含量

元素名称	质量分数 / %	元素名称	质量分数 / %
铝	7.73	镁	2.00
铁	4.75	锌	0.008
钙	3.45	铜	0.007
钠	2.74	银	0.000 01
钾	2.47	金	0.000 000 5

金矿
（主要成分 Au）

银矿
（主要成分 Ag）

铝土矿
（主要成分 Al_2O_3）

磁铁矿
（主要成分 Fe_3O_4）

赤铁矿
（主要成分 Fe_2O_3）

菱铁矿
（主要成分 $FeCO_3$）

黄铜矿
（主要成分 $CuFeS_2$）

辉铜矿
（主要成分 Cu_2S）

图 5-1-12　常见的金属矿石

知识链接　金属的冶炼方法

● 铜的冶炼

目前世界上生产铜的冶炼方法主要分为两大类：火法冶炼和湿法冶炼。其中，精炼铜产量的 80% 以上是用火法冶炼生产的，湿法冶炼生产的精炼铜占 20% 左右。湿法炼铜源于我国，早在西汉时期就有“胆水浸铜”的记载。

铜的火法冶炼工艺流程：

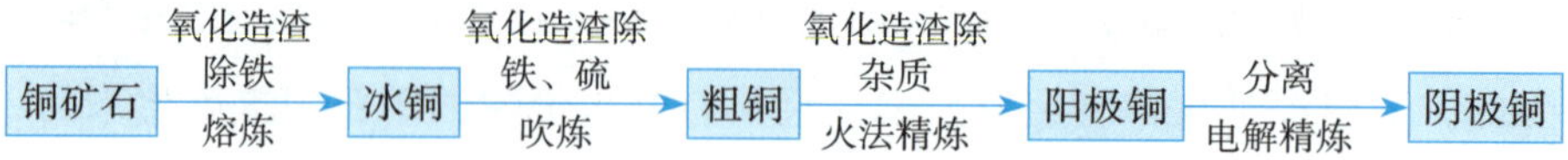

铜的湿法冶炼工艺流程：

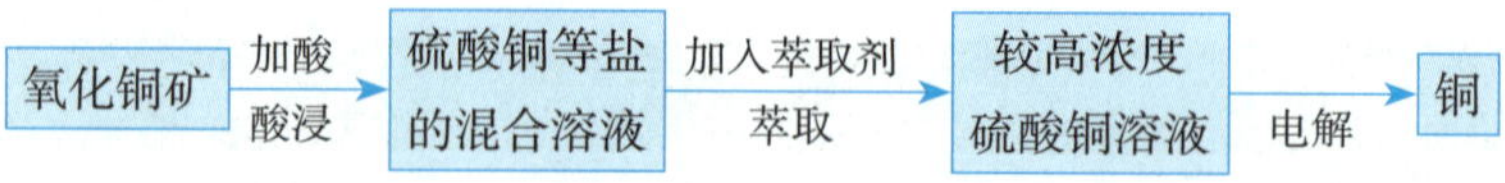

以铜为基体的合金称为铜合金，铜加入合金元素后，可以改变其某些机械性能，同时又保持纯铜的某些优良特性。常见的铜合金有黄铜、青铜、白铜等三类，它们在电子、电器、造船、建筑、汽车工业、国防工业等方面有特定的用途。

● 铁的冶炼

早在春秋战国时期，我国就开始生产和使用铁器。到了春秋中后期，我国古代劳动人民在掌握了块炼法炼铁后，又在世界上率先发明了以高温液体还原法冶炼生铁的技术。现代炼铁绝大部分采用高炉炼铁，个别采用直接还原炼铁法和电炉炼铁法。高炉炼铁内部反应过程如图 5-1-13 所示（反应条件均为“高温”）。

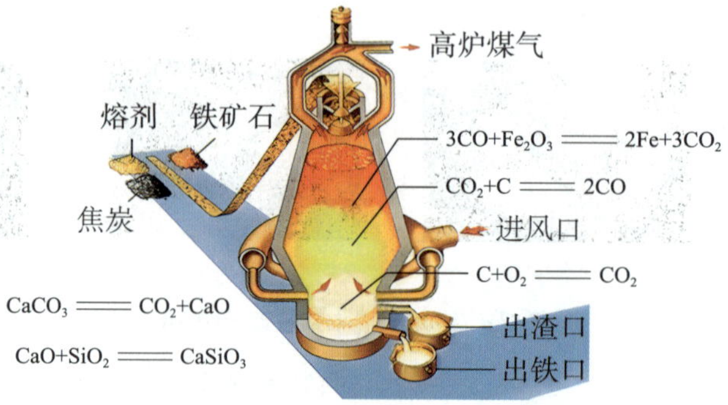

图 5-1-13　炼铁高炉及炉内化学反应过程示意图

随着炼铁技术的进步，人们也逐渐学会了炼钢。生铁和钢都是铁碳合金：生铁的含碳量为 2%～4.3%，钢的含碳量为 0.03%～2%。

● 铝的冶炼

19 世纪初，铝是比黄金还贵的金属。这主要是由于铝的化学性质很活泼，在自然界以化合物形式存在。当时采用钠与氯化铝在一定条件下发生置换反应得到铝，因生产成本高，所以铝十分珍贵。

19 世纪末，霍尔－埃洛特应用电解熔融金属化合物的方法制备金属。他在用氧化铝制备金属铝的过程中，发现氧化铝的熔点很高（2 050℃），很难达到熔融状态，必须找到一种能够熔解氧化铝而又能降低其熔点的材料。在实验过程中，他发现冰晶石（Na_3AlF_6）能起到这种作用。

霍尔在坩埚中，把氧化铝熔解在 10%～15% 的熔融冰晶石里进行电解，发现有小球状银白色的铝生成，冰晶石在电解过程中不被分解，并有足够的流动性，有利于电解的进行。这种廉价炼铝方法的发现，使铝成为广泛应用的金属材料，至今仍在使用。铝有较好的延展性，可制成 0.01 mm 的铝箔，用于包装糖果；铝的密度小和具有抗腐蚀等优良性能，使铝及其合金在电线电缆、飞机、汽车等制造业有广泛的用途。

思考交流 根据“知识链接”，总结归纳湿法冶铜、高炉冶铁、电解冶铝的化学方程式。

冶炼铜、铁、铝的化学方程式如表 5-1-4 所示。

表 5-1-4 冶炼铜、铁、铝的化学方程式

冶炼方法	反应的化学方程式
湿法冶铜	$Fe + CuSO_4 = Cu + FeSO_4$
高炉冶铁	$3CO + Fe_2O_3 \xlongequal{高温} 2Fe + 3CO_2$
电解冶铝	$2Al_2O_3 \xlongequal{通电} 4Al + 3O_2\uparrow$

模型建构 金属冶炼工艺流程模型的建构

人们利用化学反应，将金属矿石中的杂质元素除去，借助物质的分离与提纯方法，从而提炼出金属单质，再根据工业需求，加入一些特定元素调整其组成和结构制备出人类所需的金属材料（图 5-1-14）。

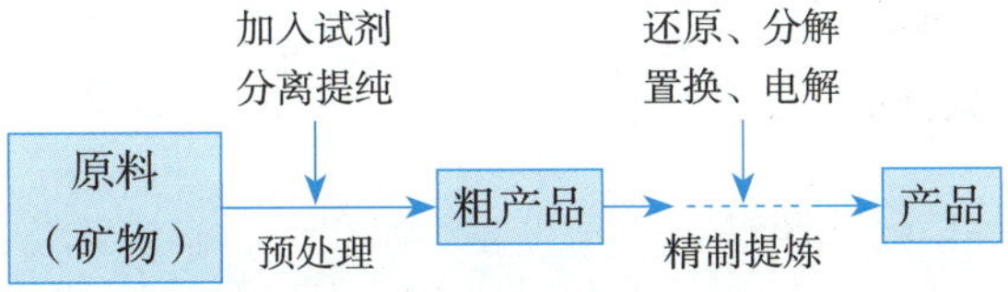

图 5-1-14 金属冶炼工艺流程模型

任务梳理

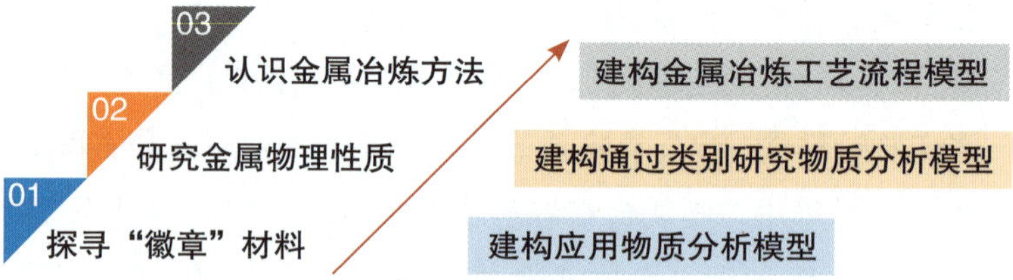

图 5-1-15　任务一梳理示意图

任务二　“徽章”之篆刻

活动 1　初探“徽章”的篆刻方法

活动探究　查阅资料，了解“徽章”中的文字和图案的化学篆刻法。

化学篆刻法基本流程如图 5-2-1 所示。化学篆刻法主要利用了金属的化学性质。

① 涂保护膜 → ② 刻字或图案 → ③ 化学腐蚀 → ④ 清除保护膜

图 5-2-1　化学篆刻法基本流程示意图

活动 2　探究金属的化学性质

思考交流　预测金属可能与哪些物质发生反应（表 5-2-1），预测的依据是什么？

表 5-2-1　预测金属具有的化学性质

已学过的反应	预测其具有的性质
$3Fe + 2O_2 \xlongequal{点燃} Fe_3O_4$	
$Mg + 2HCl \xlongequal{\quad} MgCl_2 + H_2\uparrow$ $Zn + H_2SO_4 \xlongequal{\quad} ZnSO_4 + H_2\uparrow$	
$Fe + CuSO_4 \xlongequal{\quad} Cu + FeSO_4$	

我们已经知道金属属于一类物质，在物理性质上既有共性又有差异性。那么，金属在化学性质上是否也具有这种特点呢？

知识链接 酸、碱与盐

像盐酸（HCl）、硫酸（H_2SO_4）这样的化合物，溶于水解离出的阳离子都是H^+，我们称其为酸。像氢氧化钠（NaOH）、氢氧化钙［$Ca(OH)_2$］这样的化合物，溶于水解离出的阴离子都是OH^-，我们称其为碱。像硫酸铜（$CuSO_4$）由金属离子（或铵根离子）和酸根离子构成的化合物，我们称其为盐。

结合已学过的知识和“知识链接”所给信息，我们可以预测金属能与氧气、酸、盐等物质发生反应。如何验证金属是否具有以上化学性质呢？

在研究金属的物理性质时，我们已经建构了通过类别研究物质性质的思维模型。在研究一类物质的性质时，我们可以选择一些典型代表物通过实验进行探究。

活动探究 探究金属的化学性质。请结合所提供的实验用品，设计方案，进行实验，观察现象并做好记录。

提供的实验用品：

铝箔、铝片、铁片、铜片、铜丝、锌片、镁条、稀盐酸、稀硫酸、$CuSO_4$ 溶液、$Al_2(SO_4)_3$ 溶液、$AgNO_3$ 溶液等；

酒精灯、试管、井穴板、胶头滴管、坩埚钳、镊子、火柴、砂纸等。

【实验1】在酒精灯上加热铝箔、铜丝，观察现象（图5-2-2）。

加热铝箔

加热铜丝

图5-2-2 实验1

表 5-2-2　实验 1 记录

金属的性质	实验方案	实验现象	实验结论

【实验 2】取打磨好的相同大小、质量的镁条、锌片、铁片、铜片，分别放入等质量、等浓度的稀盐酸、稀硫酸中，观察现象（图 5-2-3）。

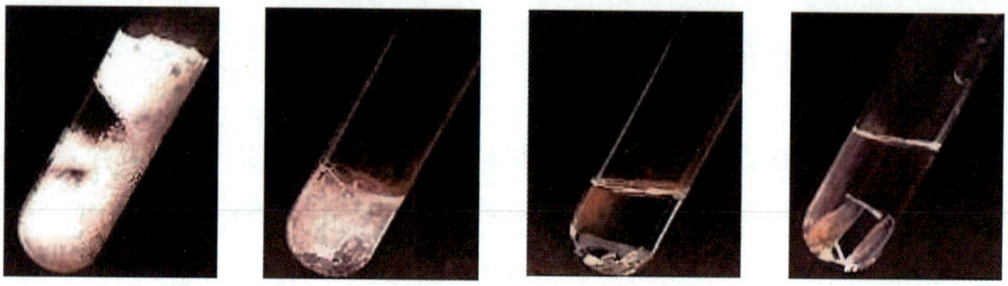

镁条　锌片　铁片　铜片

图 5-2-3　实验 2

表 5-2-3　实验 2 记录

金属的性质	实验方案	实验现象	实验结论及反应的化学方程式
	将镁条放入稀盐酸、稀硫酸中		
	将锌片放入稀盐酸、稀硫酸中		
	将铁片放入稀盐酸、稀硫酸中		
	将铜片放入稀盐酸、稀硫酸中		

【实验 3】取打磨好的铝丝、铜丝进行实验，观察现象（图 5-2-4）。

铝与 $CuSO_4$ 溶液的反应　　铜与 $AgNO_3$ 溶液的反应

图 5-2-4　实验 3

表 5-2-4 实验 3 记录

金属的性质	实验方案	实验现象	实验结论及反应的化学方程式
	将铝丝浸入 $CuSO_4$ 溶液中		
	将铜丝浸入 $AgNO_3$ 溶液中		
	将铜丝浸入 $Al_2(SO_4)_3$ 溶液中		

实验表明，金属具有相似的化学性质，绝大多数金属能够与氧气发生化合反应，有的金属还能与酸、盐溶液发生置换反应。置换反应是一种单质与一种化合物反应，生成另一种单质和另一种化合物的反应。

$$4Al + 3O_2 = 2Al_2O_3$$

$$2Cu + O_2 \overset{\triangle}{=} 2CuO$$

$$Fe + 2HCl = FeCl_2 + H_2\uparrow$$

$$Zn + H_2SO_4 = ZnSO_4 + H_2\uparrow$$

$$Mg + H_2SO_4 = MgSO_4 + H_2\uparrow$$

$$2Al + 3CuSO_4 = 3Cu + Al_2(SO_4)_3$$

$$Cu + 2AgNO_3 = 2Ag + Cu(NO_3)_2$$

以上是金属所具有的共性，但是金属的化学性质也具有差异性。

金属与氧气反应的难易和剧烈程度不一样。铝在常温下就能与氧气反应在表面形成一层致密的氧化铝薄膜，阻止铝进一步发生反应。铁和铜在加热条件下才能与氧气反应。

经过大量类似实验的探究，人们进行了去伪存真、由表及里的分析，归纳总结了常见金属在溶液中的活动性顺序：

K　Ca　Na　Mg　Al　Zn　Fe　Sn　Pb（H）　Cu　Hg　Ag　Pt　Au

→ 金属活动性由强到弱

在金属活动性顺序中，位于氢后面的金属不能与稀盐酸、稀硫酸反应；位于前面的金属能把位于它后面的金属从其盐溶液中置换出来。金属活动性顺序充分体现了金属化学性质的差异性。

活动 3　进行“徽章”文字或图案的绘制

思考交流　图 5-2-5 是利用铁板制作出的图案，可以利用哪些化学原理完成图案制作？

图 5-2-5　铁板上的图案

视野拓展　1.“徽章”文字或图案的呈现方式

朱文即指印面上的文字凸起，所以又称阳文；白文即指印面上的文字凹入，因此又称阴文（图 5-2-6）。

朱文　　白文

图 5-2-6　朱文和白文示意图

2.“徽章”文字或图案的其他雕刻方法

（1）金属刻字笔刻字法：金属刻字笔是指通电后笔可用于金属刻字，能在各类金属表面刻画黑白两种不同颜色的图纹或字母符号。

（2）激光雕刻法：激光雕刻加工是以激光为加工媒介，利用数控技术进行的雕刻加工。加工材料在激光照射下瞬间熔化和气化，达到加工的目的。

（3）电化学腐蚀法：利用电化学腐蚀原理，进行金属刻字。

绘制“徽章”上的文字或图案要按以下程序进行。

首先，要确定采用朱文还是白文的方式呈现文字或图案，这决定着金属材料被腐蚀的位置。

其次，确定文字或图案的雕刻方法，如图 5-2-5 中的图案，可以利用铁与 $CuSO_4$ 溶液、铜与 $AgNO_3$ 溶液进行腐蚀雕刻，从而出现红色和银白色的图案；也可以采用电化学腐蚀的方法形成图案，再利用铁与 $CuSO_4$ 溶液的反应上色。

第三，根据雕刻方法，利用石蜡、胶带、涂漆等方法对非加工部分进行保护。若是朱文，保护文字和图案；若是白文，保护金属表面。

第四，雕刻文字或图案。

第五，根据选择的雕刻方法，选择合适的方法清除保护层。

活动探究 结合选择的金属材料，利用已有化学原理或查阅资料，完成“徽章”中文字或图案的设计与制作。

思考交流

1. 汇报并展示“徽章”中文字或图案的寓意。
2. 论述文字或图案绘制的具体操作步骤、依据的化学原理。
3. 谈谈在整个绘制过程中你最大的收获和体会。

任务梳理

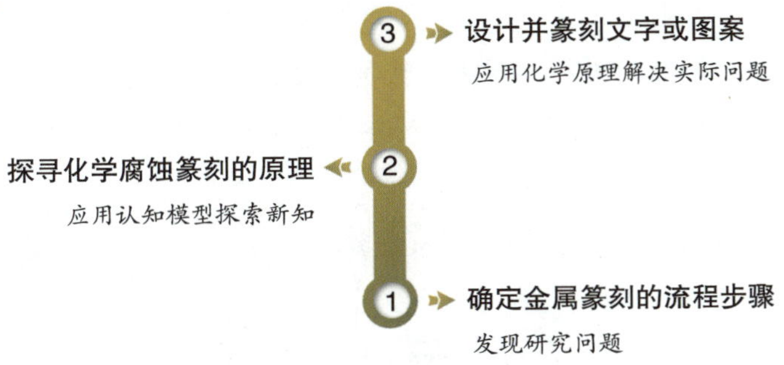

图 5-2-7　任务二梳理示意图

任务三 “徽章”之保存

活动 1　认识金属的腐蚀原理

思考交流 由于制作“徽章”的材料大部分选择的是铁、铜、铝等金属材料，绝大多数金属能与氧气反应，那么在保存和使用过程中，会不会被腐蚀呢？如果被腐蚀，在什么环境中容易被腐蚀呢？请观察并分析生活中金属制品的使用情况，作出你的推测。

经过观察发现，铁制品在干燥的空气中不易生锈，但在潮湿的空气中容易生成红色的铁锈（主要成分为 $Fe_2O_3 \cdot nH_2O$），如果遇到了盐水（NaCl 溶液）或酸性溶液，被腐蚀的程度更大。铜制品和铝制品使用较长时间后表面变化不大，好像不容易被腐蚀。

活动探究 根据你的观察，分析铁生锈的条件并设计实验进行证明。

铁在酸性条件下被腐蚀，是因为铁能与酸发生反应。对比铁生锈的其他环境，发现都有水和氧气存在；再结合元素守恒思想分析，影响铁生锈的主要因素可能是氧气和水。

方法导引 控制变量法

受多变量影响的问题研究，常采用控制变量的方法来进行，即把多因素的问题变成多个单因素的问题，每一次只改变其中的某一个因素，而控制其余几个因素不变，从而研究被改变的这个因素对事物的影响，分别加以研究后再综合解决。这种方法叫作控制变量法，它是科学探究中的重要思想方法，广泛地运用在各种科学探索和科学实验研究之中。

实验方案如图 5-3-1 所示，一周后观察现象。

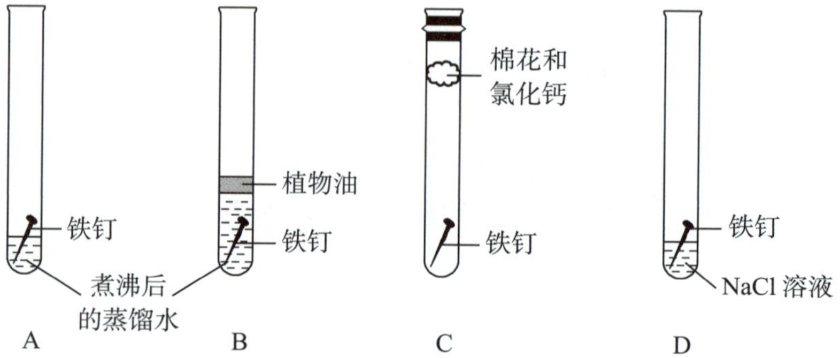

图 5-3-1 铁钉锈蚀实验

一周后，观察到 A、D 试管中的铁钉生锈了，且 D 中的铁钉更容易生锈；B、C 中基本没有变化。以上现象说明，铁生锈需要铁与氧气和水同时存在。而在 NaCl 溶液中铁锈蚀更快的原因，是在有氯化钠的情况下，铁发生了更复杂的化学反应。

活动探究 铜和铝真的不容易被腐蚀吗？请完成下列实验。

【实验 1】取直径、长度均相同的铜丝，并打磨光亮。完成如表 5-3-1 所示实验并持续观察。

表 5-3-1 铜丝锈蚀实验

编号	①	②	③	④
实验	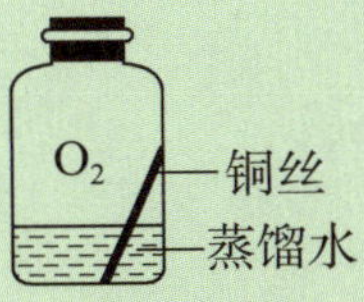	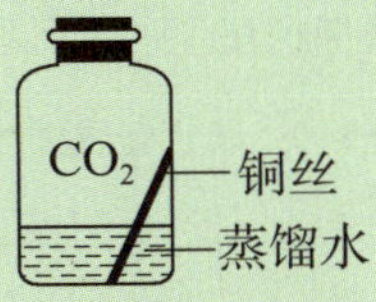	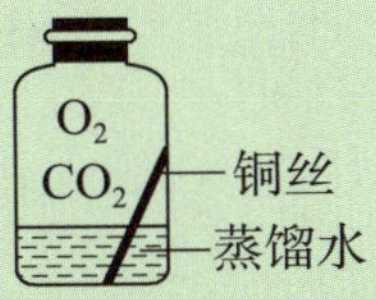	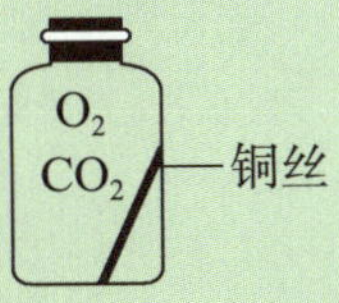
现象				

【实验 2】将未打磨的铝片和打磨后的铝片分别放入稀盐酸中，一段时间后观察现象。

实验 1 中，①②④实验中铜丝表面无明显变化，③中铜丝表面最终会有绿色固体产生。该实验说明铜在干燥的空气中不生锈，但是在潮湿的空气中会与水、氧气和二氧化碳反应而生锈，铜锈的主要成分为 [$Cu_2(OH)_2CO_3$]，被称为铜绿。

实验 2 中，打磨后的铝片表面很快有气泡冒出，未打磨的铝片需要一段时间后才有气泡冒出。这说明铝在常温下与空气中的氧气反应形成的致密氧化膜对其具有一定的保护作用，因此铝制品确实具有较强的抗腐蚀能力，但是稀酸能破坏这层氧化膜。

活动 2 探寻“徽章”的保存方法

思考交流 结合金属腐蚀原理，谈一谈防止金属腐蚀的方法。

金属腐蚀本质上就是金属制品与环境中的物质发生了反应，因此防止金属腐蚀，就要设法避免金属制品与环境中能与金属反应的物质接触。

方法导引 防止金属腐蚀的方法如图 5-3-2 所示。

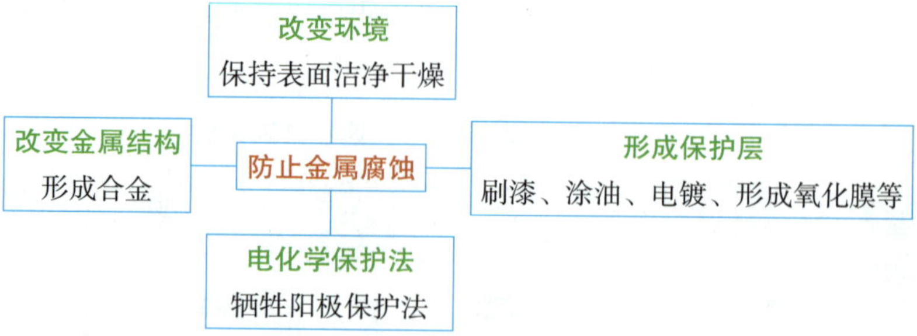

图 5-3-2 防止金属腐蚀的方法

具体说明如下：

1. 改变金属结构

根据不同的用途选择不同的材料组成耐蚀金属，或者在金属中添加合金元素，提高其耐蚀性，可以防止或减缓金属的腐蚀。例如，在钢中加入镍制成不锈钢可以增强防腐蚀能力。

2. 形成保护层

在金属表面覆盖各种保护层，把被保护的金属与腐蚀性介质隔开，是防止金属腐蚀的有效方法。工业上普遍使用的保护层有非金属保护层和金属保护层两大类。

（1）发蓝处理：将钢铁制品加到 NaOH 和 $NaNO_2$ 的混合溶液中，加热处理，其表面可形成一层蓝色氧化膜（Fe_3O_4），以达到钢铁防腐蚀的目的。

（2）非金属涂层：用非金属物质如油漆、塑料、搪瓷、矿物性油脂等涂在金属表面形成保护层，也可达到防腐蚀的目的。用塑料（如聚乙烯、聚氯乙烯、聚氨酯等）喷涂金属表面，比喷漆效果更佳。塑料这种覆盖层致密光洁、色泽艳丽，兼具防腐与装饰的作用。

（3）金属保护层：将一种金属镀在被保护的金属制品表面形成保护镀层，如电镀、热浸镀等。

3. 改变环境

减少腐蚀介质的浓度，除去介质中的氧气，控制环境温度、湿度等。

4. 电化学保护法

牺牲阳极保护法就是用电极电势比被保护金属更低的金属或合金作阳极，固定在被保护金属上，形成腐蚀电池，被保护金属作为阴极而得到保护。例如，海轮外壳镀锌来保护钢铁不被腐蚀就是利用的电化学保护法。

思考交流 结合“方法导引”和“徽章”的特点，自主选择防护方法。

活动 3 展示制作的“徽章”，交流收获

1. 汇报展示项目作品“个性徽章”。
2. 交流项目学习过程中的收获，并写出项目总结，内容包括：
（1）有关金属的化学知识思维导图；
（2）项目学习过程中用到的科学方法；
（3）项目学习过程中在研究态度上的变化。

单元项目梳理

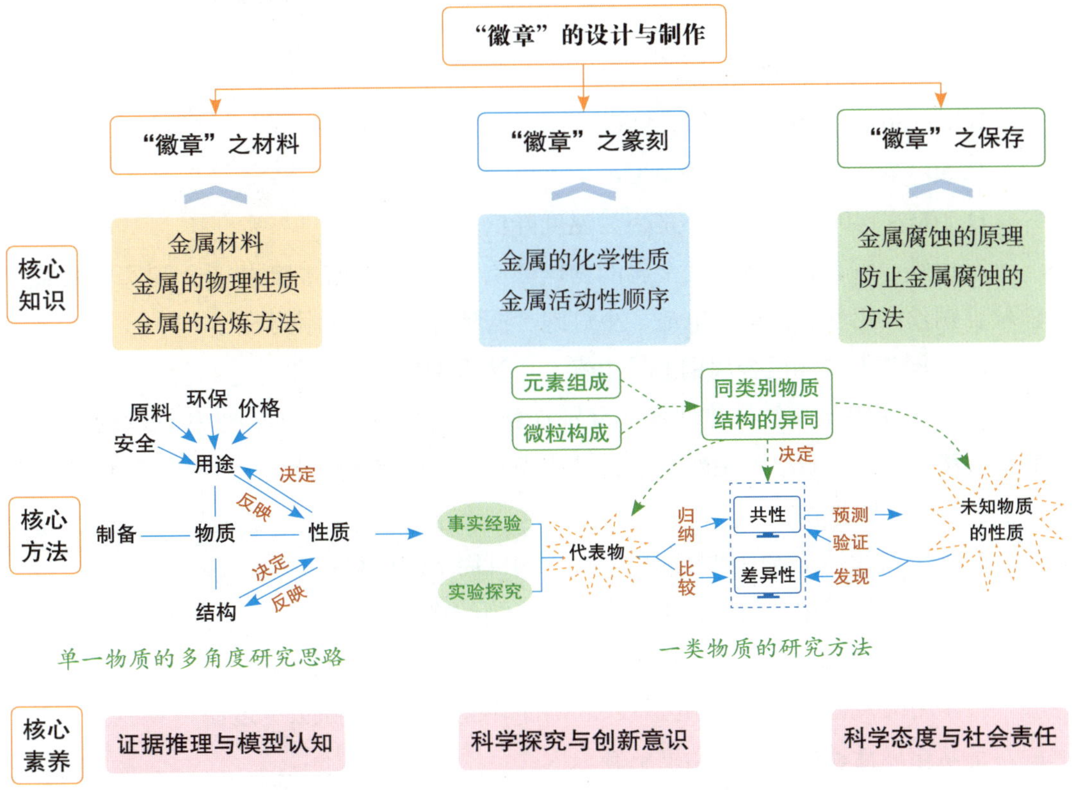

单元项目检测

学习理解

1. 已知铝在空气中会生成一层致密的氧化膜（Al_2O_3），该氧化膜可与稀盐酸发生反应 $Al_2O_3 + 6HCl = 2AlCl_3 + 3H_2O$。实验小组将未打磨的铝片和稀盐酸放入密闭容器中，用传感器探究反应过程中温度和压强的变化，结果如图所示。下列说法不正确的是（　　）。

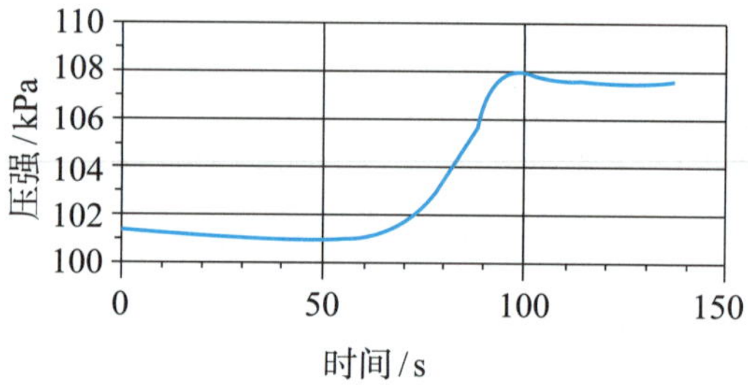

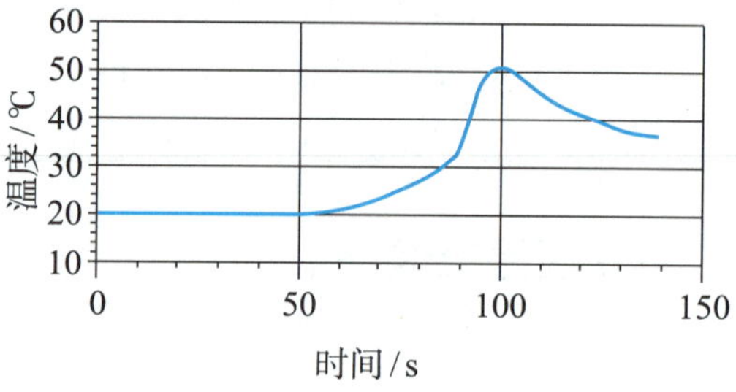

A. 反应过程中有热量放出

B. 0 ~ 50 s，发生稀盐酸与 Al_2O_3 的反应

C. 50 s 时，溶液中溶质为 $AlCl_3$

D. 100 ~ 140 s，压强减小是因为温度降低

2. 以铁、铜、铝为例探究金属的物理性质。老师给同学们提供了下列实验用品：铁丝、铜丝、铝丝、铝块、电池、小灯泡、酒精灯、火柴、镊子等。

（1）同学们要测试金属铜的导电性，可选取铜丝、电池和________________。

（2）证明铝比铁的导热性强。分别在长度和直径都相同的铝丝和铁丝的一端各滴上一滴石蜡……观察到铝丝上的石蜡比铁丝上的石蜡先熔化，说明铝的导热性比铁强。请补全实验操作：____________________________________。

3. 从废旧电子设备中回收的金、银、铜可用来制作奖牌。

（1）下列性质中，与金、银、铜可用于制作奖牌无关的是______（填字母）。

A. 有金属光泽　　B. 导电性好　　C. 化学性质较稳定

（2）用酸浸泡可将废旧电子设备中的铝、铁等金属除去，过滤可得到金、银、铜。请从金属活动性顺序的角度解释原因：____________________________。

4. 被誉为“中国天眼”的 FAST，是目前世界上最大口径、最灵敏的射电望远镜，支撑它的角钢塔架中含有锰（Mn）。

（1）锰可以与稀盐酸发生置换反应，生成物中锰元素显 +2 价，则锰与稀盐酸反应的化学方程式为________________________。

（2）某同学为探究 Fe、Cu、Mn 三种金属的活动性，进行了如图所示的实验。

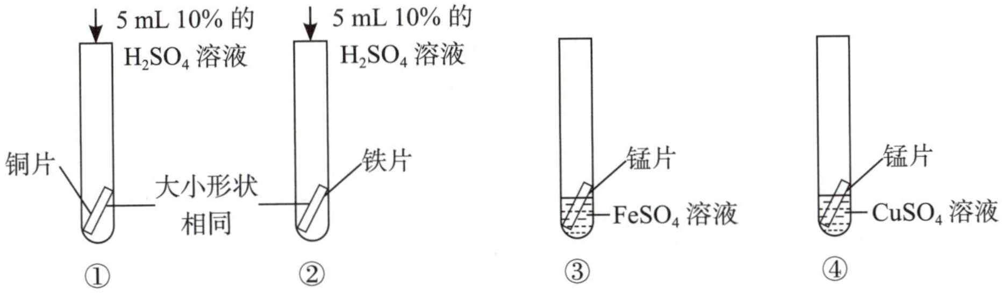

Ⅰ. ③中观察到了明显的现象，则反应的化学方程式为________________。

Ⅱ. 通过以上实验，判断三种金属的活动性由强到弱的顺序为____________。

Ⅲ. 实验①～④中，不需要做的实验是______（填序号）。

应用实践

5. 如图所示，在白色点滴板 1～3 的孔穴中分别滴加 2 滴稀盐酸，4～6 的孔穴中分别滴加 2 滴 $CuSO_4$ 溶液。

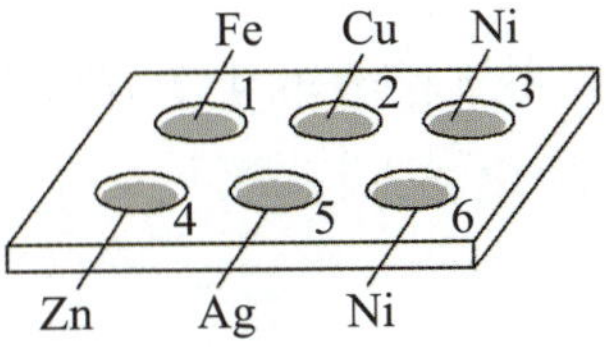

（1）孔穴 1、3 中有气泡产生。孔穴 1 中反应的化学方程式为________________________________。

（2）金属表面有红色固体析出的孔穴是______（填序号，下同）。

（3）比较 Ni、Cu、Ag 三种金属的活动性顺序，可选择的孔穴有______。

6. 回收利用废金属可减少资源浪费和环境污染。某工厂利用含铜废料（含 Cu、Zn，其他杂质不溶于水、不参加反应）制取铜并得到 $ZnSO_4$ 溶液，主要流程如下：

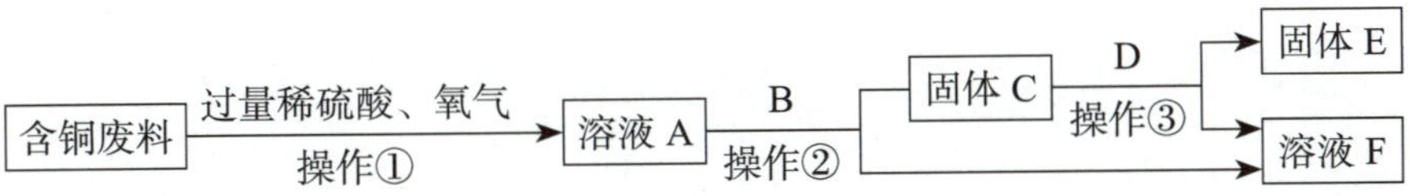

已知：$2Cu + 2H_2SO_4 + O_2 \xlongequal{\triangle} 2CuSO_4 + 2H_2O$

（1）操作②和③的名称是＿＿＿＿＿＿。

（2）溶液 A 中一定含有＿＿＿＿＿＿。

（3）固体 C 中含有＿＿＿＿＿＿。

（4）检验 B 是否过量的方法是＿＿＿＿＿＿＿＿＿＿＿＿。

迁移创新

7. 课外小组参观某钢铁公司时，对冶铁和炼钢工艺有了新的认识。

已知：生铁的含碳量高于钢。

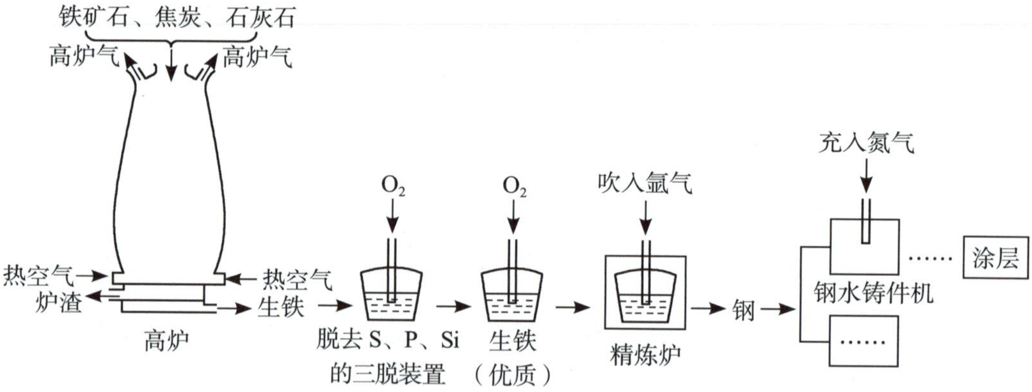

（1）高炉中一氧化碳还原赤铁矿炼铁的化学方程式为＿＿＿＿＿＿＿＿＿＿＿＿。

（2）三脱装置中发生反应的化学方程式为＿＿＿＿＿＿＿＿＿＿＿＿＿＿＿＿（写出 1 个即可）。

（3）向精炼炉中吹入氩气使钢水循环流动，各成分均匀混合，相当于化学实验中＿＿＿＿＿＿（填仪器名称）的作用。

（4）在钢水铸件机中，高温钢加工成钢制零件时，充入氮气的作用是＿＿＿＿＿＿＿＿＿＿＿＿＿＿＿＿。

项目 6　金属材料在汽车零件中的应用

——从材料的应用角度研究物质的通性

任务一　分析汽车零件的性能要求

任务二　实验探究金属材料的相关性质

任务三　多角度综合分析金属材料在汽车零件中的应用

单元项目设计意图

本单元以“如何为汽车零件选择金属材料”为核心问题，引导学生了解在解决问题的过程中，需要从物质性质角度剖析汽车零件对材料提出的要求，将生产、生活中的真实问题学科化、模型化；再从研究物质性质的角度设计和实施实验，对比汽车零件中常用金属材料——铝、铁、铜的相关物理及化学性质，建立研究一类物质性质的思路与方法；最后回归生产、生活实际，多角度考虑物质性质、材料成本、防腐维护、回收利用等对物质用途的影响，综合分析汽车零件中金属材料的选择依据，培养科学的物质观。

在单元学习过程中，学生自主从化学视角分解真实问题→设计并实施实验探究金属的物理及化学性质→建立多角度综合分析材料应用的思想。

单元项目学习目标

1. 通过分析各汽车零件的性能要求，将复杂的实际问题抽象化、模型化，建立“从情境中寻找核心物质，物质性质决定用途”的真实问题解决的思路与方法。

2. 通过设计并实施实验，比较铝、铁、铜的相关物理、化学性质，验证三种金属的活动性顺序，初步形成研究一类物质性质的思路与方法。

3. 通过小组讨论、汇报，综合考虑物质性质、材料成本、防腐维护、回收利用等因素，对选用金属材料提供合理的建议，初步形成科学的物质观。

单元项目学习引导

汽车是我们生活中使用广泛的交通工具，你了解汽车的构造吗？如图 6-1 所示，汽车内部的构造十分精密复杂，由车身、内外饰、底盘、电器、发动机等多种零件组成。

图 6-1　某汽车透视图

生产一辆汽车所用的零件有上万个，其中金属零件占绝大多数，大至车身、发动机、变速箱，小至螺栓、螺母等，无不在汽车各个系统中扮演非常重要的角色。目前，汽车中使用较多的金属材料是铁、铝、铜及其合金。假设你是汽车零件工程师，该如何为汽车各种零件选择金属材料呢？我们一起从物质性质、材料成本、防腐维护、回收利用等方面认识金属材料在汽车中的应用。随着新能源汽车的普及，汽车所用材料也发生了变化。对比传统汽车和新能源汽车中金属材料的变化，体会化学在材料创新和汽车产业发展中发挥的作用。

任务一　分析汽车零件的性能要求

活动　选择特定汽车零件，分析其性能要求

活动探究　查阅资料，选择自己感兴趣的两种汽车零件，从金属材料的角度分析该汽车零件对材料提出了怎样的性能要求，图 6-1-1 所示的零件供参考。

气缸

车身

散热器

导线

图 6-1-1　部分汽车零件

思考交流 你所选择的零件在汽车中的作用是什么？目前该零件大多使用什么材料？该材料的主要成分是什么？利用了金属的哪些物理、化学性质？

气缸是汽车发动机的重要组成部分，它将燃料燃烧释放的热能转化为机械能。为了给汽车提供充足的动力，要求气缸不能发生渗漏，且在运行过程中不能发生变形；体量要轻，以提高燃油利用率。目前，大多数汽车使用高性能铸铁气缸，部分汽车使用铝合金气缸；主要利用金属的延展性好易于加工成型，以及导热性好能承受反复热应力。铁价格便宜，在气缸材料中被广泛使用，但是铝具有密度小、抗腐蚀性强的优点，因此部分汽车使用铝合金气缸。

车身是汽车的刚性空间结构，为驾驶者和乘坐者提供舒适的环境且减轻发生事故的危险后果，因此要求硬度大、延展性好、抗腐蚀能力强。目前，大多数汽车车身使用钢材，越来越多的汽车车身使用密度小的铝合金、镁合金、碳纤维复合材料等。

散热器属于汽车冷却系统，冷却液和空气在散热器处进行热交换，保证发动机缸体温度不过高。由于大多数汽车采用水冷系统，因此散热器的材料不仅应导热性好，还应有良好的抗腐蚀性。汽车的散热器有铝和铜两种材质。

导线连接汽车电路，传输电流。因为铜的导电性好，因此目前汽车用导线基本为铜线，在高温区域会使用镀银铜。

思考交流 通过上述分析，你认为决定物质用途的最主要因素是什么？有哪些因素影响物质的用途？为什么汽车零件的金属材料大多不是纯金属？

物质的性质在很大程度上决定着物质的用途，但不是唯一因素。物质的性质、价格、加工难易程度、来源、是否美观等都影响物质的用途。金属材料包括纯金属及其合金，在金属中加热熔合某些金属或非金属就可以制得具有金属特征的合金。例如，表6-1-1中的铸铁、不锈钢、锰钢都是铁的合金。纯铁较软，而铸铁比纯铁硬；不锈钢不仅比纯铁硬，而且其抗锈蚀性能也比纯铁好得多。由于熔合了不同的金属或非金属，这种组成的改变，使得合金性能也随之发生改变。因此，在日常生活、工农业生产和科学研究中，大量使用的常常不是纯金属，而是它们的合金。

表 6-1-1　一些常见合金的主要成分和性能

合金	主要成分	主要性能
铸铁	铁、碳、硅	强度高、可塑性好、耐磨
硬铝	铝、铜、镁、硅	强度高、硬度大
不锈钢	铁、铬、镍	抗腐蚀性好
锰钢	铁、锰、碳	韧性好、硬度大
黄铜	铜、锌	强度高、可塑性好、易加工、耐腐蚀
青铜	铜、镍	强度高、可塑性好、耐磨、抗腐蚀

任务二　实验探究金属材料的相关性质

活动 1　比较铝、铁、铜的相关物理性质

思考交流　通过上述分析，汽车中金属零件主要利用金属的硬度、密度、熔点、导电性、导热性等物理性质。在项目 5 中已学过一些金属的物理性质，请比较铝、铁、铜三种金属的密度和熔点，并结合所学知识设计实验验证比较铝、铁、铜三种金属的硬度、导电性、导热性。

方法导引　1. 比较金属材料硬度的方法

将金属片互相刻画，比较它们的硬度。有划痕的金属片硬度较小，没有划痕的金属片硬度较大。

2. 比较金属导电性的方法

将长度、横截面积相等的金属材料连接在电路中（图 6-2-1），记录电流表示数。电流表示数越大，金属的导电性越好。

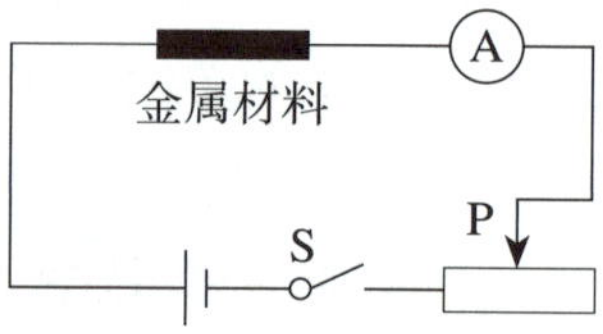

图 6-2-1　比较金属的导电性

3. 比较金属导热性的方法

将金属片固定在铁架台上，在金属片的一端放一根火柴（或一块黄豆大小的红磷），另一端用酒精灯加热。用不同金属片做实验时，酒精

灯与火柴（或红磷）的距离相等，记录点燃酒精灯到火柴（或红磷）开始燃烧的时长。时长越短，金属的导热性越好。

实验记录　比较铝、铁、铜的相关物理性质，做好实验记录（表 6-2-1）。

表 6-2-1　比较铝、铁、铜物理性质实验记录

实验	目的	操作（文字或画图）	现象或数据	结论
1				
2				
3				

经过前面的讨论和实验，我们知道金属是一类物质，它们具有相似的物理性质：能够导电、导热，有延展性。但是不同的金属也表现出了差异性，如铜的导电性优于铝，铝的导电性优于铁。此外，铜的延展性较好而且非常稳定，因此汽车中的导线使用铜线。

活动 2　探究铝、铁、铜的抗腐蚀性

通过任务一的活动，我们知道很多汽车零件需要具有一定的抗腐蚀性。例如，散热器的工作条件恶劣，一般位于汽车前端迎风处，不仅要经受风吹雨淋以及汽车废气、砂土、泥浆的污染，还要承受反复的热循环。另外，散热器内长期流动着的冷却液，对散热器有腐蚀作用。因此，散热器材料除了具有良好的导热性外，还需要具有较强的抗腐蚀性。

调查分析　通过项目 5 的学习，我们知道在有氧气和水同时存在的条件下容易导致铁生锈。观察汽车各个部位的零件，寻找有腐蚀现象的零件，比较零件所处的环境及环境中的物质。以铁制品为例（填写表 6-2-2），分析验证铁制品腐蚀的条件。

表 6-2-2　铁制品腐蚀情况记录

铁制品在所处环境中接触的主要物质	铁制品腐蚀情况

汽车零件在工作环境中接触的主要物质为空气和水，空气的主要成分中氮气的化学性质稳定，不易与其他物质发生反应，因此铁制品腐蚀与氧气和水有关。此外，酸性环境中铁制品的腐蚀情况也比较严重。

活动探究　请设计实验验证铁制品腐蚀的条件。

➡方法导引　可以按照下列实验方案实施探究活动（图 6-2-2）：

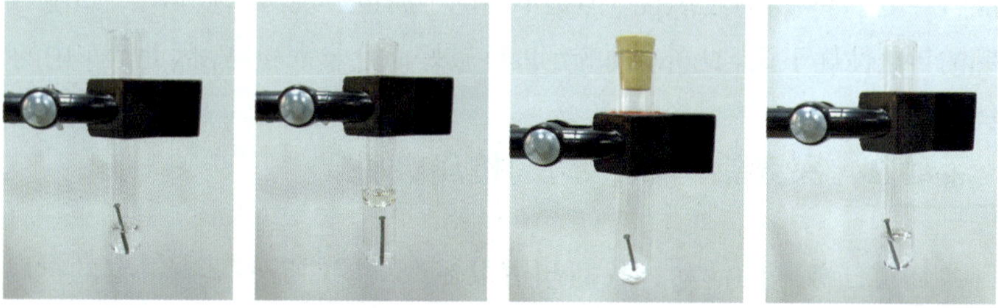

①　　②　　③　　④

图 6-2-2　铁制品腐蚀条件验证实验

① 将光亮的铁钉一半浸没在蒸馏水中，一半露置于空气中。

② 将铁钉浸没在经煮沸并迅速冷却的蒸馏水中，并注入植物油，在水面上形成油层。

③ 将铁钉放在干燥的试管中（放有少量氯化钙固体，吸收水蒸气），塞好塞子。

④ 将铁钉放在装有稀盐酸（或稀硫酸）的试管中。

将上述试管编号，连续一周定时观察并记录现象。

实验记录　验证铁制品的腐蚀条件，做好实验记录（表 6-2-3）。

表 6-2-3　验证铁制品腐蚀条件实验记录

试管	第一天	第二天	第三天	第四天	第五天	第六天	第七天
①							
②							
③							
④							

通过上述实验验证了：铁制品在氧气和水存在的环境中容易被腐蚀，铁与氧气、水反应生成铁锈（主要成分是 $Fe_2O_3 \cdot nH_2O$）；铁制品在酸性环境中容易被腐蚀，铁与稀盐酸（或稀硫酸）反应生成氢气。

$$Fe + 2HCl = FeCl_2 + H_2\uparrow$$
$$Fe + H_2SO_4 = FeSO_4 + H_2\uparrow$$

思考交流　铜或铝制品在一定的环境中（如潮湿的空气中或酸性环境中），也会像铁制品一样被腐蚀，请寻找生活实例或设计实验证明。

铝制汽车零件或铝合金窗户在使用较长时间后外貌变化不明显，生活中的铜制品也很难观察到被腐蚀的情况，说明铝、铜的抗腐蚀性比铁好。用铜片和铝条代替铁钉重复上述实验，可以发现铜片在干燥的空气中不生锈；只有蒸馏水并且水面被植物油封住的试管中铜片也不生锈；同时接触空气和水的铜片也很难生锈；铜片在水中浸泡后再放置于空气中一段时间后，铜片表面被腐蚀，产生绿色固体，其主要成分是碱式碳酸铜[$Cu_2(OH)_2CO_3$]。铝条在干燥的空气中不生锈；只接触蒸馏水时也不生锈；同时接触空气和水的铝条也很难生锈。如图 6-2-3 所示，装有铜片和稀盐酸的试管中无明显变化，装有铝条和稀盐酸的试管中产生大量气泡。说明铜制品

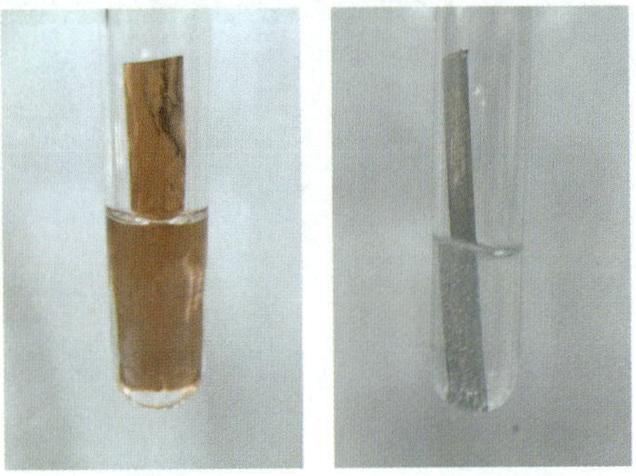

铜与稀盐酸　　铝与稀盐酸

图 6-2-3　铜片和铝条分别放入稀盐酸中实验

抗酸腐蚀能力强，铝制品不能抗酸的腐蚀。

通过上述实验可以发现，在空气中铝具有良好的抗腐蚀性，在潮湿的空气中铁、铜易被腐蚀；在酸性环境中，铜具有较好的抗腐蚀能力，铝、铁易被腐蚀。

思考交流 1. 为什么在空气中铝具有良好的抗腐蚀性？

2. 为什么在酸性环境中铝、铁易被腐蚀，而铜具有较好的抗腐蚀能力？

【问题 1】铝的化学性质比较活泼，常温下就能与氧气反应，表面生成一层致密的氧化铝（Al_2O_3）薄膜，从而阻止铝进一步氧化，因此铝具有良好的抗腐蚀性。

$$4Al + 3O_2 = 2Al_2O_3$$

【问题 2】人们经过大量的实验探究，归纳和总结出了金属活动性顺序：

K Ca Na Mg Al Zn Fe Sn Pb （H） Cu Hg Ag Pt Au

金属活动性由强逐渐减弱 →

金属活动性顺序可以作为金属能否在溶液中发生置换反应的一种判断依据。在金属活动性顺序里，金属的位置越靠前，它的活动性就越强；位于氢前面的金属能置换出盐酸、稀硫酸中的氢。在金属活动性顺序里，铝、铁位于氢前，能与稀盐酸或稀硫酸发生反应；铜位于氢后，不能与稀盐酸或稀硫酸发生反应。因此，在酸性环境中铝、铁易被腐蚀，而铜具有较好的抗腐蚀能力。

活动探究 常温下，铝能与空气中氧气发生化合反应，铁和铜能与氧气发生化合反应吗？请设计实验验证你的猜想，将实验记录填写在表 6-2-4 中。

表 6-2-4 探究铁、铜能否与氧气发生化合反应实验记录

物质	操作（文字或画图）	现象	化学方程式及结论

知识链接 升高温度后，铁和铜能与氧气发生化合反应。

$$3Fe + 2O_2 \xlongequal{点燃} Fe_3O_4$$

$$2Cu + O_2 \xlongequal{\triangle} 2CuO$$

活动3 验证铝、铁、铜的金属活动性强弱

活动探究 请设计实验，验证铝、铁、铜的金属活动性强弱。可选择的试剂有稀盐酸、稀硫酸、铁钉、铝条、铜丝、$Al_2(SO_4)_3$ 溶液、$FeSO_4$ 溶液、$CuSO_4$ 溶液。将实验记录填写在表6-2-5中。

表6-2-5 验证铝、铁、铜金属活动性强弱实验记录

步骤	目的	操作（文字或画图）	现象	化学方程式及结论
1				
2				
3				

知识链接 在金属活动性顺序里，位于前面的金属能把位于后面的金属从它们化合物的溶液里置换出来。把一根用砂纸打磨过的铁钉和铝条分别浸入 $CuSO_4$ 溶液中（图6-2-4），过一会儿取出，观察到铁钉和铝条表面析出红色固体，溶液颜色变浅，这是因为在金属活动性顺序中铝、铁均位于铜前，二者能与 $CuSO_4$ 溶液发生反应置换出铜。把一根洁净的铜丝浸入 $AgNO_3$ 溶液中（图6-2-4），过一会儿取出，观察到铜丝表面析出银白色固体，溶液由无色变为蓝色，这是因为在金属活动性顺序中铜位于银前，铜能与 $AgNO_3$ 溶液反应置换出银。

$$2Al + 3CuSO_4 \xlongequal{\quad} Al_2(SO_4)_3 + 3Cu$$

$$Fe + CuSO_4 \xlongequal{\quad} FeSO_4 + Cu$$

$$Cu + 2AgNO_3 \xlongequal{\quad} Cu(NO_3)_2 + 2Ag$$

将洁净的铜丝浸入 $Al_2(SO_4)_3$ 溶液中（图6-2-4），则不会观察到明显变化，因为在金属活动性顺序中铜位于铝后，铜不能将铝从它的化合物溶液中置换出来。

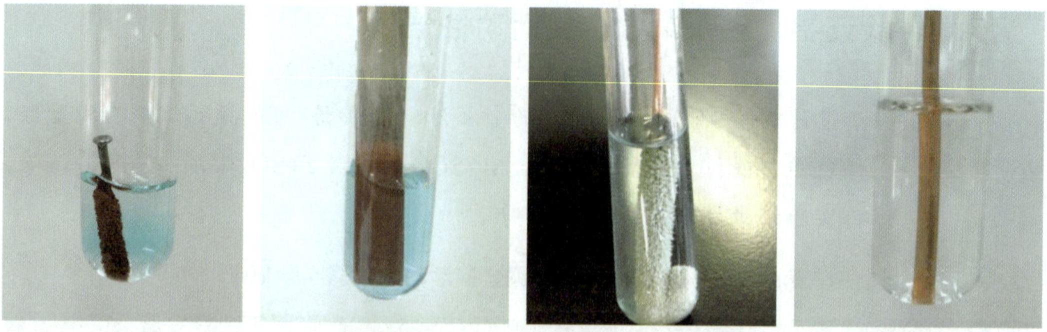

铁与硫酸铜的反应　铝与硫酸铜的反应　铜与硝酸银的反应　铜与硫酸铝

图 6-2-4　金属与盐的反应实验

归纳小结

金属具有相似的物理性质，大多数金属有金属光泽，有良好的导热性、导电性、延展性，但是在硬度、导电性、导热性等方面存在差异。金属具有相似的化学性质，能够与氧气发生化合反应，与酸、金属化合物溶液发生置换反应。但是金属的化学性质具有差异性，不同金属与氧气反应的难易和剧烈程度是不同的，与盐酸、稀硫酸反应的剧烈程度不同。金属活动性顺序更充分体现了金属化学性质的差异性。

通过金属性质的研究，我们获得了研究一类物质性质的基本方法。首先，通过已有生活经验或实验事实，如某物质能够发生的化学反应，扩展到该类物质可能有相似的反应；然后，选取代表性的几个物质进行实验研究，寻求证据；最后，总结概括一类物质具有的共性和差异性。

金属的性质是由其结构决定的。合金与纯金属材料性能的差异，也是由于其组成和结构不同造成的。人们可以通过改变金属的内部结构进而改进金属的性质。

任务三　多角度综合分析金属材料在汽车零件中的应用

活动 1　多角度对比铝、铁、铜材料

活动探究

通过查阅资料和探究实验，从某汽车零件的实际应用角度出发，对比铝、铁、铜在性质、价格、资源、防腐、回收等方面的差异，将信息列入表 6-3-1 中。

表 6-3-1 多角度对比铝、铁、铜

汽车零件						
性能要求						
金属	铝	铁	铜	铝	铁	铜
性质对比						
价格 / (元 · 千克 $^{-1}$)						
地壳中含量						
防腐措施						
回收价值						

活动 2 为汽车零件选择金属材料提供合理建议

思考交流 小组交流讨论“如何为汽车零件选择金属材料”。以某个或某两个汽车零件为例，展示为汽车零件选择金属材料提供建议的思路和具体方案，要求有资料或实验依据。根据你们的分析，能预测该零件所用材料的发展方向吗？可以绘制成海报，也可以做成演示文稿，与同学们交流。

表 6-3-2 “为汽车零件选择金属材料”项目的成功标准

评价方面	成功标准
全面分析	给出汽车零件的金属材料名称；准确关联该材料的相关物理、化学性质解释，同时从资源、价格、防腐、回收等方面全面分析选择该材料的原因
化学相关	设计并实施实验比较铝、铁、铜的相关物理、化学性质；利用 1 个或 2 个实验方案验证铝、铁、铜的金属活动性；准确写出相关反应的化学方程式及实验现象
预测展望	分析该材料的优劣；预测该零件所用材料的未来发展方向，或者在新能源汽车发展中该零件所用材料的可能发展方向
设计展示	版面设计美观、合理；图文并茂；专业性内容突出、醒目；文字工整、简洁。在规定时间内分享完毕，分享人声音洪亮、语言通顺、易于理解

单元项目梳理

分析汽车零件的性能要求	化学视角看材料：用途→性质→物质组成
↓ 从生活走进化学	
实验探究金属材料的相关性质	探究物理性质：形成一类物质性质研究的思路与方法 探究化学性质：巩固一类物质性质研究的思路与方法
↓ 从化学走进社会	
多角度综合分析金属材料在汽车零件中的应用	科学的物质观：综合分析，有理有据，为选择材料提供合理建议

单元项目检测

学习理解

1. 下列属于金属材料的是（　　）。

A. 玻璃　　B. 钢铁　　C. 木材　　D. 陶瓷

2. 食品包装中经常用到铝箔。铝能制成铝箔是因为铝具有良好的（　　）。

A. 导电性　　B. 延展性　　C. 导热性　　D. 抗腐蚀性

3. 用如图所示装置进行实验（夹持仪器略去）。加热一段时间后，蜡烛熔化、掉落，之后火柴燃烧。

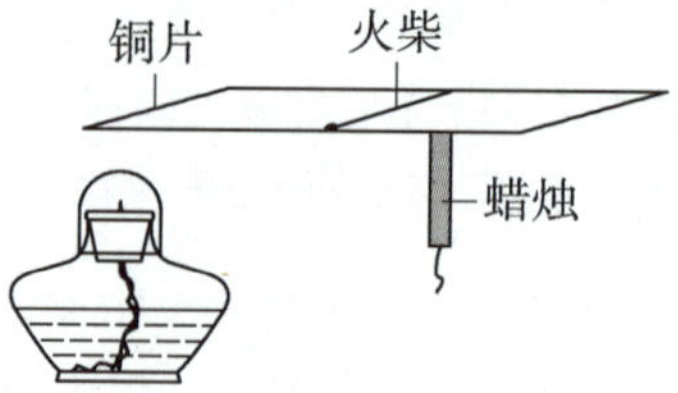

（1）能说明铜具有导热性的现象是________________________。

（2）能体现物质化学性质的现象是________（填字母）。

A. 酒精燃烧　　B. 蜡烛熔化　　C. 火柴燃烧

应用实践

4. 用粗木棍在涂有蜡的锌板上写“明”“和”两个字，露出下面的锌板。向“明”字上滴加 $CuSO_4$ 溶液，向“和”字上滴加稀盐酸。

（1）“明”字上的现象是________________。

（2）“和”字上产生气泡，用化学方程式解释：________________________。

5. 为验证铁、铜、银的金属活动性强弱，同学们设计了如图所示的两步实验。

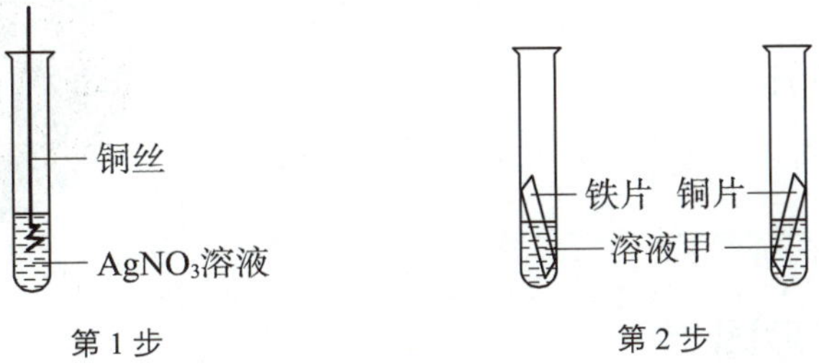

（1）第 1 步实验的目的是__________，可观察到的现象是______________。

（2）第 2 步实验中，为了达到实验目的，溶液甲可以是________（填字母）。

A. 稀盐酸　　B. $FeSO_4$ 溶液　　C. $CuSO_4$ 溶液　　D. $ZnSO_4$ 溶液

迁移创新

6. 下列有关物质性质与其用途的说法不正确的是（　　）。

A. 铜具有良好的导热性——用作铜锅

B. 不锈钢耐腐蚀——制造医疗器械

C. 氧气能支持燃烧——用作燃料

D. 金刚石硬度大——用于切割玻璃

7. 青少年一定要爱护自己的眼睛，在光线不足时看书、写字要用照明工具。右图是一种照明用台灯。 请从铝、铁、铜三种金属中为螺丝钉、反光片、插头选择合适的材料并说明理由。

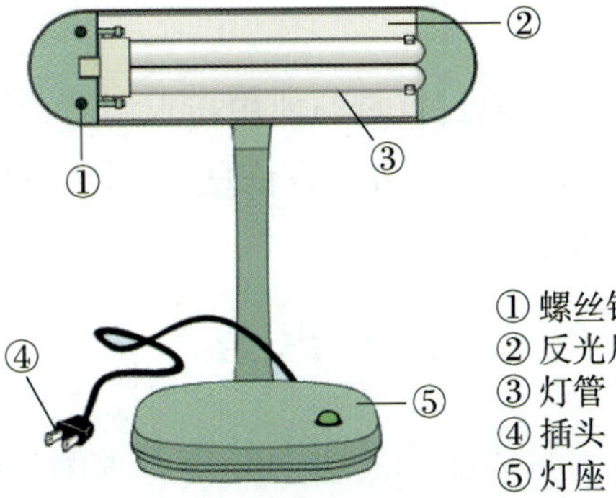

项目7 从钢铁锈蚀到多样的自热贴

——应用化学反应原理解决生活实际问题

任务一 初步探究自热贴的发热原理

任务二 深入探究自热贴的发热原理及影响发热效果的因素

任务三 设计、制作满足不同应用场景的自热贴

单元项目设计意图

以分析解决实际问题为统领，通过一系列进阶式、具有挑战性的科学探究活动和科学实践活动，促进学生进行深度学习，培养并发展学生的“科学探究与创新意识”核心素养，提升学生的实证意识。

单元项目学习目标

1. 通过验证自热贴的主要成分、初探自热贴的发热原理、探究自热贴使用后的成分，初步学习混合物成分分离和检验的方法，学习利用控制变量的方法设计简单的对比实验，激发学习化学的兴趣，培养实证意识。

2. 通过探究自热贴中主要成分的作用、再探自热贴的发热原理、研究影响自热贴发热效果的因素，发展“科学探究与创新意识”核心素养，提升实证意识和证据推理能力。

3. 通过自热贴使用需求调研、设计并制作一款创新型自热贴、撰写实践报告或推广文案，培养获取信息、应用信息的能力，发展创新意识，培养动手实践能力，提升解决问题的能力。

单元项目学习引导

自热贴（又叫作热贴、暖贴、热力贴……）是一种可供取暖的工具。自热贴

不用火、电或其他能源，而是将化学能转变为热能，撕开外包装袋即可发热。自热贴的主要成分是什么呢？自热贴的发热原理是什么呢？哪些因素会影响自热贴的发热效果呢？你能设计、制作满足不同应用场景的自热贴吗？让我们一起开启探究、实践之旅吧！

任务一 初步探究自热贴的发热原理

活动 1 验证自热贴的主要成分

资料在线 自热贴撕开外包装袋即可发热，为了使温度能够持续更长时间，使用了矿物材料蛭石来保温。大多数自热贴可持续发热 8～18 h，最高温度可达 60℃以上，平均温度为 55℃。图 7-1-1 为某品牌自热贴的说明书。

一次性自热贴

主要成分：铁粉、活性炭、食盐、水、蛭石、吸水性树脂

产品性能：平均温度 55℃，最高温度 63℃，发热时间 12 h 以上

使用说明：使用时将外包装袋撕开，取出内袋，将保护衬纸揭下，贴在需要取暖或热敷部位的内衣外侧。使用完后，从衣服上撕下即可

【严禁直接接触皮肤】

图 7-1-1 某品牌自热贴的说明书

活动探究 如何验证某品牌自热贴中含有铁粉、活性炭、食盐、水？请列举出你知道的铁粉、活性炭、食盐的物理性质或化学性质，并查阅资料了解蛭石、吸水性树脂的物理性质或化学性质。依据这些性质，设计并进行实验检验某品牌自热贴中含有铁粉、活性炭、食盐、水。

铁粉，灰黑色固体，可以被磁铁吸引；在氧气中燃烧生成四氧化三铁，可以与稀盐酸（或稀硫酸）反应生成氯化亚铁（或硫酸亚铁）和氢气。活性炭，黑色固体，粉状或粒状的多孔无定形炭，微孔结构发达，比表面积和吸附活性大；在空气中燃烧，生成二氧化碳。食盐，主要成分是氯化钠，易溶于水；NaCl 溶液与 $AgNO_3$ 溶液反应

的化学方程式为 $NaCl+AgNO_3 === AgCl\downarrow +NaNO_3$。蛭石是一种铁镁质铝硅酸盐矿物，耐 1 000℃高温，不与低于 5% 的稀硫酸反应，耐碱，一般不与其他物质反应，是很好的保温材料。吸水性树脂是一种新型的高分子材料，它能够吸收自身质量几百倍至上千倍的水分，吸水能力很强，保水能力非常高，所吸水分不能通过简单的物理方法挤出，并且可反复释水、吸水。

设计的实验方案如图 7-1-2 所示。

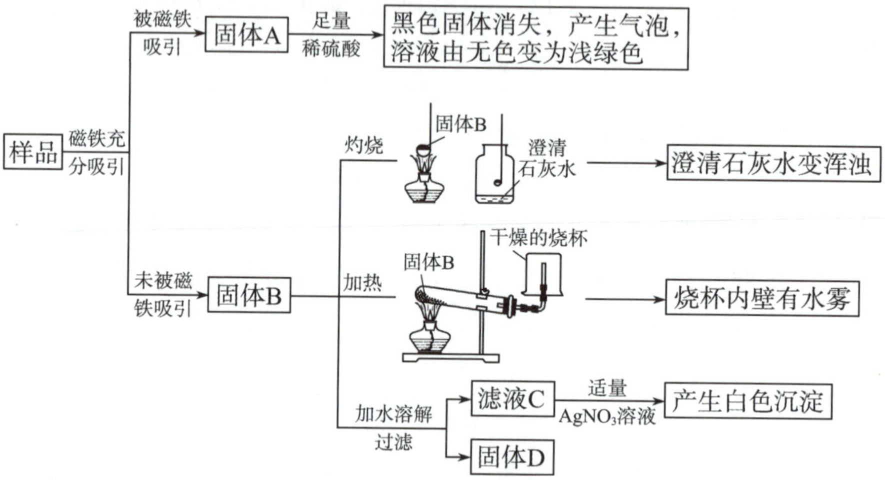

图 7-1-2　验证某品牌自热贴中含有铁粉、活性炭、食盐、水的实验方案

活动 2　初探自热贴的发热原理

思考交流　对比自热贴使用前后变化（图 7-1-3），放热前其内容物为灰黑色粉末状固体，放热后其内容物为略带红褐色的块状固体。结合自热贴成分组成，并依据已有知识和经验，思考并交流自热贴发热过程中发生了怎样的化学变化。

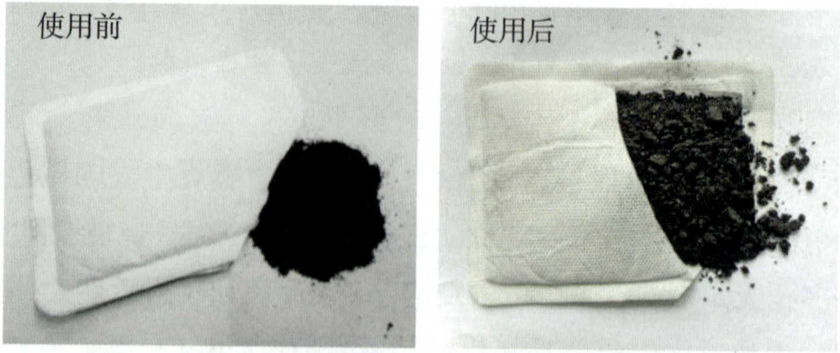

图 7-1-3　某品牌自热贴使用前后对比

自热贴中含有铁粉，将外包装袋撕开后才开始发热，且放热后其内容物为略带红褐色的块状固体，据此初步推断在放热过程中，自热贴中的铁粉发生了氧化反应，很有可能类似于铁制品锈蚀的氧化反应。

活动探究　铁制品锈蚀的过程是铁与空气中的氧气、水蒸气等发生化学反应的过程。自热贴中的铁粉发生氧化反应的过程是否需要氧气和水（或水蒸气）同时接触呢？请设计实验方案并进行实验。

如图 7–1–4 所示，在锥形瓶中装入实验试剂，用温度传感器测定反应进行 10 min 时体系内的温度上升值，并观察 24 h 后各组试剂的颜色、形态。

图 7–1–4　探究自热贴中铁粉氧化条件的实验装置

锥形瓶中的实验试剂及用量如表 7–1–1 所示。设计实验组 3 的目的是探究活性炭、食盐和水在空气中共同作用是否会放热。

表 7–1–1　探究自热贴中铁粉氧化条件的实验方案

实验编号		实验试剂及用量					反应时间 /min	温度上升值 /℃
		铁粉 /g	活性炭 /g	食盐 /g	水 /g	瓶内气体		
对照组		2	0.4	0.2	8	空气	10	60
实验组	1	2	0.4	0.2	8	氮气	10	0
	2	2	0.4	0.2	0	干燥的空气	10	0
	3	0	0.4	0.2	8	空气	10	0

24 h 后对照组中的试剂变为略带红褐色的块状固体，实验组中的试剂仍为灰黑色粉末状固体。

思考交流　从上述探究自热贴中铁粉氧化条件的活动中，可以得出什么结论？

对照组与实验组 1 对比，说明自热贴中的铁粉氧化需要氧气参与；对照组与实验组 2 对比，说明自热贴中的铁粉氧化需要水参与；对照组与实验组 3 对比，说明活性炭、食盐和水在空气中共同作用不会放热。进而说明自热贴中铁粉氧化需要氧气和水共同作用。

活动 3　探究自热贴使用后的成分

思考交流　自热贴中铁粉氧化需要氧气和水共同作用，其反应过程类似于铁制品锈蚀的过程。思考分析自热贴使用后的主要成分。

自热贴放热后其内容物为略带红褐色的块状固体，据此分析，铁粉可能已完全反应转化为 $Fe_2O_3 \cdot nH_2O$。活性炭的化学性质较为稳定，食盐不与铁和铁的化合物发生化学反应，蛭石一般不与其他物质反应，据此分析，活性炭、食盐、蛭石可能未发生化学变化，故自热贴使用后的成分中含有活性炭、食盐、蛭石。

活动探究　设计实验方案并进行实验，探究自热贴使用后是否含有 Fe、Fe_2O_3、NaCl、C、蛭石。

方法导引　某些离子的检验方法如表 7-1-2 所示。

表 7-1-2　某些离子的检验方法

离子	检验方法
Fe^{3+}	方法一：$Fe^{3+}+3SCN^- = Fe(SCN)_3$（红色配合物） 方法二：$Fe^{3+}+3OH^- = Fe(OH)_3\downarrow$（红褐色沉淀）
Cl^-	$Ag^++Cl^- = AgCl\downarrow$
Na^+	焰色反应：在火焰中颜色为黄色
Mg^{2+}	$Mg^{2+}+2OH^- = Mg(OH)_2\downarrow$（白色沉淀）
Al^{3+}	$Al^{3+}+3OH^- = Al(OH)_3\downarrow$（白色沉淀） $Al(OH)_3+OH^- = [Al(OH)_4]^-$

实验方案：

实验 1：取少量样品，用磁铁充分吸引，固体物质不能被磁铁吸引；加入足量稀盐酸，无气泡产生，说明自热贴使用后的成分中不含 Fe。

实验 2：取少量样品，加适量蒸馏水，过滤得滤液，滤液一分为二。向第一份滤液中滴加适量 $AgNO_3$ 溶液，产生少量白色沉淀；用第二份滤液进行焰色反应实验，火焰为黄色，说明自热贴使用后的成分中含有 NaCl。

实验 3：取少量样品，加过量 NaOH 溶液，有大量不溶物；过滤，向滤液中滴加适量 KSCN 溶液，无明显现象，样品中大部分物质不溶于碱，滤液中无 Fe^{3+}。

实验 4：取少量样品，加过量盐酸，滤液一分为二。向第一份滤液中滴加适量 KSCN 溶液，溶液变为红色；向第二份滤液中滴加适量 NaOH 溶液，产生灰绿色沉淀，后沉淀部分消失，变为红褐色，过滤，加热蒸干沉淀物，红褐色沉淀变为红棕色固体，说明自热贴使用后的成分中含有 Fe_2O_3，酸溶后滤液中可能含有 Mg^{2+}、Al^{3+}。

实验 5：取实验 3 中的滤渣，加热灼烧，上方罩一内壁涂有澄清石灰水的烧杯，澄清石灰水变浑浊，说明自热贴使用后的成分中含有 C。

综合分析上述实验过程，可以初步得出结论：自热贴使用后的成分中不含 Fe，含有 Fe_2O_3、NaCl、C、蛭石。

思考交流 通过上述活动，你对自热贴的发热原理是如何认识的？

自热贴是利用铁氧化反应放热来发热的，其原理类似于钢铁锈蚀，需要铁粉与氧气和水同时接触。在活性炭的疏松结构中储有水，吸水性树脂中也储有水，撕开自热贴的外袋，其内袋暴露在空气中，空气中的氧气穿过内袋上的孔隙与内袋中的铁粉、水接触，自热贴开始放出热量。

任务二 深入探究自热贴的发热原理及影响发热效果的因素

活动 1 探究自热贴中食盐、活性炭、水的作用

思考交流 铁的氧化反应是一个放热反应，但是在自然条件下进行得很慢，进而不能在短时间内释放较多的热量。粉末状的铁比块状或颗粒状的铁比表面积大，在一定程度上加大了铁的表面积，可以加快铁的氧化反应，但是效果并不明显。为什么自热贴中的铁粉能够与氧气和水快速反应，在较短时间内可以释放较多的热量？

可能是自热贴中的食盐、活性炭加快了铁粉氧化的速率。另外，铁氧化时需要与水和氧气共同作用，空气中的水蒸气含量较低，自热贴的成分中含有一定量的水，这个因素也可能会加快铁粉氧化的速率。

活动探究 设计实验方案，探究自热贴中活性炭、食盐、水等物质的作用。

如图 7-2-1 所示，在锥形瓶中装入实验试剂，用温度传感器测定反应进行 10 min 时体系内的温度上升值。

图 7-2-1 探究自热贴中活性炭、食盐、水的作用实验装置

锥形瓶中的实验试剂及用量如表 7-2-1 所示。

表 7-2-1 探究自热贴中活性炭、食盐、水的作用实验方案

实验编号		实验试剂及用量					反应时间 /min	温度上升值 /℃
		铁粉 /g	活性炭 /g	食盐 /g	水 /g	瓶内气体		
对照组		2	0.4	0.2	8	空气	10	60
实验组	1	2	0	0.2	8	空气	10	3.7
	2	2	0.4	0	8	空气	10	30
	3	2	0.4	0.2	0	空气	10	6.5

对照组与实验组 1 对比，说明自热贴中的活性炭可以加快铁粉氧化的速率；对照组与实验组 2 对比，说明食盐可以加快铁粉氧化的速率；对照组与实验组 3 对比，说明水可以加快铁粉氧化的速率。活性炭、食盐、水三者共同作用对加快铁粉氧化速率的影响最明显。

活动 2　再探自热贴的发热原理

思考交流　查阅资料，从化学反应原理的角度分析自热贴中活性炭、食盐、水为什么可以加快铁粉氧化的速率。

自热贴中可能发生了吸氧腐蚀，铁粉、活性炭、食盐、水形成原电池，从而大幅度加快了铁粉氧化的速率。具体分析如下：在自热贴中袋内铁粉与碳粒紧密接触，浸泡在食盐水潮湿的环境中；铁粉作负极材料和负极反应物，铁原子失去电子变成阳离子；活性炭作正极材料，不参与反应；空气中的氧气作正极反应物；食盐溶于水成为离子导体，充当电解质；铁和碳紧密接触，是电子导体；这样构成了无数个微小的原电池发生反应，反应放出热量很快就将发热袋加热（图 7–2–2）。

负极：$Fe-2e^- = Fe^{2+}$

正极：$O_2 + 4e^- + 2H_2O = 4OH^-$

总反应：$2Fe+O_2+2H_2O = 2Fe(OH)_2$

进一步反应：$4Fe(OH)_2+O_2+2H_2O = 4Fe(OH)_3$

所生成的 $Fe(OH)_3$ 进一步转化为铁锈（主要成分为 $Fe_2O_3 \cdot nH_2O$）。

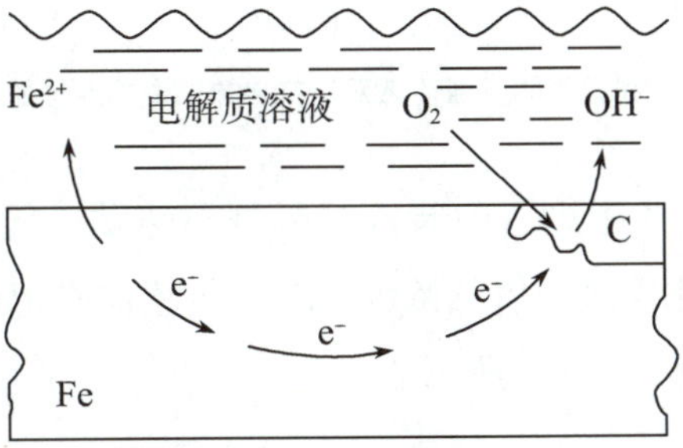

图 7–2–2　吸氧腐蚀原理示意图

活动探究　自热贴的发热原理是铁的吸氧腐蚀吗？请利用气体压强传感器、氧气浓度传感器、温度传感器、湿度传感器等数字化实验设备，探究自热贴的发热原理是否与铁的吸氧腐蚀本质一致。

如图 7–2–3 所示，在锥形瓶中装入某品牌自热贴，气体传感器连接数据采集器，数据采集器连接计算机，用气体压强传感器测定体系内气体压强的变化，实验结果如图 7–2–4 所示。

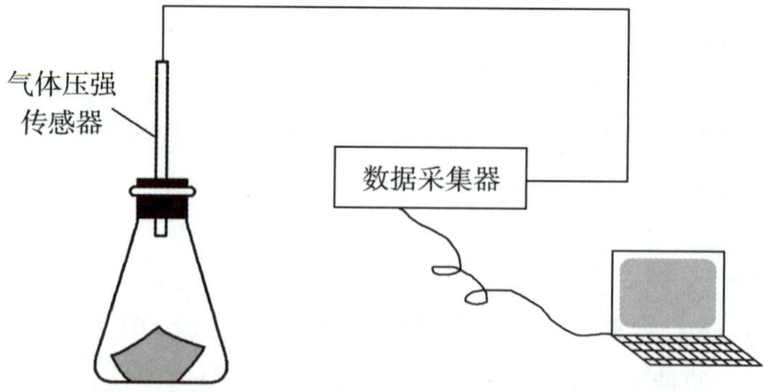

图 7-2-3　利用气体压强传感器探究自热贴发热原理的实验装置

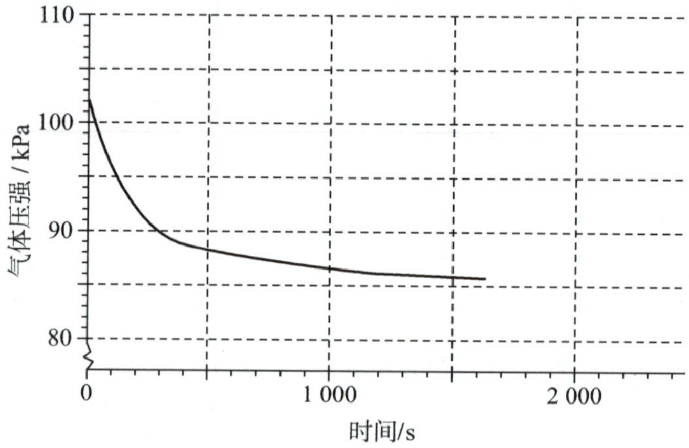

图 7-2-4　利用气体压强传感器探究自热贴发热原理的实验结果

如图 7-2-5 所示，在圆底烧瓶中装入某品牌自热贴，传感器连接数据采集器，数据采集器连接计算机，用温度、氧气浓度、湿度传感器测定体系内温度、氧气浓度、湿度的变化，实验结果如图 7-2-6 所示。

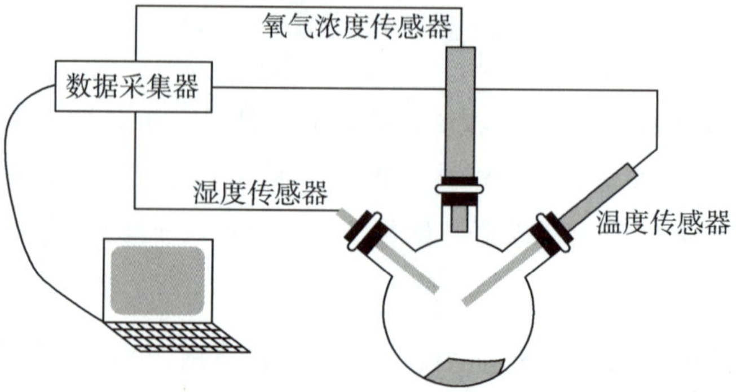

图 7-2-5　利用温度、氧气浓度、湿度传感器探究自热贴发热原理的实验装置

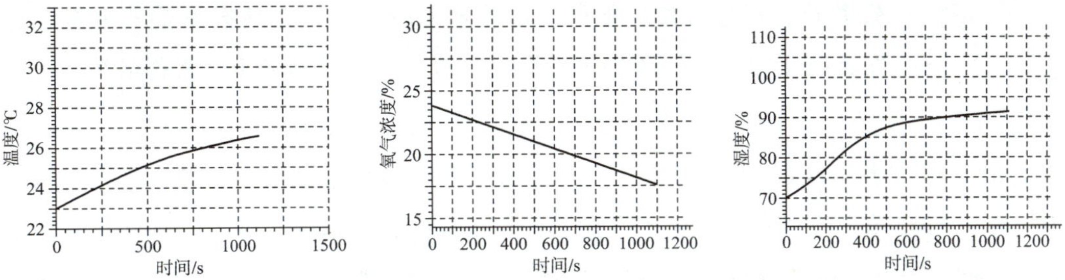

图 7-2-6 利用温度、氧气浓度、湿度传感器探究自热贴发热原理的实验结果

如图 7-2-7 所示，用铁钉、饱和食盐水、石墨棒模拟原电池的原理，用电流传感器测定到了其中的电流。

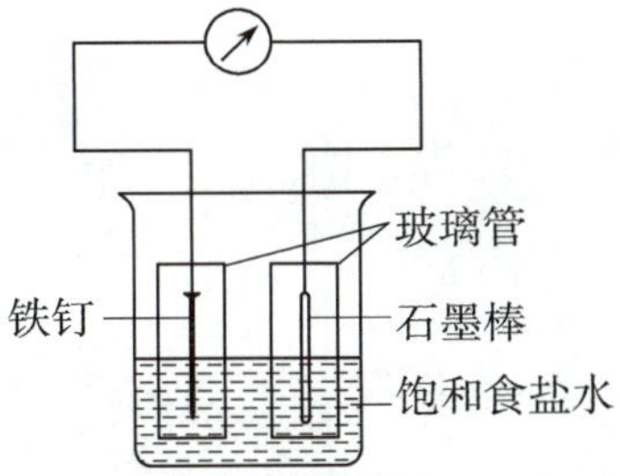

图 7-2-7 探究自热贴发热原理的实验装置

思考交流 以上实验结果是否与预期一样？依据实验结果，自热贴的发热原理是否与铁的吸氧腐蚀本质一致？

实验过程中，可以看到压强从 102 kPa 左右下降到 85 kPa 左右，说明自热贴发热过程中锥形瓶内的部分气体被消耗；在实验研究范围内，温度随着时间的变化逐渐升高，氧气的浓度随着时间的变化逐渐降低，说明自热贴在发热过程中消耗了氧气，与预期的假设一致。但是，湿度却随着时间的变化逐渐增大，与铁的吸氧腐蚀需要消耗水产生了冲突，其原因可能是由于自热贴中的吸水性树脂吸收了自身质量几百倍至上千倍的水分，在发热过程中释放出水提供给反应进行，从而导致容器内的湿度增大。

综合分析自热贴发热过程中密闭体系内气体压强、温度、氧气浓度、湿度的变化，以及之前对自热贴使用后的成分的探究结果，自热贴的发热原理与铁的吸氧腐蚀本质一致。

思考交流 结合某品牌自热贴的说明书和之前的探究过程，综合解释分析：为什么自热贴能持久而又稳定地提供热量？自热贴使用的是双层包装，外层由不透气的明胶层制成，内层是无纺布袋，无纺布袋是采用微孔透气膜制作的，为什么要这样设计？为什么自热贴使用后变得较硬？

自热贴中含有蛭石，蛭石为层状结构，受热后能膨胀，是良好的隔热保温材料，可以减少与外界的热交换；吸水性树脂具有高吸水性和保水性，可以提供反应所需水分，从而维持反应的持续进行。同时，活性炭疏松多孔的结构使得铁粉与其他物质接触非常充分。

外包装袋可以起到隔绝氧气的作用，自热贴在使用前不发生反应。撕开外包装袋后内袋暴露在空气中，内袋里的物质与空气中的氧气接触（图 7-2-8），反应开始进行。透气膜的透氧速率决定放热时间的长短和温度的高低。

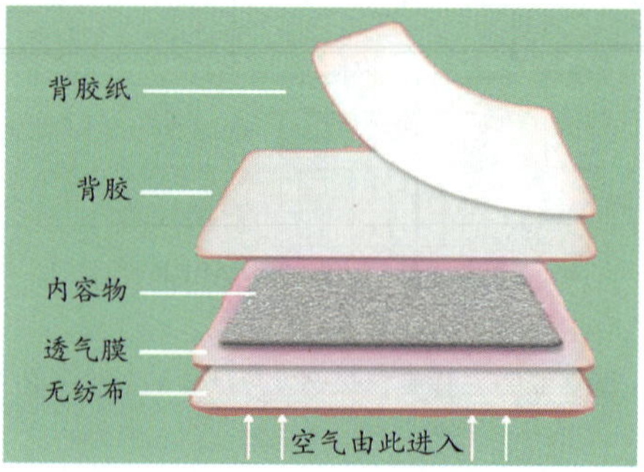

图 7-2-8　自热贴示意图

使用后自热贴内袋中的物质变为深褐色固体，其主要成分为炭粉、氯化钠固体、氧化铁固体以及含镁和铝的盐，因而变得较硬。

活动 3　研究影响自热贴发热效果的因素

思考交流　自热贴的温度特性是评定自热贴质量的重要依据，发热温度是表征温度特性的关键参数。依据自热贴的发热原理以及已有知识和经验，研讨哪些因素可能会影响自热贴的发热效果。

依据吸氧腐蚀的总反应化学方程式 $2Fe+O_2+2H_2O \xlongequal{\quad} 2Fe(OH)_2$，水是自热贴发热的关键原料之一，1 mol 铁至少需要 1 mol 水才能保证铁粉反应完全。换算成质量即 5.6 g 铁粉至少需要 1.8 g 水才能保证铁粉反应完全。因铁粉与氧气反应生成的氢氧化亚铁会继续与水及氧气进行反应生成氢氧化铁，以及自热贴在反应过程中因发热导致水分挥发，实际需水量应大于理论水量。

自热贴发热的原理是发生了铁的吸氧腐蚀。铁和碳紧密接触并以食盐水充当电解质，构成了无数个微小的原电池发生反应。铁粉和活性炭粉的颗粒大小、质量比等因素可能会影响反应速率和反应持续的时间，进而会影响自热贴的发热效果。

氧气是吸氧腐蚀的反应物，氧气（空气）通过微孔透气膜进入自热贴内袋，微孔透气膜的透气速率可能会影响自热贴的发热效果。另外，铁粉、活性炭粉的比表面积和疏松程度会影响固体物质与氧气的接触面积，进而可能会影响自热贴的发热效果。

蛭石是自热贴中的保温材料，蛭石本身的性质和颗粒大小可能会影响自热贴的发热效果。

活动探究　设计实验方案，探究铁粉与活性炭粉的质量比对自热贴发热效果的影响。

实验方案：铁粉与活性炭粉的总质量为 5 g，饱和食盐水为 2 g，用 100 目铁粉、150 目活性炭粉按照表 7-2-2 的参数制作样品，起始温度以 25℃开始计时，测定最高温度和达到最高温度所用时间。

表 7-2-2　探究铁粉与活性炭粉的质量比对自热贴发热效果影响的实验方案

编号	铁粉 /g	活性炭粉 /g	铁粉与活性炭粉的质量比	最高温度 /℃	时间 /min
1	0.5	4.5	1 ∶ 9		
2	1.0	4.0	1 ∶ 4		
3	2.0	3.0	2 ∶ 3		
4	3.0	2.0	3 ∶ 2		
5	4.0	1.0	4 ∶ 1		
6	4.5	0.5	9 ∶ 1		
7	4.6	0.4	11.5 ∶ 1		
8	4.65	0.35	13.3 ∶ 1		
9	4.75	0.25	19 ∶ 1		
10	4.8	0.2	24 ∶ 1		

知识链接 自热贴中各种原料的质量比，固体原料的粒度、松散性、流动性，微孔透气膜的透气速率等诸多因素会影响到自热贴的发热速率、发热持续时间、最高温度。自热贴的发热效果受到多种因素的综合影响。有学者测定的某品牌自热贴的物料比如表 7–2–3 所示。另外，自热贴生产关键技术之一在于如何控制铁粉被氧化放热的快慢。通常自热贴内的物料比变化不大，所以最主要的影响因素是控制微孔透气膜的透氧性能，微孔透气膜的透气量及其均匀性主要决定产品的发热温度（尤其是最高温度）、发热持续时间等。

表 7–2–3　某品牌自热贴的物料比

物料	铁粉	活性炭粉	蛭石	吸水性树脂	水
质量分数	53% ~ 58%	12% ~ 16%	8% ~ 10%	0.2% ~ 0.3%	16% ~ 20%

任务三　设计、制作满足不同应用场景的自热贴

活动 1　自热贴使用需求调研

实践调研 通过走访超市，采访老师、同学、家人等简单的调研方式，了解目前市场中自热贴的款式、性能，简要分析目前市场中自热贴可能存在的局限性。

大多数自热贴的外形为长方形，可持续发热 8 ~ 18 h，最高温度可达 60℃以上，平均温度为 55℃。可能存在的局限性：

（1）外形比较单一，大多数为长方形，当用于手部、足部取暖时有局限性。

（2）最高温度可达 60℃以上，平均温度为 55℃，在使用时有一定局限性，因为有的部位取暖不需要太高的温度。例如，足部取暖时需要把自热贴放在鞋子内，鞋子保温效果比较好，有可能会使热量聚集造成低温烫伤，因此足部取暖最高温度以 40℃左右为宜。

（3）大多数自热贴可持续发热 8 ~ 18 h，也具有一定的局限性。如果取暖需求为 2 h 左右，会造成资源浪费。

（4）发热材料直接灌装在无纺布袋内，在使用的过程中发热材料容易聚集、分布不均，而且使用一段时间会结块、变硬，从而影响发热材料与氧气的接触，进而影响发热效果。

思考交流 依据初步调研结果以及生活经验，你认为自热贴有哪些改进创新之处？自热贴还可以推广到哪些应用领域？

对目前自热贴的改进创新设想：

（1）设计开发特殊外形、特殊规格，或者设计开发可以进行裁剪的自热贴，以满足不同部位的取暖。

（2）设计开发不同发热参数的自热贴，以满足不同需求的取暖。

（3）设计开发发热持续时间不同的自热贴，或者改进外包装袋，达到随时暂停发热的目的，避免资源浪费。

（4）改进装料方式，提升使用后期的发热效果。

自热贴的迁移应用：

（1）外出旅行时，熨烫衣服不方便，可以开发设计能够提供更高温度、特殊规格的自热贴用于熨烫衣服。

（2）与中药理疗、外敷药物配合使用，开发设计功能性自热贴。

（3）冬天输液时，生理盐水或葡萄糖溶液温度较低会造成较强的不适感，可以开发设计解决这个问题的自热贴。

（4）抢险抗灾时，工作人员喝热水不方便，往往直接饮用冰凉的矿泉水，可以开发设计能够给矿泉水加热的自热贴。

通过调研目前市场中自热贴可能存在的局限性，以及思考交流自热贴的改进创新之处，培养获取信息、应用信息的能力，发展创新意识。

活动 2 设计、制作创新型自热贴

实践活动 结合活动 1 的成果，设计一款创新型自热贴，以解决目前自热贴的局限性或者迁移应用至其他领域。

作品 1：可裁剪自热贴（图 7-3-1）

【创新改进点】传统的自热贴是直接把发热材料灌装在内袋里，不能进行裁剪。

此款自热贴在原有基础上，通过热压封合的方式在自热贴内包装袋上压出多条横纵相交的线，通过这种方式可以很方便地把发热材料分隔在相对独立的小方格里，使用的时候可以沿着热压封合线进行裁剪，自由裁剪出所需要的特殊形状，裁剪的时候发热材料不会泄漏出来。

【优点】可以自由裁剪。

【应用场景】适用于需要使用特殊形状的自热贴。

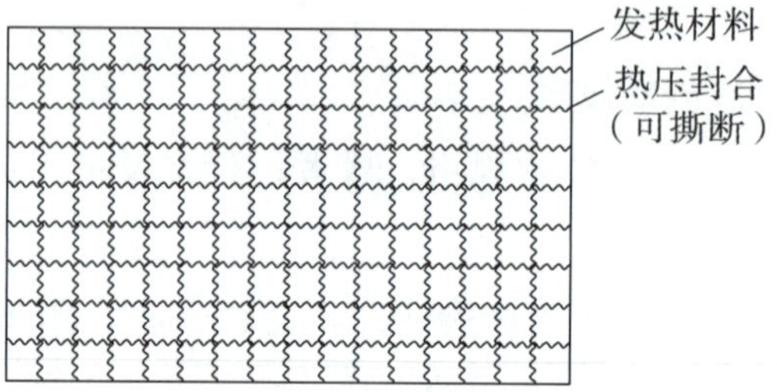

图 7-3-1　可裁剪自热贴

作品 2：手部专用自热贴（图 7-3-2）

【创新改进点】传统的自热贴为长方形，用于手部取暖时不能全方位为手部提供热量，而且相对较厚，影响手部灵活性。在原有基础上把自热贴的外形设计成手套的形状，这样便于紧密贴合在手套的内部或者外部，从而全方位为手部提供热量；适当减少发热材料的灌装量，使其变薄，提高灵活性。

图 7-3-2　手部专用自热贴

【优点】全方位为手部提供热量，对手部灵活性影响不大。

【应用场景】适用于冬季室外作业人员等需要对手部保暖但不能戴太厚手套的场景。

作品 3：足部专用自热贴（图 7-3-3）

【创新改进点】传统的自热贴为长方形，用于足部取暖时不能全方位为足部提供热量，而且最高温度较高，有造成低温烫伤的风险。在原有基础上把自热贴的外形设计成鞋垫的形状，这样便于放入鞋中，全方位为足部提供热量；通过调整发热材料的比例和微孔透气膜的透氧速率，从而调整最高发热温度为 40℃左右，避免低温烫伤。

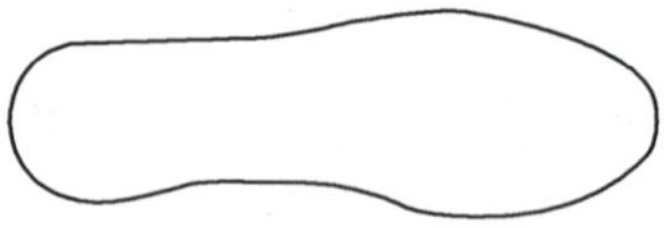

图 7-3-3　足部专用自热贴

【优点】全方位为足部提供热量，避免低温烫伤。

【应用场景】适用于足部取暖。

作品 4：一次性便携式熨烫器（图 7-3-4）

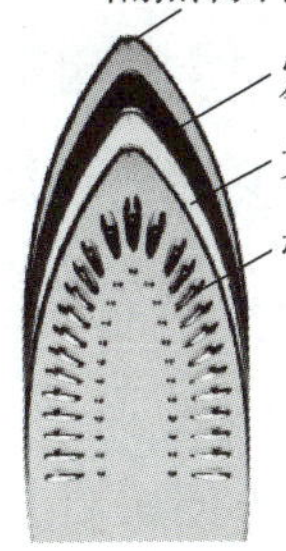

图 7-3-4 一次性便携式熨烫器

【创新改进点】通过调整发热材料的比例和微孔透气膜的透氧速率，从而调整最高发热温度为 100℃左右，为熨烫衣服提供足够的热量。发热材料中增加吸水性树脂的量，通过吸水性树脂吸收较多的水，放热过程中会使吸水性树脂中的水分以水蒸气的形式逸出，通过水蒸气和热量进行熨烫。

【优点】不需要用电就可以方便快捷地熨烫衣服，体积小方便携带。

【应用场景】适用于外出旅行时熨烫衣服。

作品 5：中药理疗、外敷自热贴（图 7-3-5）

【创新改进点】我们的祖先早在远古时代就已经学会用“砭石热敷”来治疗身体的各种疾病，最早在《黄帝内经》一书中便形成了较为完整的体系。把自热贴与合适的外敷中药结合，可以使药力渗入和热作用时间同步，药借热力、热助药力、热到药到，迅速发挥治疗作用，提高疗效，具有药疗和热疗双重功能。通过调整发热材料的比例和微孔透气膜的透氧速率，取得适合热敷的温度。

【优点】具有药疗和热疗双重功能，提高疗效。

【应用场景】适用于与中药理疗、外敷药物相结合的治疗方式。

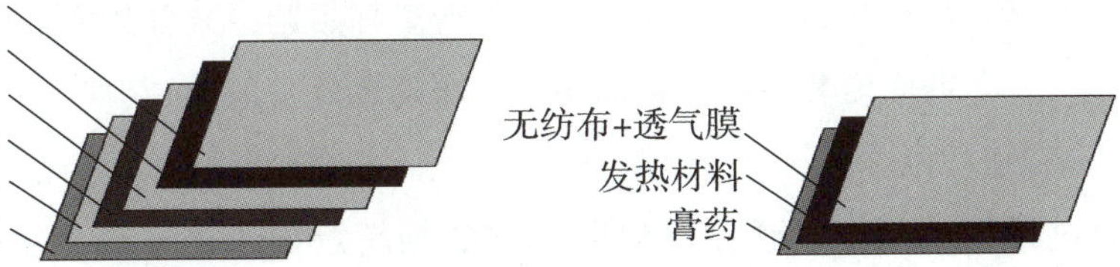

图 7-3-5 中药理疗、外敷自热贴

作品 6：便捷输液加热器（图 7-3-6）

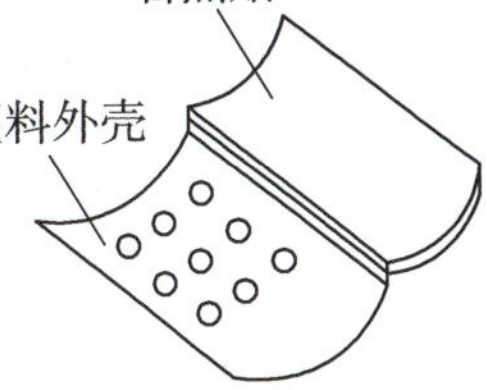

图 7-3-6 便捷输液加热器

【创新改进点】冬季输液时，生理盐水或葡萄糖溶液温度较低，大量冰冷的药液从体外直接进入人体血管，常会导致患者出现四肢发冷、麻木、疼痛，甚至血管痉挛等症状。通过调整发热材料的比例和微孔透气膜的透氧速率，可以调整适合输液的温度。自热贴的尺寸与输液管的尺寸匹配，外层是圆柱形塑料卡扣，可以把自热贴固定在输液管上。

【优点】方便快捷、安全。

【应用场景】适用于冬季输液。

作品 7：矿泉水便捷加热袋（图 7–3–7）

【创新改进点】把自热贴设计成水杯袋的外形，可以包裹住矿泉水瓶，为方便携带可以增加一个提带。

【优点】方便快捷。

【应用场景】适用于抢险抗灾、野外作业时方便快捷地加热矿泉水。

图 7–3–7　矿泉水便捷加热袋

作品 8：可以随时停止发热的外包装袋（图 7–3–8）

【创新改进点】把自热贴外包装袋设计成自封袋的样式。想暂停使用的时候，可以把发热袋装进外包装袋，尽可能挤出空气，封上袋口，一段时间后会暂停放热；想继续使用的时候，可以再打开外包装袋。

图 7–3–8　可以随时停止发热的外包装袋

【优点】随时暂停发热，避免资源浪费。

【应用场景】适用于不需要长时间放热、需要暂停发热的场景。

实践活动　按照你的设计，制作一款创新型自热贴，标明自热贴的规格，核算成本，并测定其性能（最高温度、平均温度）。

通过设计、制作创新型自热贴，发展创新意识，培养动手实践能力，提升解决问题的能力。

活动 3　撰写实践报告或推广文案

实践活动　梳理任务一、任务二、任务三中的探究活动和实践活动，撰写实践报告；或者为你设计制作的创新型自热贴写一个推广文案。

通过撰写实践报告或推广文案，发展科学探究与创新意识，培养反思提升能力。

单元项目梳理

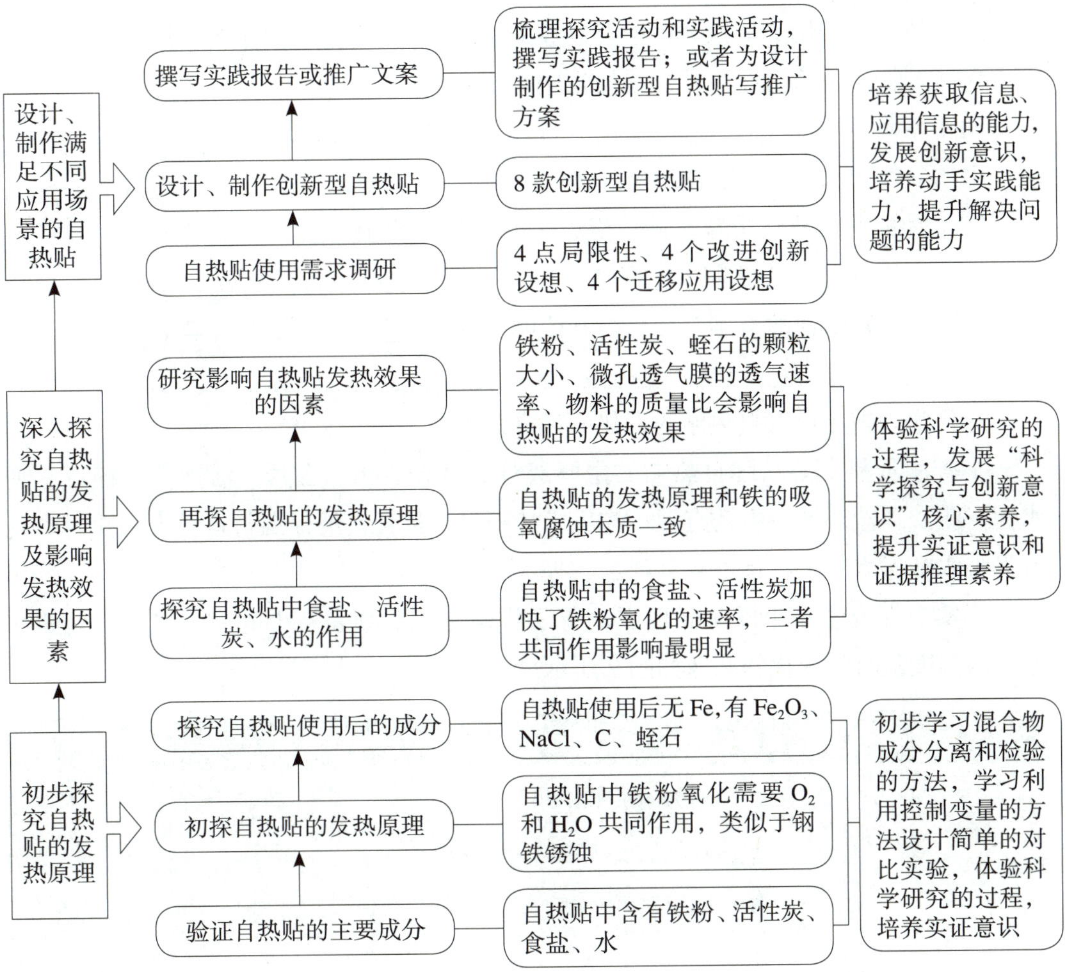

单元项目检测

学习理解

1. 自热贴的主要原料有铁粉、活性炭、水、食盐等，其中活性炭是原电池的电极之一，食盐的作用是溶于水形成电解质溶液。下列有关自热贴的说法错误的是（　　）。

A. 自热贴使用前要密封保存，使之与空气隔绝

B. 自热贴放出的热量是铁发生氧化反应时产生的

C. 活性炭的作用是作为原电池正极，加速铁粉的氧化

D. 活性炭最终转化为二氧化碳

2. 自热贴是利用类似铁锈蚀原理制成的。自热贴的发热材料主要有铁粉、活性炭、水、食盐等物质（除活性炭外，其他物质均不含碳元素）。

（1）活性炭具有 ______ 的结构，自热贴中用其来吸附空气中的氧气和水蒸气以加速反应。

（2）为证明自热贴中含有活性炭，小明用如图所示方法进行实验，观察到澄清石灰水变浑浊，由此推测自热贴中含有活性炭。请判断他的方案是否可行并说明理由：__________________。

3. 化学兴趣小组对自热贴的发热原理进行探究。

【查阅资料】某品牌自热贴的主要成分为铁粉、水、食盐、活性炭、蛭石、吸水性树脂。食盐对铁粉生锈有催化作用；蛭石是一种优良的保温材料；吸水性树脂具有强吸水和保水能力，且可反复释水、吸水。

【实验探究】小组同学利用图 1 所示装置完成下列表格中的 3 个实验。测得锥形瓶内温度随时间变化的图像如图 2 所示。

实验	放入锥形瓶中的物质
1	5 g 铁粉、1 g 氯化钠
2	5 g 铁粉、1 g 氯化钠、1.5 mL 水
3	5 g 自热贴袋内物质

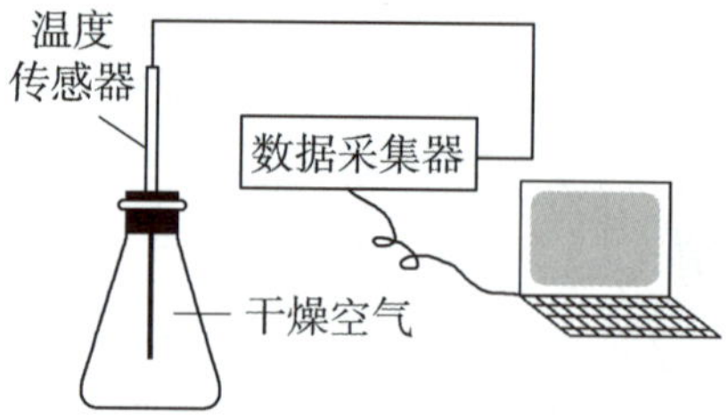

图 1

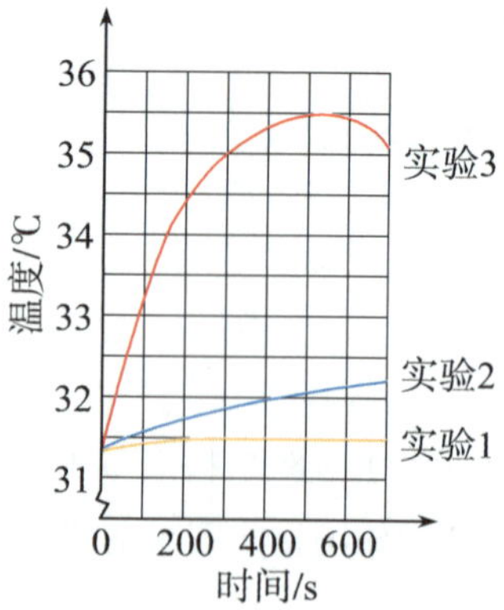

图 2

（1）实验 1 中温度几乎不变的原因是 ________________________________。

（2）能证明实验 2 中物质发生反应的依据是 __________________________。

（3）自热贴中活性炭的作用是 ____________________________________。

（4）自热贴的发热原理是：① $2Fe+O_2+2H_2O \xlongequal{} 2Fe(OH)_2$；② $4Fe(OH)_2+O_2+2H_2O \xlongequal{} 4Fe(OH)_3$；③ $2Fe(OH)_3 \xlongequal{} Fe_2O_3+3H_2O$。打开使用后的自热贴可观察到固体为红棕色，则该物质可能是 __________。

（5）将温度传感器改为湿度传感器，重复实验 3，得到的数据如图 3 所示。造成湿度逐渐增大的原因可能与自热贴中有关的成分是 ________。

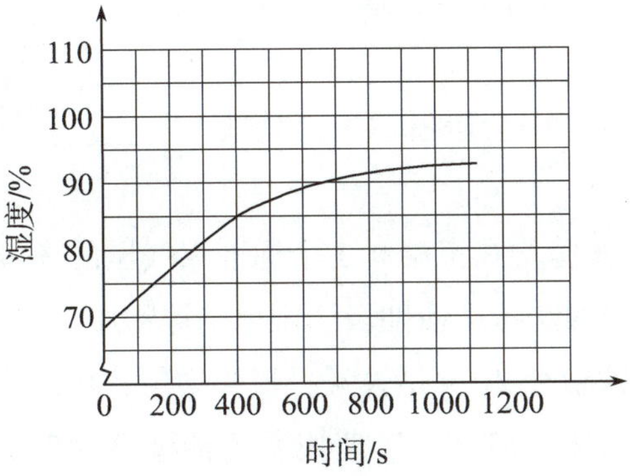

图 3

（6）从能量转化角度，自热贴发热的实质是将 ____ 能转化为 ____ 能。

（7）自热贴储存与使用时应注意的事项是 ____________________（写一种）。

应用实践

4. 寒冷的冬天，经常使用自热贴。自热贴中装的是铁粉、活性炭、无机盐等物质，打开包装以后，可以持续释放热量，以下分析错误的是（　　）。

A. 将化学能转化为热能

B. 其发热原理与钢铁的吸氧腐蚀相同

C. 铁作负极，电极反应为 $Fe-3e^- \xlongequal{} Fe^{3+}$

D. 活性炭作正极，电极反应为 $2H_2O+O_2+4e^- \xlongequal{} 4OH^-$

5. 自热贴是一种防寒用品。

（1）取 A、B 两袋自热贴，将自热贴 A 打开外袋取出内袋，而自热贴 B 不打开外袋，并将两袋样品放置在同样的环境中，自热贴 A 的温度很快上升，自热贴 B 的温度 ________。

（2）24 h 后，分别剪开自热贴 A、B 的内袋，各取少量袋内物质于两支试管中，分别加入足量稀盐酸。A 袋内的物质产生黄色溶液，B 袋内的物质 ________。写出 A 袋内物质发生反应的化学方程式：________________________________。

（3）铁钉生锈需要较长时间，而自热贴能快速放热的原因可能是 ____（写两点即可）。

迁移创新

6. 金属的性质和应用是化学研究的重要课题。

【知识回顾】

（1）铁丝在潮湿的空气中会慢慢锈蚀，是铁与 ________（填化学式）等物质作用的过程。

【实验探究】（以下实验均在室温和 1 个标准大气压的环境中进行）

（2）制作自热贴要用到铁粉、活性炭、氯化钠等物质。

实验 1：称取 2.0 g 铁粉和 2.5 g 活性炭，搅拌均匀，用滤纸包好，再滴入约 1 mL 溶质质量分数为 5% 的氯化钠溶液，迅速用温度传感器测量温度变化。实验进行到 450 s 时搓揉一次滤纸包，使表面结块的混合物松散。实验过程中测得混合物温度随时间变化的曲线如图 1 所示。

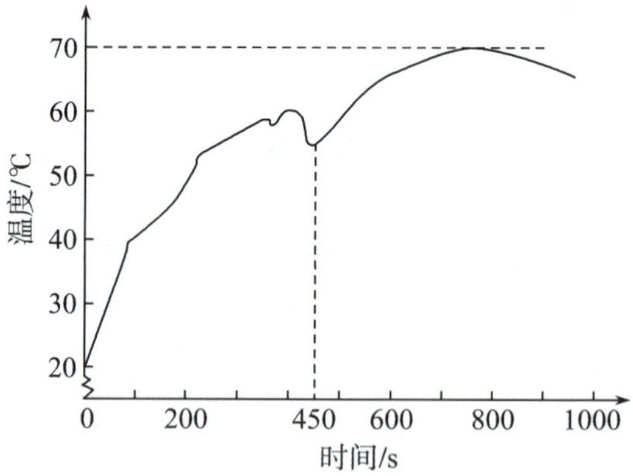

图 1

① 该过程中化学能转化为 ________ 能。

② 图中 450 s 后混合物温度继续升高的原因是 ________________________。

（3）无焰食品加热器（内装有镁粉、铁粉和氯化钠等）常用于野外加热食物。使用时，向化学品中加入一定量的水，能迅速反应升温使水沸腾，对食物进行加热。

实验 2：向加有 100 mL 水的隔热容器中分别加入下列各组物质，持续搅拌，每 50 s 记录一次温度，温度变化曲线如图 2 所示。

组别	物质
Ⅰ	2.4 g 的整根镁条、2.8 g 铁粉、5.85 g 氯化钠粉末
Ⅱ	2.4 g 镁条剪成 100 份、2.8 g 铁粉、5.85 g 氯化钠粉末
Ⅲ	2.4 g 镁粉、2.8 g 铁粉、5.85 g 氯化钠粉末

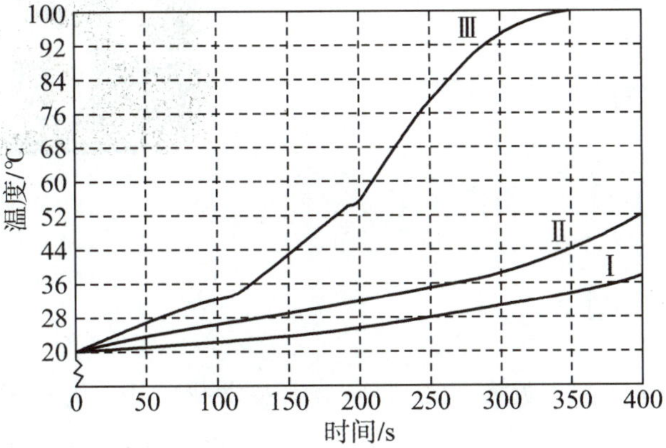

图 2

① 这个实验的目的是＿＿＿＿＿＿＿＿＿＿＿＿＿＿＿＿＿＿＿＿。

② 无焰食品加热器的成分不用于制作自热贴的理由是＿＿＿＿＿＿＿＿＿＿＿＿。

③ 在实验 2 的基础上，若要证明温度升高的主要原因是镁参与了反应，设计的方案是＿＿＿＿＿＿＿＿＿＿＿＿＿＿＿＿＿＿＿＿＿＿＿＿。

项目8 泡杯好茶话“溶液”

——真实情境下溶液相关问题的复习

任务一　好茶“泡”出来
任务二　好茶“品”出来
任务三　好茶“制”出来

单元项目设计意图

通过了解茶叶的冲泡、好茶的品鉴等中华茶文化知识，复习溶液的形成、溶液的浓度、饱和溶液、不饱和溶液等知识，并且拓展溶解度及溶解度曲线相关问题的解决方法。在“自制苏打红茶”的活动中巩固配制一定溶质质量分数溶液的操作，在真实情境中深化对知识的理解和方法的应用，同时使学生感受中华传统文化的魅力，提升人文素养和道德情操，促进学生的全面发展。

单元项目学习目标

1. 通过茶叶中内含物质在水中溶解过程的分析，体会溶液的形成，巩固溶液中溶质和溶剂的判断；通过浓茶和淡茶的比较，复习溶液的浓度——溶质质量分数的概念及计算；通过泡茶水温的选择，复习饱和溶液和不饱和溶液、溶解度的概念以及温度对溶解度的影响，拓展溶解度曲线相关问题的解决方法；通过“自制苏打红茶”的实验过程，巩固配制一定溶质质量分数溶液的实验操作和注意事项。

2. 通过运用化学知识分析泡茶和品茶的过程，感受化学实验同泡茶一样，需要精准的分析和细致的操作，养成严谨求实的实验态度。

3. 通过对泡茶、品茶、制茶真实情境的分析，深化对化学知识的理解；通过运用化学知识分析茶的相关问题，提升对茶文化的兴趣，感受中华传统文化的魅力。

单元项目学习引导

中国是茶的故乡，是茶文化的起源地。中华茶文化源远流长、博大精深，是中华民族传统文化的重要组成部分，既有非常特殊的美学价值，也蕴藏着极其深厚的文化内涵。中国茶区分布辽阔，共有四大茶区：西南茶区、华南茶区、江南茶区和江北茶区。

茶叶中含有丰富的人体所必需的营养物质，如蛋白质、氨基酸、生物碱、茶多酚、糖类、矿物质、维生素、天然色素、脂肪酸等（表8–1）；此外，茶叶还具有提神醒脑、促进食欲、调节脂肪代谢、抗辐射、提高抵抗力等多种药效功能，因此常喝茶有益于身体健康。

表8–1 一杯300 mL茶水中的营养成分

营养物质与含量	主要成分	主要功效
蛋白质（20%～30%）	白蛋白、球蛋白、醇溶蛋白和谷蛋白等	人体所需的重要营养物质
氨基酸（1%～4%）	茶氨酸、谷氨酸、天门通氨酸等25种以上	提供人体所必需的氨基酸，降低血氮，调节脂肪代谢
生物碱（2%～5%）	以咖啡碱数量最多	提神利尿，促进血液循环，降低胆固醇，防止动脉硬化
茶多酚（20%～30%）	儿茶素、黄酮素、花青素、酚酸等四大类	降低血脂，消炎抑菌，防辐射，抗癌等
糖类（20%～25%）	淀粉、纤维素、半纤维素、木质素	补充能量
类脂类（8%）	脂肪、磷脂、甘油酯、糖脂等	调节人体细胞的渗透压
矿物质（3.5%～7%）	钙、钾、镁、锰、铁、锌等	预防味觉异常、皮肤过敏、蛀牙等

泡杯好喝的茶，除了要选择合适的水和器皿，还要讲究泡茶三要素，即投茶量、泡茶水温和冲泡时间，正如化学反应的进行要受到反应物的浓度、反应温度等因素的影响。小小的一杯茶，实则蕴含着丰富的化学知识。

任务一 好茶“泡”出来

活动 1 通过分析泡茶的过程，复习溶液的形成和特点

引入展示

① 备具　② 温具　③ 投茶
④ 润茶　⑤ 冲泡　⑥ 分茶

图 8-1-1　冲泡红茶的过程

活动探究　观察泡茶过程，思考以下五个问题：

1. 为什么将茶叶投入水中可以形成茶水？
2. 茶水中的溶质、溶剂分别是什么？
3. 通过公道杯分入各个品茗杯中的茶水味道是否相同？体现了溶液具有什么性质？
4. 冲泡出来的茶水属于混合物还是纯净物？
5. 出汤时将茶水和叶底分离的操作叫作什么？其中，茶漏起到的作用与实验室里哪种用品的作用相同？

方法导引

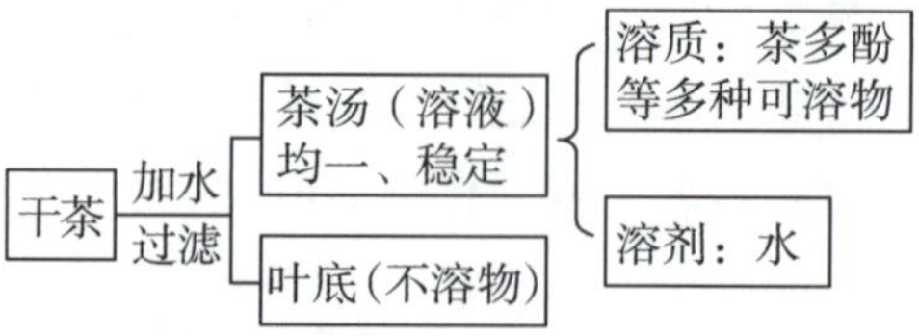

图 8-1-2　茶水的形成过程示意图

茶叶中的一些内含物质溶于水形成溶液，溶质为这些可溶性的内含物质如茶多酚、氨基酸、咖啡碱等，溶剂为水，因此溶液属于混合物。公道杯倒入各品茗杯中的茶水颜色、味道完全相同，体现了溶液具有均一、稳定的性质。泡茶过程中茶漏起到的作用是过滤，与实验室里滤纸的作用相同。

知识梳理

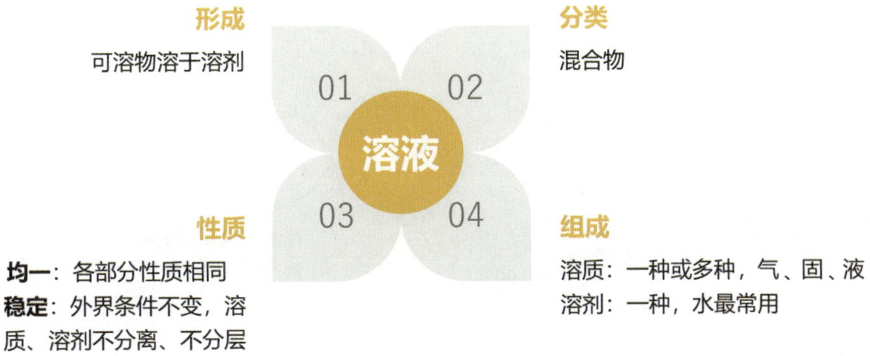

图 8–1–3　溶液的形成知识结构图

活动 2　通过对比多次出汤茶汤的不同，复习溶质的质量分数

引入展示

图 8–1–4　三次出汤茶汤的对比

思考交流 对比三次出汤的茶汤，思考问题：三次出汤茶汤的颜色和口味均不相同，是由什么因素不同引起的？该因素如何表示？请梳理相关知识。

每次茶汤的颜色不同，是因为形成的不同溶液的浓度不同。有颜色的溶液，颜色的深浅可以反映溶液浓度的大小；无色的溶液，浓度可以用溶质的质量分数来进行比较。

知识梳理

$$\frac{溶质质量}{溶液质量} \times 100\%$$

1. 计算：溶质质量、溶剂体积
2. 称量：托盘天平、药匙
3. 量取：量筒、胶头滴管
4. 溶解：烧杯、玻璃棒

图 8-1-5　溶质的质量分数知识结构图

思考交流 浓茶一定是饱和溶液吗？淡茶一定是不饱和溶液吗？

溶液的浓、稀是相对概念，需要由两种溶液对比得出，而饱和溶液、不饱和溶液则有所不同。当温度一定时，一定量的溶剂中，能继续溶解该溶质的溶液称为不饱和溶液，不能继续溶解该溶质的溶液称为饱和溶液。当温度、溶剂的量等条件改变时，溶液的饱和、不饱和状态可以发生转化。

知识梳理

同温度下，同种溶质的饱和溶液一定比不饱和溶液浓

图 8-1-6　饱和溶液、不饱和溶液知识结构图

任务二 好茶“品”出来

活动 1 通过品鉴茶汤的活动，复习结晶、溶解度等知识

引入展示

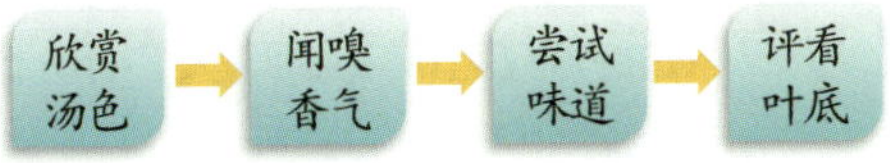

图 8-2-1 品鉴茶汤的过程

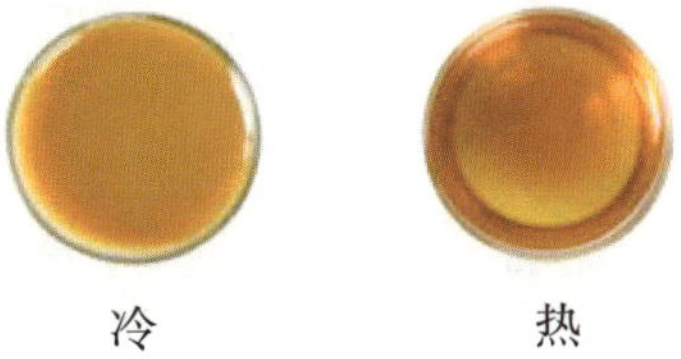

图 8-2-2 红茶的“冷后浑”现象

资料在线 茶叶中具有滋味的物质有数十种，各种茶叶的不同滋味，都是这些滋味物质变化的结果。茶叶中有甜、酸、苦、鲜、涩各种滋味物质。多种氨基酸是具有鲜味的主要成分，大部分氨基酸鲜中带甜，有的鲜中带酸，个别的虽甜但回味苦。茶叶中具有涩味的物质主要是茶多酚类物质，这些具有涩味的茶多酚，在制茶过程中得到了改造，一部分变得浓醇而爽口，涩味大为减弱。茶叶中的甜味物质主要是可溶性糖和部分氨基酸。苦味物质主要是咖啡碱、花青素和茶叶皂素。酸味物质主要是多种有机酸。

活动探究

通过品鉴茶汤和阅读资料，思考以下三个问题：

1. 从微观的角度解释我们为什么可以闻到茶香。
2. 运用溶液的相关知识解释“冷后浑”现象。
3. 从茶水口感的角度解释为什么泡茶要选择合适的投茶量、水温和冲泡时间。

在一定温度下，100 g 水中形成饱和溶液时溶解的溶质的质量称为固体物质的溶解度。茶叶中内含物质的溶解度受到温度的影响。当茶放凉了，即温度降低时，溶质的溶解度降低，以固体的形式析出来，就出现了“冷后浑”现象，也就是溶液中结晶了，这种方式称为降温结晶。溶解度受温度影响较小的物质，可以选择蒸发结晶的方式。因为物质的溶解度受温度的影响，因此泡茶时需要选择合适的水温，并且选择合适的投茶量和冲泡时间，避免因溶解物质量的过多或过少影响茶汤的滋味。

知识梳理

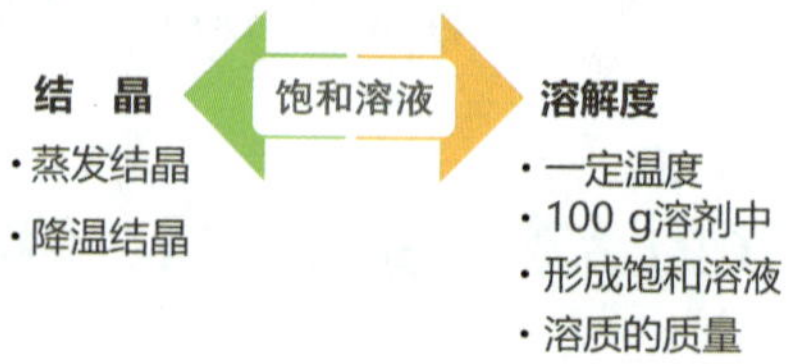

图 8-2-3　结晶、溶解度等知识结构图

活动 2　通过例题分析，复习应用溶解度曲线解决问题的方法

思考交流　分析例题，交流收获。

【例题】甲、乙两物质的溶解度曲线如图 8-2-4 所示，请回答下列问题：

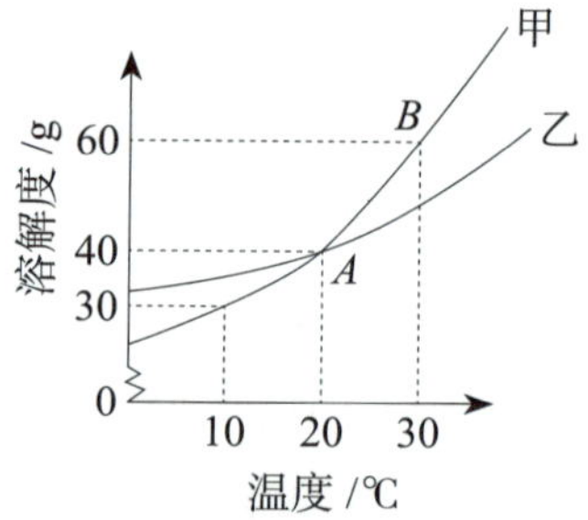

图 8-2-4　例题图

（1）*A* 点的含义：________________________________。

（2）30℃时，甲、乙的溶解度大小关系为__________。

（3）通过__________方法可以将甲的饱和溶液变为不饱和溶液。

（4）以下说法正确的是__________（填字母）。

A. 20℃时，甲、乙溶液中溶质的质量分数一定相等

B. 20℃时，甲、乙饱和溶液中溶质的质量一定相等

C. 将 30℃时甲、乙的饱和溶液降温至 20℃，甲析出的固体较多

D. 将 20℃时甲、乙的饱和溶液降温至 10℃，所得溶液中溶质的质量分数乙大于甲

【解析】（1）*A* 点为两种物质溶解度曲线的交点，代表这两种物质在 20℃时溶解度相等且为 40 g。

（2）30℃时比较物质溶解度大小即比较曲线的高低，则 30℃时甲的溶解度大于乙的溶解度。

（3）从图8-2-4中可以看出，甲物质的溶解度随着温度的升高而增大，因此升温可以使甲的溶解度变大，即溶液由饱和变成不饱和，也可以选择增加溶剂的方式。

（4）A选项，20℃时甲、乙的溶解度相等，但溶液的状态选项中没有说明，只有同为饱和溶液时溶质的质量分数才相等。

B选项，20℃时甲、乙的溶解度相等，则饱和溶液中溶质的质量分数相等，但选项没有限定溶液的质量是否相等，则无法判断溶质的质量是否相等。

C选项，30℃时甲的溶解度大于乙，但选项没有限定溶液的质量是否相等，因此无法比较析出固体的质量。

D选项，将20℃时甲、乙的饱和溶液降温至10℃，得到的均为饱和溶液，由于10℃时乙的溶解度大于甲，因此饱和溶液中溶质的质量分数乙大于甲；也可由点平移法进行判断，如图8-2-5所示，找到20℃时甲、乙的饱和溶液的点，将点向左平移至10℃，均在曲线上方，为过饱和溶液，需将点下移至曲线上进行比较。

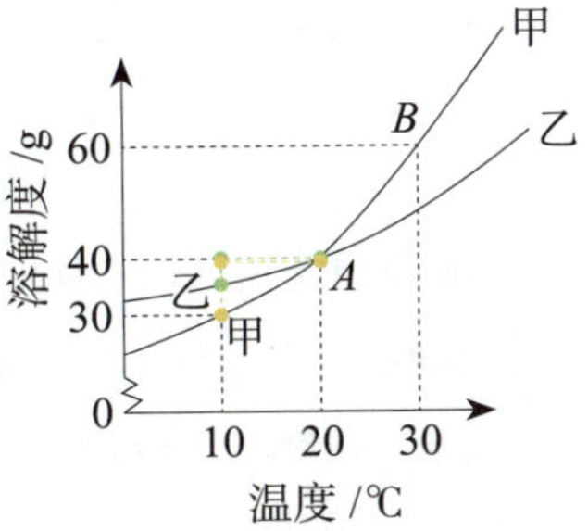

图8-2-5 点平移法解析

【答案】（1）20℃时甲、乙两物质的溶解度相等且为40 g

（2）甲＞乙

（3）升高温度或者加溶剂

（4）D

➔方法导引 比较溶质的质量：限定饱和溶液和溶液的质量相等；

比较溶质的质量分数：限定饱和溶液；

点平移法：降温或升温左右平移，增加固体质量向上平移，过饱和溶液比较溶质的质量分数时需下移至曲线上进行比较。

任务三 好茶“制”出来

活动 1 通过自制苏打红茶的活动，巩固配制一定溶质质量分数溶液的实验操作

活动探究 【实验名称】自制苏打红茶

【实验步骤】① 各小组分别用托盘天平称量 2 g、3 g、4 g、5 g、6 g 食品级小苏打；② 量取 400 mL 红茶茶汤（老师提前备好）；③ 将小苏打、红茶茶汤倒入食品杯中，并用玻璃棒搅拌，观察现象；④ 可依据个人口感向茶汤中加入蜂蜜、蔗糖、柠檬片、冰块等进行调味。

思考问题：

1. 本组自制的苏打红茶茶汤中小苏打的质量分数为多少？如何计算？
2. 步骤③中玻璃棒的作用是什么？
3. 预测步骤③中观察到的气泡从何而来？
4. 通过比较各组的现象，探究自制苏打红茶的最佳配比。

思考交流 红茶茶汤中的溶质有柠檬酸，与小苏打反应可生成二氧化碳气体。若小苏打或者柠檬酸的量不足，生成的二氧化碳的量不足，就无法制成苏打红茶。那么，碳酸饮料的生产过程中如何提高二氧化碳在水中溶解的量呢？

活动 2 通过阅读碳酸饮料生产的资料，复习气体溶解度的知识

阅读探讨 【资料】二氧化碳是生产碳酸饮料的重要原材料，不仅可以提升饮料的口感，还能够起到保鲜作用。在碳酸饮料生产过程中，可通过加压和降温的方式将二氧化碳气体灌装到饮料容器中，使二氧化碳溶解在饮料中，从而生成碳酸饮料。

阅读以上资料后思考：为什么打开碳酸饮料瓶盖时，会有大量气体冒出？为什么喝了碳酸饮料后会打嗝？

碳酸饮料瓶内的压强远大于大气压，当打开瓶盖时压强减小，二氧化碳的溶解度减小，所以会有气体逸出；当人喝下碳酸饮料后，溶液温度升高，二氧化碳的溶解度减小，有气体逸出，所以人会打嗝。

知识梳理

图 8-3-1　气体溶解度知识结构图

单元项目梳理

单元设计思路

情境线	知识线	情感线
泡茶	溶液的形成、性质、浓度	理论与实际相联系
品茶	饱和、不饱和、溶解度	控制条件对反应的重要性
自制“茶”	配制溶液	严谨的实验态度

单元项目检测

学习理解

1. 下列物质属于溶液的是（　　）。

A. 牛奶　　B. 豆浆　　C. 冰水　　D. 糖水

2. 下列说法正确的是（　　）。

A. 饱和溶液一定是浓溶液

B. 均一、稳定的液体一定是溶液

C. 加溶剂可以使饱和溶液变成不饱和溶液

D. 不饱和溶液降温一定能得到饱和溶液

3. 在一定温度下，向 100 g 质量分数为 20% 的 KNO_3 饱和溶液中加入 2 g 硝酸钾晶体，充分搅拌后所得溶液中溶质的质量分数（　　）。

A. = 20%　　B. ＞ 20%　　C. ＜ 20%　　D. 无法确定

4. 如图所示是甲、乙、丙三种物质的溶解度曲线，当它们接近饱和时，可以分别通过加溶质、蒸发溶剂、升高温度等方法变为饱和溶液的是（　　）。

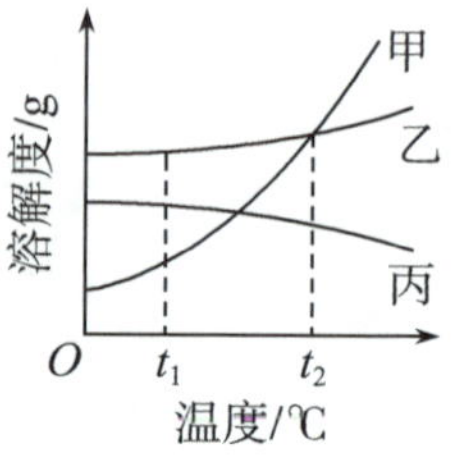

A. 甲溶液　　B. 乙溶液

C. 丙溶液　　D. 甲、乙混合溶液

5. 配制 20% 的 NaCl 溶液 100 g。

序号	①	②	③	④
操作		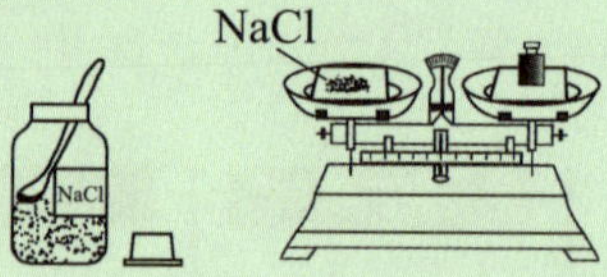	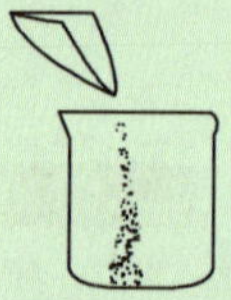	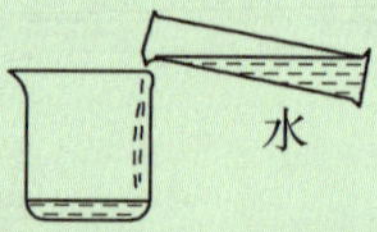

（1）用托盘天平称取所需的氯化钠，发现指针向右偏转，接下来的操作是________（填字母）。

A. 继续添加氯化钠　　B. 减少砝码

（2）用量筒量取水的体积为________mL（$\rho_{水} \approx 1\ g/cm^3$）。

（3）该实验的正确操作顺序为________（填序号）。

应用实践

6. 甲、乙的溶解度曲线如图所示。下列说法正确的是（　　）。

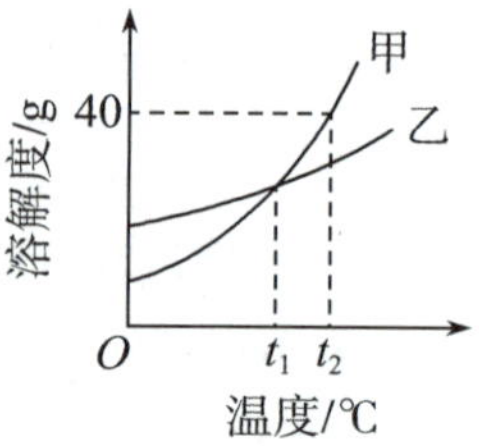

A. t_1℃时，甲、乙两种饱和溶液中溶质的质量相等

B. t_2℃时，甲的饱和溶液中溶质与溶液的质量比为 2 ∶ 5

C. 将 t_1℃时乙的饱和溶液升温到 t_2℃，溶质质量增加

D. 甲、乙的饱和溶液分别从 t_1℃升温到 t_2℃，两溶液中溶质的质量分数相等

7. a、b、c 三种物质的溶解度曲线如图所示。把 t_1℃时三种物质的饱和溶液温度升高到 t_2℃，则三种溶液的溶质质量分数大小关系是（　　）。

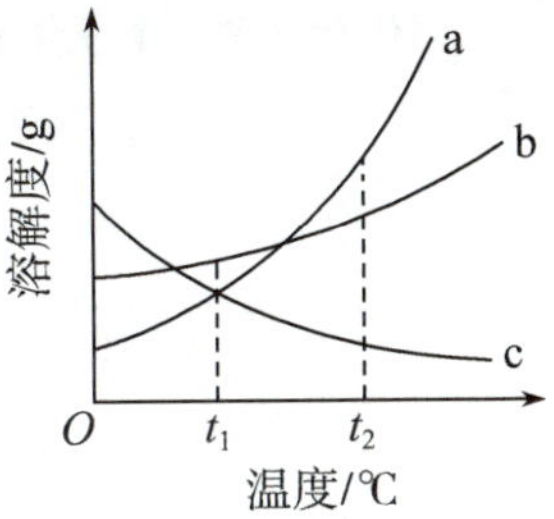

A. a >b >c

B. c >b >a

C. b >a =c

D. b >a >c

8. 水是一种重要的自然资源，是生产、生活必不可少的物质。下图是硝酸钾的溶解度曲线。某同学进行了如下实验，得到相应的溶液①～⑤。

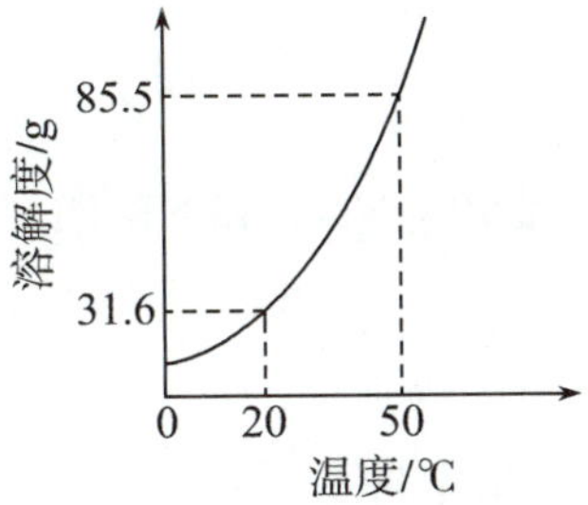

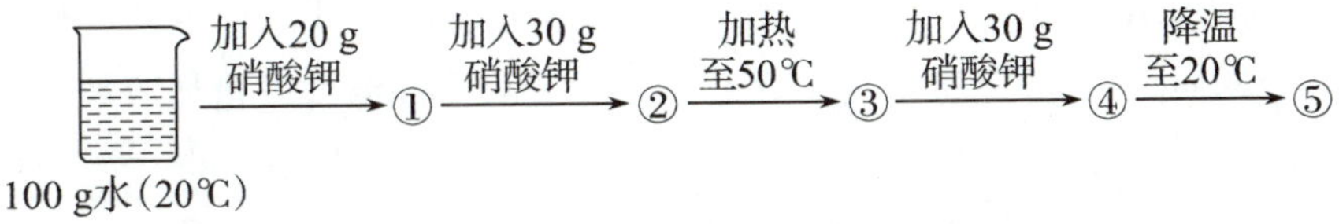

属于饱和溶液的有 ____________（填序号），溶液中溶质的质量分数最大的是 ____________（填序号）。

迁移创新

9. 小丽欲在家配制 100 g 溶质质量分数为 10% 的葡萄糖口服液。

（1）需要称取的葡萄糖的质量是 __________ g。

（2）在配制过程中，需要使用的器具包括 __________（填字母）。

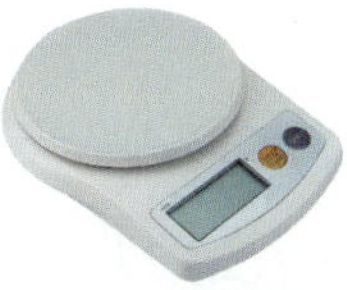

A. 电子天平

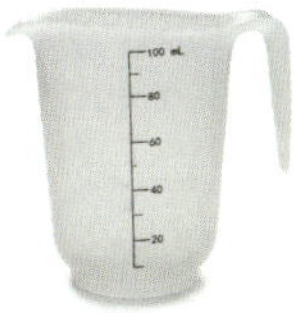

B. 100 mL 量杯

C. 勺子

D. 玻璃碗

10. 水和溶液在生命活动及生产生活中起着十分重要的作用。

（1）“生命吸管”是一种可以随身携带的小型水净化器，里面装有网丝，注入了活性炭和碘的树脂等。其中，活性炭起到 ________ 和过滤的作用。

（2）水常用来配制各种溶液，KNO_3 溶液中的溶质为 ________。

（3）农业生产中常用溶质质量分数为 10% ~ 20% 的 NaCl 溶液来选种。现将 300 g 25% 的 NaCl 溶液稀释为 15% 的 NaCl 溶液，需要加水的质量为 ________ g。

（4）根据下表回答问题。

温度 /℃		0	20	40	60	80	100
溶解度 /g	NaCl	35.7	36.0	36.6	37.3	38.4	39.8
	NH_4Cl	29.4	37.2	45.8	55.2	65.6	77.3

① 60℃时，向两个分别盛有 50 g NaCl 和 NH_4Cl 的烧杯中，各加入 100 g 水，充分溶解后，为饱和溶液的是 ________ 溶液。

②采用一种操作方法，将上述烧杯中的剩余固体全部溶解，变为不饱和溶液。下列说法正确的是 ________（填字母）。

A. 溶质的质量不变

B. 溶液中溶质的质量分数一定减小

C. 溶液的质量可能不变

D. 可升高温度或增加溶剂

项目 9　自制泡泡液

——运用实验设计方法解决生活实践问题

任务一　认识泡泡液中的三种成分
任务二　探究物质种类对起泡效果的影响
任务三　探究泡泡液成分比例对起泡效果的影响

单元项目设计意图

本项目以“自制泡泡液”为主题开展初中科学探究的教学活动。学生通过完成认识泡泡液中的三种成分，利用全面实验法探究物质种类对起泡效果的影响，以及利用正交试验设计探究泡泡液成分比例对起泡效果的影响三个项目任务，认识科学探究的过程要素——提出问题、猜想假设、设计实验、进行实验、检验评价、表达交流，学习全面实验法、单因素轮换法、正交试验设计等科学实验设计方法，体验科学研究的严谨性和有用性，发展“科学探究”核心素养，培养创新精神和实践能力。

单元项目学习目标

1. 通过趣味实验，认识水具有表面张力及洗涤剂可以降低水的表面张力，培养对自然现象的好奇心和求知欲。

2. 通过全面实验法探究物质种类对起泡效果的影响，感受全面实验法的科学性和有效性；在解决实验水平增多问题的过程中，感受全面实验法的局限性，从而培养用发展的眼光辩证地看待事物的科学态度。

3. 通过阅读资料，初步学习单因素轮换法，分析其优缺点。然后利用 3×3 模型亲自动手粘贴实验点，感受单因素轮换法在选点方面的不合理性。通过小组活动解决选点的问题，自主探究正交试验设计，培养发现问题、获取信息和“手脑并用”解决问题的能力，提升创新意识和实践能力，增进对科学研究方法的认识和理解。

4. 通过每一个任务的小组合作，提升与人交流合作的能力，学会尊重别人的劳动成果，培养倾听别人意见的习惯。在小组合作中，每个人分工明确，认识到小组的成员在探究尝试中各有所长、知识和技能可以互补，通过这些活动培养协作精神。

单元项目学习引导

五彩斑斓的泡泡陪伴我们走过了彩色的童年。泡泡液由哪些化学成分组成？每种成分的作用是什么？怎样才能制出美丽的大泡泡？让我们一起来探索吧，一起寻找泡泡液的制作“秘方”！

任务一 认识泡泡液中的三种成分

活动 1 认识水的表面张力

思考交流 为什么清水吹不出泡泡？

清水吹不出泡泡主要是因为水分子表面存在表面张力。表面张力这个词同学们可能比较陌生，形象地说就是表面的水分子既被内部的水分子拉着不让表面水分子往外跑，又被外界空气中的分子拉着想让它们到空气中来，而这两个拉力是不一样的，最终的结果是内部水分子的“力气”大一些，使得表面的水分子被拽成一个球状。正是因为水的表面张力，所以我们看到清晨凝聚在叶片上的露珠（图 9-1-1）、水龙头缓缓垂下的水滴都是球形的。

图 9-1-1 水的表面张力生活实例

活动探究 一枚硬币最多能盛几滴水呢？如图 9-1-2 所示，用胶头滴管向一枚硬币上滴水，观察水在硬币上逐渐鼓起，并记数一枚硬币上最多能滴多少滴水而不外溢。

图 9-1-2 “一枚硬币最多能盛几滴水”实验

活动 2 改变水的表面张力

思考交流 想要吹出泡泡来，就得降低水的表面张力，如何能改变水的表面张力？生活中哪些用品可以产生泡泡？

联系生活实际，我们可以发现沐浴露、洗手液、洗发水、洗涤剂等可以在水中产生泡泡。

活动探究 把一根棉线系成一个环放入装满清水的盆中，观察棉线在水中的现象；拿一根玻璃棒蘸一点洗涤剂，插在线环中间，观察有什么变化。

在清水中时，棉线“漂浮”在水面上；加入洗涤剂之后，棉线“沉没”在水中。

思考交流 泡泡形成的原因是什么？

清水内部水分子对表面水分子的吸引力比空气对表面水分子的吸引力强，所以表面水分子就像被黏在一起一样，这样泡泡是不易形成的。洗涤剂“打破”了水的表面张力，它把表面张力降低到通常状况下的1/3，而这正是泡泡形成所需的最佳张力。

活动 3 延长泡泡持续的时间

思考交流 为什么泡泡容易破？

泡泡之所以会破是因为水的蒸发很快。水蒸发时，泡泡表面一破，泡泡就消失了。因此，在泡泡液里需要加入一些物质，防止水的蒸发，这样就能延长泡泡持续的时间。这种具有吸水性的物质叫作吸湿剂。例如，甘油就是一种吸湿剂，在干燥的冬天我们常用甘油护肤，就是因为甘油能够与水形成一种较弱的化学黏合，减缓了水的蒸发速度。常见的胶水也具有吸湿作用。

任务梳理

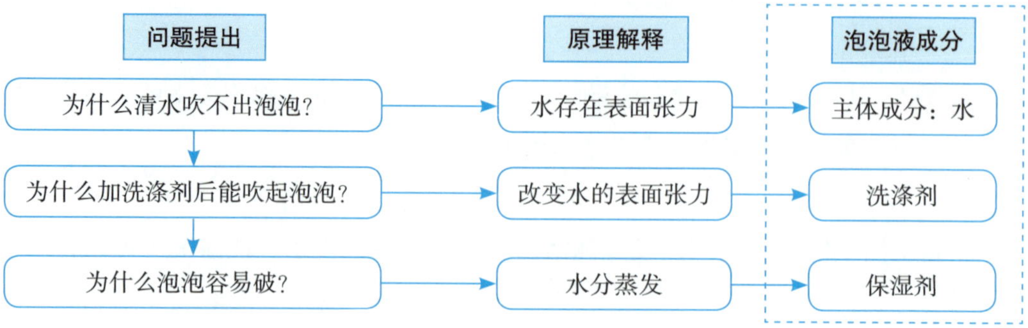

图 9-1-3　任务一梳理示意图

任务二　探究物质种类对起泡效果的影响

活动 1　讨论泡泡液的评价指标

思考交流　如何比较泡泡液的优劣？你的评价标准是什么？

可以用泡泡的大小和维持时间作为指标评价泡泡液的优劣。可以用秒表记录泡泡持续的时间，但是泡泡的大小无法定量，只能靠目测。

活动 2　设计实验方案

思考交流　配制泡泡液的三种成分分别是主体成分、降低水表面张力的物质、吸湿剂。每一种成分选择两种物质（表 9-2-1），如何设计实验找到哪三种物质配合能得到最好的泡泡液？请完成表 9-2-2 所示实验设计表格。

表 9-2-1　配制泡泡液的物质

试剂的作用	降低水的表面张力	作吸湿剂	作主体成分
试剂名称 1	洗涤剂	甘油	水
试剂名称 2	洗发水	胶水	茶水

表 9-2-2　实验设计表格

序号	试剂名称		
1			
2			
3			
4			
5			
6			
7			
8			

方法导引　全面实验法

在实验设计中，为了获得全面实验信息，对所选取的实验因素在所有水平组合全部实施一次以上，这种实验设计方法称为全面实验法或全面析因实验。它适用于要考察的因素和水平都不太多的场合，主要用于单因素和双因素实验。

活动探究　评价三位同学的实验设计（表 9-2-3）。

表 9-2-3　三位同学的实验设计

A 同学实验设计				B 同学实验设计				C 同学实验设计			
序号	试剂名称			序号	试剂名称			序号	试剂名称		
1	洗涤剂	甘油	水	1	洗涤剂	甘油	水	1	洗涤剂	甘油	水
2	洗涤剂	甘油	茶水	2	洗发水	甘油	水	2	洗涤剂	胶水	茶水
3	洗涤剂	胶水	水	3	洗涤剂	甘油	茶水	3	洗发水	甘油	水
4	洗涤剂	胶水	茶水	4	洗发水	甘油	茶水	4	洗发水	甘油	茶水
5	洗发水	甘油	水	5	洗涤剂	胶水	水	5	洗发水	胶水	水
6	洗发水	甘油	茶水	6	洗发水	胶水	水	6	洗发水	胶水	茶水
7	洗发水	胶水	水	7	洗涤剂	胶水	茶水	7	洗涤剂	甘油	茶水
8	洗发水	胶水	茶水	8	洗发水	胶水	茶水	8	洗涤剂	胶水	水

三位同学把所有试剂的组合都涉及了。A、B 两位同学注意到对比实验控制单一变量，C 同学是随机组合。由此发现 A、B 两位同学思维更加有序。思维有序的好处是在设计方案时能够更快、更全面地想到所有的组合，不易遗漏。

活动探究 将 A 同学的实验设计分成 4 组，两个学生一组，每组学生进行一组对比实验。实验过程中，三种成分的配比按照表 9-2-4 进行，并记录实验现象（实验记录单实例如表 9-2-5 所示）。

表 9-2-4 配制泡泡液的三种成分的比例

试剂的作用	降低水的表面张力	作吸湿剂	作主体成分
试剂用量 / mL	4	1	4

表 9-2-5 实验记录单实例

实验序号	试剂名称			实验现象	实验结论
1	洗涤剂	甘油	水	可以吹出大泡泡，持续时间最长为 17 s	本组较好的物质组合为洗涤剂、甘油、水
2	洗涤剂	胶水	水	主要是小泡泡，偶尔有大泡泡，但极易破碎	

思考交流 交流讨论实验过程中遇到的问题。

实验操作方面：水、茶水、甘油等液体可以用量筒量取。使用胶头滴管要注意，滴管不能伸入量筒，也不能碰到量筒内壁。洗涤剂、洗发水、胶水等液体非常黏稠，只能用量勺量取，不能用量筒；否则，大部分液体会黏在量筒内壁上。在量取完试剂之后要及时将量筒和量勺清洗干净。

操作顺序方面：先取用比较黏稠的试剂，再取用其他不黏稠的试剂，可以利用不黏稠的水或茶水将残留在量勺中的黏稠液体转移到烧杯中。

吹泡泡也需要控制变量，因为每个同学吹泡泡的水平不同，因此在对比哪种泡泡液效果好时，最好让同一位同学吹泡泡液。

最后全班交流讨论得出配制泡泡液的最佳三种物质分别为洗发水、甘油和茶水。

任务梳理

讨论评价指标 → 设计实验方案 → 评价实验方案 → 分组实验 → 交流评价

图 9-2-1 任务二梳理示意图

任务三 探究泡泡液成分比例对起泡效果的影响

活动 1 发现全面实验法的局限性

思考交流 任务二中我们确定了配制泡泡液的三种物质分别为洗发水、甘油和茶水，现在我们探究这三种物质的最佳配比。将每个实验因素设定为三个实验水平（表 9-3-1），请用任务二中的全面实验法设计本任务中的实验表格。然后小组讨论：如果实验因素再增加一个实验水平，将需要进行多少个实验？目前的实验方法存在什么不足？有何对策？

表 9-3-1 本次任务的因素与水平表

试剂名称	洗发水	甘油	茶水
试剂用量 / mL	3	1	3
	4	2	4
	5	3	5

3 个实验因素和 3 个实验水平，需要做的实验次数是 3^3，即 27 个（表 9-3-2）。每个实验因素再增加一个实验水平，需要做的实验次数是 4^3，就是 64 个。如果实验水平再增加，需要进行的实验数量会更多。如果能够像做调查问卷一样，挑选一部分人作为样本进行调查会比较高效。如何选择具有代表性的点进行实验是问题的关键，请阅读以下“方法导引”。

表 9-3-2　利用全面实验法设计的实验方案

序号	洗发水 / mL	甘油 / mL	茶水 / mL	序号	洗发水 / mL	甘油 / mL	茶水 / mL	序号	洗发水 / mL	甘油 / mL	茶水 / mL
1	3	1	3	10	4	1	3	19	5	1	3
2	3	1	4	11	4	1	4	20	5	1	4
3	3	1	5	12	4	1	5	21	5	1	5
4	3	2	3	13	4	2	3	22	5	2	3
5	3	2	4	14	4	2	4	23	5	2	4
6	3	2	5	15	4	2	5	24	5	2	5
7	3	3	3	16	4	3	3	25	5	3	3
8	3	3	4	17	4	3	4	26	5	3	4
9	3	3	5	18	4	3	5	27	5	3	5

方法导引　单因素轮换法

假设有 A、B、C 三个因素，水平数都是 3 个。单因素轮换法如图 9-3-1 所示。每次只变化一个因素而固定其他因素。例如，首先固定 B、C 为 B_1、C_1，分别与 A 因素的 3 个水平搭配做实验，结果如图 9-3-1（a）所示，得出结果 A_3 最好；然后固定 A 为 A_3，C 还是 C_1，分别与 B 因素的 3 个水平搭配做实验，结果如图 9-3-1（b）所示，得出结果 B_2 最好；最后固定 A 为 A_3，B 为 B_2，分别与 C 因素的 3 个水平搭配做实验，结果如图 9-3-1（c）所示，于是得出最佳组合为 $A_3B_2C_2$。

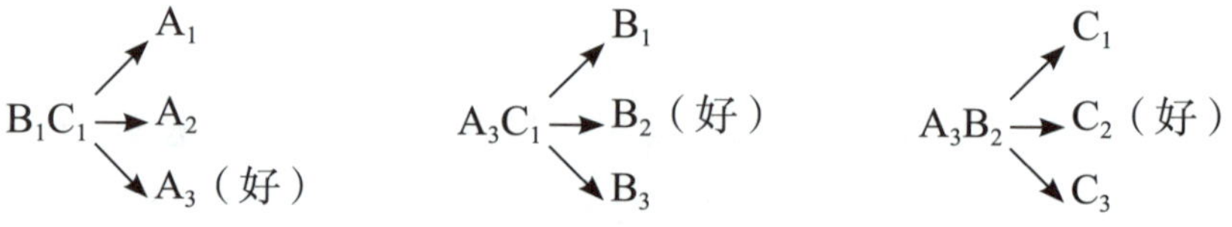

（a）　（b）　（c）

图 9-3-1　单因素轮换法

活动 2　“手脑并用”认识单因素轮换法和正交试验设计

思考交流　请结合上述“方法导引”说明单因素轮换法，并分析一下这种方法的优缺点。

单因素轮换法就是先控制三个因素中的两个因素，让另外一个因素发生改变，从中选出该因素的最佳水平，再用同样方法依次选出其他两个因素的最佳水平，最后得出一个最佳组合。

单因素轮换法的优点是可以减少实验数量，如将 27 个实验数量减少到 7 个，而且有一定的科学性；但是，如果最佳的选项不在一开始就确定的 B_1C_1 中，那么得出的结果就不是最佳选择。

活动探究　为了让大家更清楚地认识单因素轮换法，给大家准备了一个 3×3 的立方体小球模型。我们用垂直的三个面从左到右分别表示 A_1、A_2、A_3，用水平的三个面从下到上分别表示 B_1、B_2、B_3，用另外垂直的三个面从前到后分别表示 C_1、C_2、C_3。请用便签纸标出刚才我们用单因素轮换法涉及的实验点。

方法导引　单因素轮换法的实验点（图 9-3-2）完全分布在一个角上，而在其他很大的范围内没有选点，说明所选实验点代表性较差。因此，这种实验方法有缺陷，所选的 $A_3B_2C_2$ 不一定是 27 个组合中最好的。

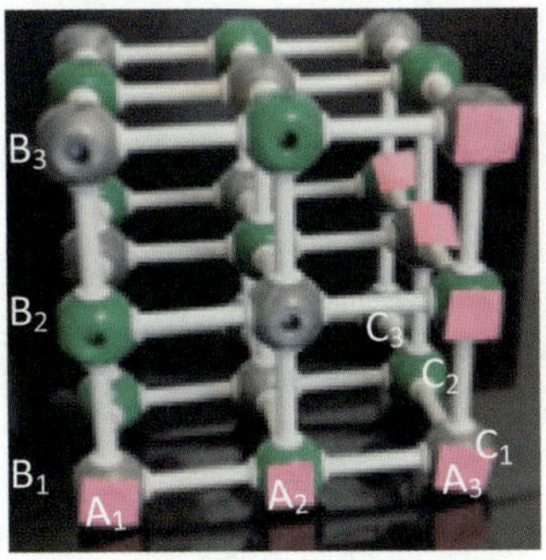

图 9-3-2　单因素轮换法的实验点

思考交流　如何从全面实验的点中选择具有典型性、代表性的点，使实验点在实验范围内分布均匀，能反映全面情况呢？

活动探究　将模型中的便签纸撕下来，重新选点使实验点均匀分布。

方法导引　A、B、C各有3个面，共9个面。在9个面中每个面的实验点应当一样多，也就是每个面上都恰好有3个实验点。可以先确定一个点，为了让实验点不重复，该点所在的行、列上都不能再选点。这样每个面上有3行、3列，总共9个点。这样实验点的分布很均匀（图9-3-3）。

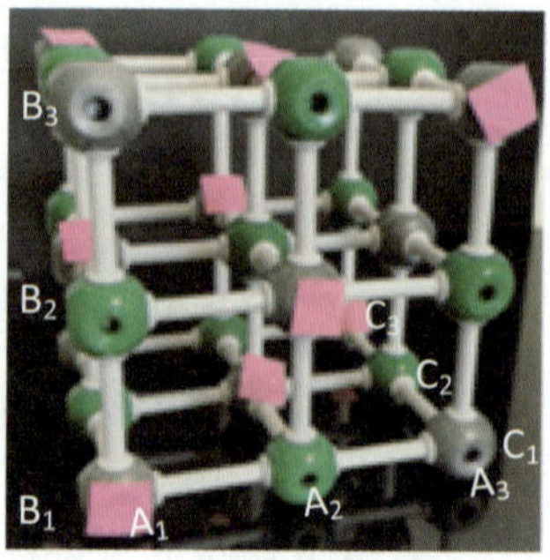

图 9-3-3　均匀设置实验点

方法导引　正交试验设计

正交试验设计是研究多因素、多水平的一种优化实验设计方法，简称正交设计，它是从全面实验的样本点中挑选出部分有代表性的样本做实验，这些代表点具有正交性。该方法的作用是只用较少的实验次数就可以找出因素、水平间的最优搭配，或者由实验结果通过计算推断出最优搭配。

思考交流　以上找到了能够代表27个实验的“9个代表”。这“9个代表”具体是哪些实验呢？统计学家总结出了正交表。请阅读以下“方法导引”，分析如何设计正交表。

方法导引　正交表设计

为提高某化工产品的转化率，确定影响转化率的3个因素为反应温度、反应加碱量、催化剂种类。每个因素分别取3个水平做实验，得到因素与水平表如表9-3-3所示，对应的正交表如表9-3-4所示。

表 9-3-3　因素与水平表

水平	因素		
	反应温度 / ℃	反应加碱量 / kg	催化剂种类
1	80	35	甲
2	85	48	乙
3	90	55	丙

表 9-3-4 对应的正交表

序号	反应温度 / ℃	反应加碱量 / kg	催化剂种类
1	80	35	甲
2	80	48	乙
3	80	55	丙
4	85	35	乙
5	85	48	丙
6	85	55	甲
7	90	35	丙
8	90	48	甲
9	90	55	乙

设计正交表，可以先控制一个变量，如控制温度为 80℃，加碱量依次为 35 kg、48 kg、55 kg，催化剂种类依次为甲、乙、丙；再控制温度为 85℃，加碱量依然按照 35 kg、48 kg、55 kg 的顺序，但是催化剂种类“滚动”变化，变为乙、丙、甲；最后一组，当温度为 90℃时，加碱量顺序还是不变，催化剂种类再次“滚动”，变为丙、甲、乙。

活动探究 利用以上方法，结合探究泡泡液成分比例的实验，设计正交表（表 9-3-5）。

表 9-3-5 探究泡泡液成分比例的实验正交表

序号	洗发水 / mL	甘油 / mL	茶水 / mL	序号	洗发水 / mL	甘油 / mL	茶水 / mL	序号	洗发水 / mL	甘油 / mL	茶水 / mL
1	3	1	3	4	4	1	4	7	5	1	5
2	3	2	4	5	4	2	5	8	5	2	3
3	3	3	5	6	4	3	3	9	5	3	4

活动 3 实验探究泡泡液成分的最佳配比

活动探究 把班里的同学分成三队。A 队的三个小组做同样的三个实验，每一组对比出本组三个实验中的最佳配比，然后 A 队内互相交流，看看选择的最佳配比是不是一样的；如果不是，队内再互相选比。同样，B 队、C 队也讨论出本队的最佳配比。然后，请全班吹泡泡水平最高的同学负责吹选出的三种泡泡液，全班一起从三队中选出最佳配比。实验过程中，要注意分工合作：有同学负责吹泡泡；有同学负责计时；有同学负责拍照，观察泡泡的大小；有同学负责填写实验记录单（表 9–3–6 至表 9–3–9），注意要有具体的泡泡持续时间。

表 9–3–6　A 队实验记录单

试剂用量 / mL			实验现象
洗发水	甘油	茶水	
3	1	3	
3	2	4	
3	3	5	

以泡泡大小、持续时间作为指标，本队的最佳配比是 ________。

表 9–3–7　B 队实验记录单

试剂用量 / mL			实验现象
洗发水	甘油	茶水	
4	1	4	
4	2	5	
4	3	3	

以泡泡大小、持续时间作为指标，本队的最佳配比是 ________。

表 9–3–8　C 队实验记录单

试剂用量 / mL			实验现象
洗发水	甘油	茶水	
5	1	5	
5	2	3	
5	3	4	

以泡泡大小、持续时间作为指标，本队的最佳配比是 ________。

表 9–3–9　全班展示实验记录单

队别	试剂用量 / mL			实验现象
	洗发水	甘油	茶水	
A 队				
B 队				
C 队				

以泡泡大小、持续时间作为指标，本次实验的最佳配比是 ________。

最终得出本次实验的最佳配比是洗发水 ∶ 甘油 ∶ 茶水 = 5 ∶ 3 ∶ 4。

单元项目梳理

围绕“自制泡泡液”主题研究的实验设计方法认识发展

任务一主要是兴趣实验，不涉及实验设计方法

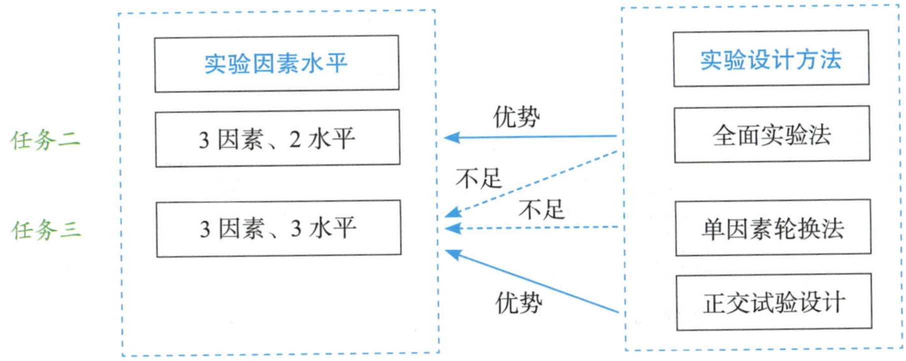

单元项目检测

学习理解

1. Na_2CO_3 溶液具有碱性，可清洗油污，碱性越强，去油污的效果越好。小菁决定对影响 Na_2CO_3 溶液碱性的因素展开探究。

【进行实验】用不同温度的水，配制溶质质量分数分别为 2%、6% 和 10% 的 Na_2CO_3 溶液，依次测量溶液的 pH，记录数据如下：

实验编号	a_1	a_2	a_3	b_1	b_2	b_3	c_1	c_2	c_3
溶质质量分数 / %	2	2	2	6	6	6	10	10	10
水的温度 / ℃	20	40	60	20	50	60	20	40	70
溶液的 pH	10.90	11.18	11.26	11.08	11.27	11.30	11.22	11.46	11.50

要证明 Na_2CO_3 溶液的溶质质量分数变化与 pH 变化的关系，可选择的最佳一组实验是 ________（填实验编号），其结论是 __________________。

应用实践

2. 丙酸钙为白色固体，易溶于水，可用作食品防霉剂，国家标准规定了其用于制作面食、糕点时每千克面粉中的最大使用量。小组同学实验探究其性质和防霉效果。

Ⅰ. 探究丙酸钙的性质

【进行实验】用下表中装置（夹持仪器已略去）完成实验，记录如下：

序号	①	②
装置	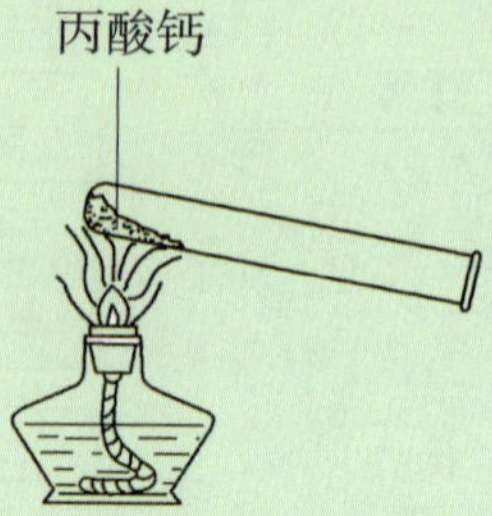	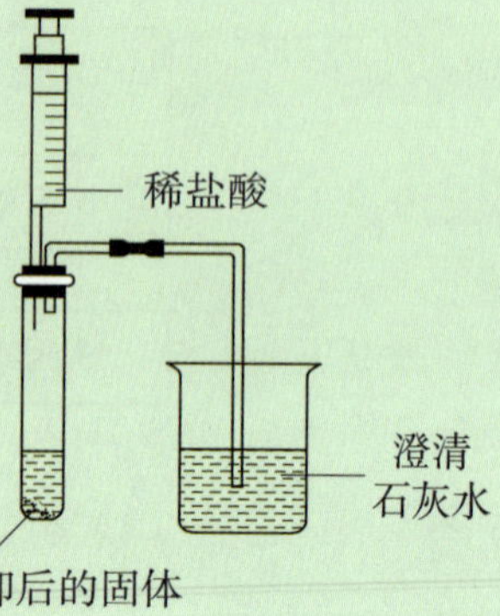
现象	试管内壁有水雾	注入酸后，有气泡产生，石灰水变浑浊

【解释与结论】

（1）②中现象说明有 CO_2 产生。CO_2 与石灰水反应的化学方程式为 ____。

（2）查阅资料得知丙酸钙与盐酸反应无气体生成。由实验②可得出的结论是____。

Ⅱ. 探究丙酸钙的防霉效果

【进行实验】分别按下列①～⑧的配方蒸制 8 个馒头，冷却后置于密封袋中，记录如下：

组别		第 1 组				第 2 组			
序号		①	②	③	④	⑤	⑥	⑦	⑧
配方	面粉 / g	50	50	50	50	50	50	50	50
	酵母 / g	0.75	0.75	0.75	0.75	0.75	0.75	0.75	0.75
	蔗糖 / g	0	0	0	0	5	5	x	5
	丙酸钙 / g	0	0.06	0.10	0.15	0	0.06	0.10	0.15
	开始发霉时间	第 3 天	第 4 天	第 5 天	第 6 天	第 3 天	第 4 天	第 5 天	第 6 天

【解释与结论】

（3）设计第 1 组实验的目的是 ____________________。

（4）第 2 组⑦中 x 为 ____________。

（5）对比第 1 组、第 2 组实验可得到的结论是 ________________________________。

【反思与评价】

（6）某同学认为："制作面食、糕点时，丙酸钙用量越大越好。"你是否同意此观点？说明理由：____。

迁移创新

3. 下图"黑面包"实验中，蔗糖（$C_{12}H_{22}O_{11}$）变黑，体积膨胀，变成疏松的炭，放出有刺激性气味的气体。

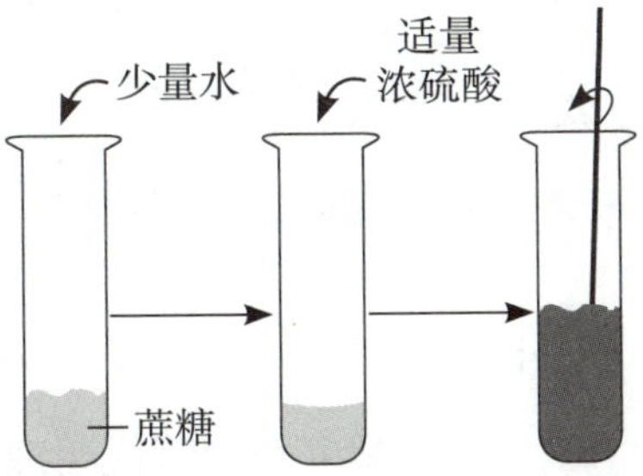

【提出问题】改变糖的种类、浓硫酸的体积、水的滴数和温度是否会影响实验效果呢？

【进行实验】分别取 5 g 不同种类的糖进行实验，根据前 2 min 的现象对实验效果进行评分，记录如表 1 所示。

表 1　实验记录

实验	糖	浓硫酸的体积 /mL	水的滴数	温度 /℃	效果得分
1	蔗糖	4	5	22	65
2	蔗糖	5	10	30	81
3	蔗糖	6	15	50	93
4	冰糖	4	10	50	91
5	冰糖	5	15	22	88

（续表）

实验	糖	浓硫酸的体积 /mL	水的滴数	温度 /℃	效果得分
6	冰糖	*a*	5	30	75
7	葡萄糖	4	15	30	0
8	葡萄糖	5	5	50	0
9	葡萄糖	6	10	22	0

【处理数据】分析表 1，计算效果得分均值，结果如表 2 所示。

表 2　效果得分均值

因素	糖			浓硫酸的体积 / mL			水的滴数			温度 / ℃		
	蔗糖	冰糖	葡萄糖	4	5	6	5	10	15	22	30	50
均值	79.7	84.7	0	52.0	56.3	56.0	46.7	57.3	60.3	51.0	52.0	61.3

依据均值推断最佳实验方案，均值越高，效果越好。

【解释与结论】

（1）蔗糖变成黑色的炭，发生了＿＿＿＿＿＿＿＿（填“物理”或“化学”）变化。

（2）推测放出的气体含 SO_2，从元素守恒角度说明理由：＿＿＿＿＿＿＿＿＿＿＿＿＿＿＿＿＿＿＿＿＿＿＿＿＿＿＿＿＿＿。

（3）实验 6 中，*a* 为＿＿＿＿＿＿＿＿mL。

（4）根据表 2 推断，“黑面包”实验最好选择 5 g 冰糖、＿＿＿滴水、5 mL 浓硫酸和在 50℃下进行。

【反思与评价】

（5）表 2 中，22 ℃对应的均值为 51.0，计算该值所依据的 3 个数据分别是＿＿＿＿＿＿＿＿＿＿＿＿＿＿＿＿＿＿。

（6）综合分析，使实验 3 的效果得分高于实验 4 的因素有＿＿＿＿＿＿＿＿。

项目 10　天气瓶的制作及原理探究

——基于真实情境认识溶液

任务一　认识天气瓶
任务二　探查天气瓶的工作原理
任务三　制作天气瓶
任务四　应用拓展

单元项目设计意图

溶液单元的内容包含溶液的形成、溶解度、溶液的浓度等核心知识，以及配制一定溶质质量分数的溶液的基本实验操作，在中学化学中位于承上启下的关键地位。本单元不仅是对混合物及其性质的再认识，而且承载着由定性到定量的能力进阶。

本项目以制作天气瓶为主要任务，从了解其组成、工作原理，到动手制作、观察记录、综合应用，逐层逐级、循序渐进，引领学生从化学视角剖析身边的真实物质，充分发挥他们的主观能动性，引导他们在实做的过程中习得知识、提升关键能力、发展核心素养。

单元项目学习目标

1. 通过对天气瓶中各物质溶解后的现象分析，建立溶解的概念并初步从微观角度进行解释，认识到溶解性与溶质、溶剂的性质均有关，了解溶解过程中的热量变化，发展“宏观辨识与微观探析”核心素养。

2. 通过测定硝酸钾在水中的溶解极限，了解饱和溶液与不饱和溶液的相互转化，形成溶解度的概念，加强定量及控制变量的意识，提高解决实际问题的能力，发展“科学探究与创新意识”核心素养。

3. 通过寻找天气瓶工作的核心物质，学会绘制溶解度曲线，培养数据处理与分析能力以及对多组分系统的综合分析能力，用“化学的眼睛”看世界，发展“科学态度与社会责任”核心素养。

4. 通过制作天气瓶，从定量角度认识溶液的组成要素及其表征方式（认识溶质质量分数的含义），建立模型，进行有关溶质质量分数的简单计算，发展“模型认知”核心素养；同时，了解一定溶质质量分数的溶液配制过程及其操作步骤，初步学习或学会相关化学实验基本操作，提高实践能力。

5. 通过应用拓展项目了解溶液在生产、生活和科学研究中的广泛用途，运用所学知识分析、解决实际问题。

单元项目学习引导

它若澄清，晴好时分；它若朦胧，谓有多云；雨雪尚未落，瓶内已结晶。天气瓶，又称风暴瓶（Storm Glass），为气象学家罗伯特·菲茨罗伊发明。他把数种化学物质混合成溶液，密封在玻璃瓶子里，根据外界温度的改变，瓶内会展现出不同形态的结晶，预报天气的变化，如图 10-1 所示。

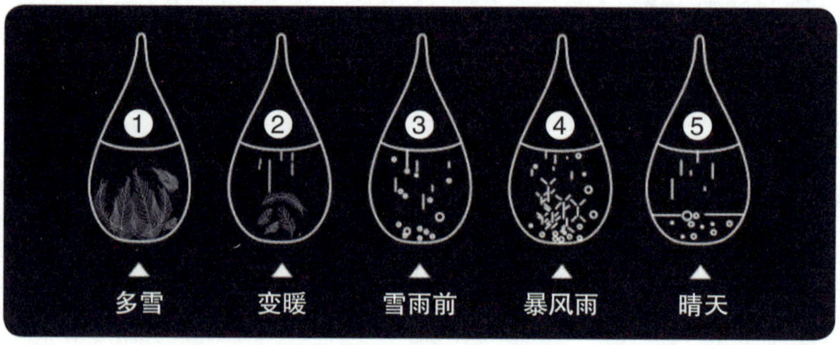

图 10-1　不同天气时天气瓶中产生不同的晶体变化

天气瓶中都有什么物质？这些物质之间存在着什么作用？如何制作天气瓶？制作出的天气瓶可以预测天气吗？伴随着脑海中迸发出的一系列疑问，我们即将开展一次丰富多彩的学习之旅。在此过程中，你不仅能习得溶液的相关知识、掌握配制一定浓度溶液的基本方法，更重要的是，你将在活动中形成对溶液的多角度认识，并能将其应用于解决更加复杂的问题。

任务一　认识天气瓶

活动 1　天气瓶中有什么

查阅资料　天气瓶内盛放的是多种物质混合形成的溶液，此溶液中都含有哪些物质？请你通过查阅相关资料，了解并准备出相关的原料。

天气瓶中的物质有硝酸钾、氯化铵、樟脑、乙醇（俗称为酒精）、水。前三种物质常温下是固态，后两种物质常温下是液态。

> ❗ 实验安全提醒：樟脑有一定毒性，对眼睛、呼吸道和皮肤有刺激作用，因此使用樟脑进行实验时，务必做好安全防护！

活动 2　尝试制作天气瓶

活动探究　我们已经知道了天气瓶中的物质组成，是否可以将各物质混合，尝试制作天气瓶呢？请你将适量的天气瓶原料进行混合，记录现象。

把五种原料全部混合在一起，得到了十分浑浊的液体混合物，如图 10-1-1 所示。既未展现出天气瓶在天暖时应有的无色澄清液体，也未展现出天冷时析出的美丽晶体，效果与真实天气瓶存在较大差距。

图 10-1-1　将五种原料混合，尝试制作天气瓶

天气瓶到底应该怎么制作呢？为什么将原料混合，却得不到真实产品中的效果呢？要想解决这个问题，我们需要将任务进行拆解，将复杂的物质归类，选取典型的原料进行突破，逐步分析。

活动探究 请你取若干试管，分别将少量的一种固体原料与一种液体原料进行混合，充分振荡，及时记录实验现象，填入表 10-1-1 中。

表 10-1-1　不同固体原料与液体原料混合后现象

固体原料	液体原料	混合后现象	固体原料	液体原料	混合后现象
硝酸钾	水		硝酸钾	乙醇	
氯化铵	水		氯化铵	乙醇	
樟脑	水		樟脑	乙醇	
若观察到其他现象，可以记录在此：					

思考交流 樟脑放入乙醇中后、硝酸钾放入水中后，固体减少，甚至“消失了”，如图 10-1-2 所示。它们到哪里去了呢？

图 10-1-2　固体的溶解

樟脑表面的分子在乙醇分子的作用下，逐步扩散开来，最终樟脑分子均一地分散到了乙醇分子中间，形成了一种混合物——樟脑的乙醇溶液。与此类似，硝酸钾放入水中，在水分子的作用下，硝酸钾也会向水里扩散，最终形成均一的混合物，称为 KNO_3 溶液；不同的是，硝酸钾在溶液中是以钾离子、硝酸根离子的形式存在。

取出 KNO_3 溶液中的任意一部分进行比较，发现它们的组成完全相同，即溶液是均一的；只要水分不蒸发，温度不变化，硝酸钾与水不会分离，即溶液是稳定的。与此类似，倾倒出一部分樟脑的乙醇溶液，其组成是否也与原溶液保持一致呢？答案是肯定的。

像这样一种或几种溶质分散到另一种物质里，形成的均一、稳定的混合物，叫作溶液。能溶解其他物质的物质叫作溶剂，被溶解的物质叫作溶质。溶液是由溶质和溶剂组成的。例如，上述 KNO_3 溶液中，硝酸钾是溶质，水是溶剂；在樟脑的乙醇溶液中，樟脑是溶质，乙醇是溶剂。

水能溶解很多物质，是一种最常用的溶剂，乙醇、汽油等也可以作溶剂。

思考交流　再次观察上述实验现象，如图 10-1-3 所示，比较不同溶质在不同溶剂中的溶解现象，可以说明什么问题？

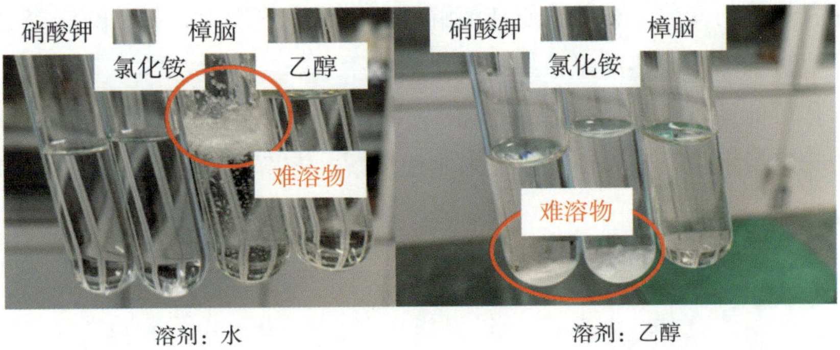

图 10-1-3　分别将固体材料与液体材料混合、充分振荡后观察到的现象

实验表明，樟脑几乎不溶于水，却可以溶解在乙醇中；硝酸钾几乎不溶于乙醇，却可以溶解在水中。这说明，同一种物质在不同溶剂中的溶解性是不同的，不同的物质在同一溶剂中的溶解性也是不同的。

活动探究　溶解过程中，一些试管温度会降低，外壁触摸到变凉。溶解时一定存在吸热或放热现象吗？

请使用固态氯化钠、硝酸铵、氢氧化钠及温度计等用品，试着设计实验方案，探究它们溶于水时是放出热量还是吸收热量，填写表 10-1-2。

> ! 实验安全提醒：氢氧化钠有强烈的腐蚀性，注意不要把氢氧化钠及其溶液沾到皮肤或衣服上，特别要防止 NaOH 溶液溅入眼中！

表 10-1-2　溶解过程的温度变化

溶质	氯化钠	硝酸铵	氢氧化钠
加入溶质前水温			
现象			
加入溶质后水温			
结论			

物质在溶解时，常常会使溶液的温度发生改变，这说明物质在溶解过程中通常伴随着热量的变化。有些物质在溶解时会出现吸热现象，如硝酸铵溶于水；有些物质在溶解时会出现放热现象，如氢氧化钠溶于水。

你可能还观察到，若加入的硝酸钾固体质量较多，也会有无法再溶解的情况出现，即在一定量水中，硝酸钾无法无限制地溶解，溶解是有限度的。我们如何去表达这种限度呢？

请带着这个思考，进入下一个任务。

任务梳理

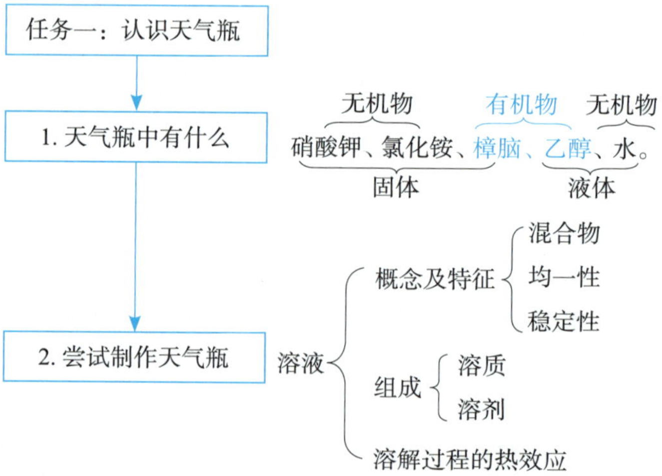

图 10-1-4　任务一梳理示意图

任务二　探查天气瓶的工作原理

活动 1　探究硝酸钾在水中的溶解限度

活动探究　溶质可以溶解于溶剂中形成溶液，但一般来说溶质无法无限制地溶解在一定量的溶剂中。那么，一定量的溶剂最多可以溶解多少溶质呢？以硝酸钾为例，请尝试测定 20 mL 水中最多溶解硝酸钾固体的质量，将操作及实验结果记录在表 10-2-1 中。

表 10-2-1　测定 20 mL 水中最多溶解硝酸钾的质量

操作	现象	结论
实验反思：		

为了完成任务，你可能进行了如下操作：取 20 mL 水于烧杯中，分批次加入少量硝酸钾，直至无法溶解，记录下加入的固体总质量。

在一定温度下，向一定量溶剂里加入某种溶质，当溶质不能继续溶解时，所得到的溶液叫作这种溶质的饱和溶液；还能继续溶解的溶液，叫作这种溶质的不饱和溶液。

思考交流　我们还可以将上述实验以流程图的形式展示，如图 10-2-1 所示。①中盛有一定量水，加入少量硝酸钾，完全溶解，得到②；再向其中加入少量硝酸钾，固体部分溶解，得到③；再加入适量水，固体完全溶解，得到④。请判断：①②③④分别是硝酸钾的饱和溶液还是不饱和溶液？

图 10-2-1 硝酸钾溶解于水的实验流程

①中是水，只有一种物质，不属于溶液；由于②再加入硝酸钾后，还能继续溶解，因而确定②为不饱和溶液；③中有固体剩余，即无法再继续溶解，因而是硝酸钾的饱和溶液；④中固体完全溶解，可能是硝酸钾的不饱和溶液或恰好是饱和溶液，无法判断。

思考交流 如果你在测定 20 mL 水中最多溶解硝酸钾的质量时，某次加入的硝酸钾过多，错过了恰好饱和的时机，是否还有补救措施？

我们已经知道，增加溶剂可以将饱和溶液变成不饱和溶液，利用这个原理，我们可以向已错过饱和时机的、含有未溶解固体的混合物中，分批次、少量地加入水，记录恰好完全溶解时所需水量，并与 20 mL 加和得到总水量。由于溶液具有均一性和稳定性，利用加入的硝酸钾固体的总质量与总水量的比值，就可以按比例求算 20 mL 水中最多可以溶解的硝酸钾质量。

活动探究 尝试加热有硝酸钾固体剩余的饱和溶液，再向热的溶液中加入硝酸钾，观察现象。待溶液冷却后，又有什么现象发生？将观察到的现象和得出的结论填写在表 10-2-2 中。

表 10-2-2 温度对硝酸钾溶解量的影响

操作	现象
加热有硝酸钾固体剩余的饱和溶液	
向热溶液中加入硝酸钾	
冷却	
实验结论：	

在上述实验中，原本已经饱和的 KNO_3 溶液受热后，还能继续溶解硝酸钾。这说明，当温度升高时，室温下的 KNO_3 饱和溶液变成了较高温度下的 KNO_3 不饱和溶液，因而能继续溶解硝酸钾。由上述实验还可以看到，当热的 KNO_3 溶液冷却以后，容器底部出现了固体。这是因为在冷却过程中，KNO_3 不饱和溶液变成了 KNO_3 饱和溶液；温度继续降低，过多的硝酸钾会从溶液中以晶体的形式析出，这一过程叫作结晶。

上述两个实验说明，在增加溶剂或升高温度的情况下，饱和溶液可以变成不饱和溶液。因此，只有指明“在一定量溶剂里”和“在一定温度下”，溶液的“饱和”和“不饱和”才有确定的意义。

通过上述实验，我们大致可以得出以下结论：在室温下，20 mL 水中所能溶解的硝酸钾的质量有一个最大值，这个最大质量就是形成它的饱和溶液时所能溶解的质量。这说明，在一定温度下，在一定量溶剂里溶质的溶解量是有一定限度的。化学上用溶解度表示这种溶解的限度。

固体的溶解度表示在一定温度下，某固态物质在 100 g 溶剂里达到饱和状态时所溶解的质量。如果不指明溶剂，通常所说的溶解度是指物质在水里的溶解度。例如，在 20℃时，100 g 水里最多能溶解 31.6 g 硝酸钾（这时溶液达到饱和状态），我们就说在 20℃时硝酸钾在水里的溶解度是 31.6 g。

活动探究 用实验的方法可以测出硝酸钾在不同温度下的溶解度，如表 10-2-3 所示。

表 10-2-3 硝酸钾在不同温度下的溶解度

温度 /℃	硝酸钾的溶解度 /g
30	45.8
40	63.9
50	85.5
60	110
70	138

用横坐标表示温度，纵坐标表示溶解度，根据表 10-2-3 所提供的数据，在图 10-2-2 的坐标纸上绘制硝酸钾的溶解度随温度变化的曲线——溶解度曲线。

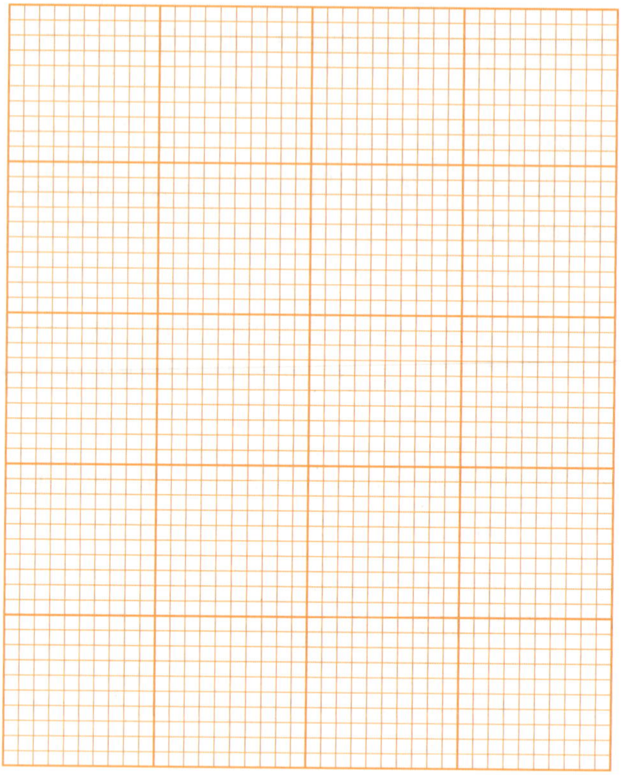

图 10-2-2　绘制溶解度曲线

（1）依据表格数据填空：

30℃时，KNO_3 饱和溶液中溶剂与溶质的质量比为 100 g ∶ ______ g。

30℃时，将硝酸钾与水以 ______ g ∶ 20 g 的质量比混合，得到该温度下的饱和溶液。

40℃时，从足量的 KNO_3 饱和溶液中蒸发掉 100 g 水，析出硝酸钾晶体 ______ g。

40℃时，将 163.9 g KNO_3 饱和溶液降温至 30℃，可得到晶体 ______ g。

（2）从绘制的溶解度曲线上，查出硝酸钾在 45℃和 65℃时的溶解度。

（3）据绘制的溶解度曲线分析，硝酸钾的溶解度随温度的变化有什么规律？

利用溶解度曲线，可以获得许多有关物质溶解度的信息。例如，我们可以查出某物质在不同温度时的溶解度，也可以看出物质的溶解度随温度变化的规律等。

活动 2　寻找天气瓶工作的核心物质

活动探究　天气瓶中存在三种固态溶质、两种液态溶剂。那么，在温度变化时，我们看到的结晶是哪种固体物质呢？

用实验的方法可以测出更多物质在不同温度时的溶解度，并绘制它们的溶解度曲线，如图 10-2-3 所示。

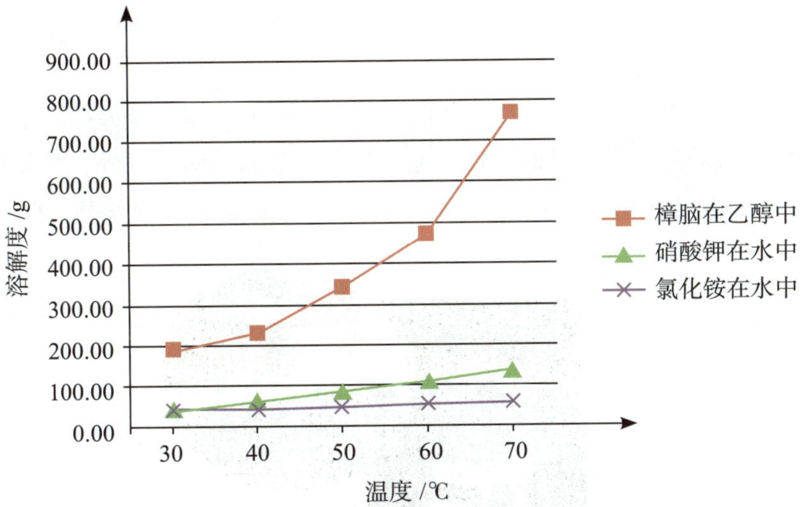

图 10-2-3　绘制的溶解度曲线

可见，三种固体的溶解度均随温度升高而增大，在降温时，均可能发生结晶。樟脑在乙醇中的溶解度随温度变化而变化的量最大，当各物质的饱和溶液质量相同时，降低相同温度，樟脑析出的结晶质量最多，观察效果最好。由此可推测，天气瓶中的结晶是樟脑，经查阅相关资料确定推测正确。

思考交流　如果天气瓶中只选用两种物质，即只用樟脑、乙醇可以吗？原产品中的水、氯化铵、硝酸钾的作用又是什么呢？

30℃时，樟脑在乙醇中的溶解度为 190.35 g，配制此温度下的饱和溶液，需要樟脑原料的质量较大。

【猜想 1】水的作用：对于樟脑，乙醇是它的优良溶剂，水是不良溶剂，因此在乙醇和水的混合体系内，樟脑溶解度应随着水的比例增加而减小。猜测通过调节水量，改变樟脑的溶解度，可以让晶体析出合适的、便于观测的质量，如图 10-2-4 所示。

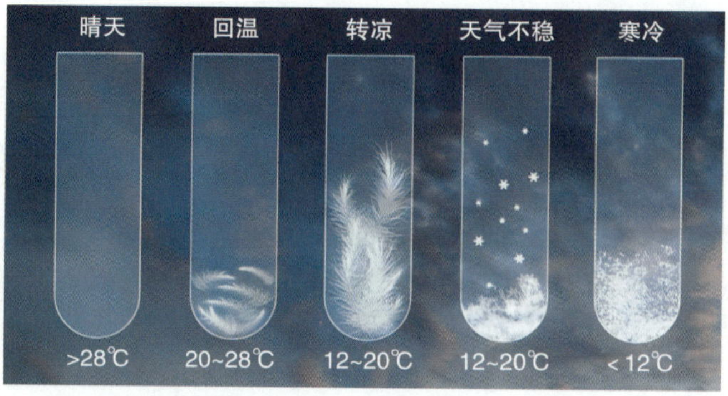

图 10-2-4　调控溶解度使樟脑在不同温度下析出合适的、便于观测的质量

【猜想 2】盐类的作用：与水类似，硝酸钾、氯化铵等盐类物质也可以调控樟脑在混合体系中的溶解度，进而调控合适的析出温度及质量。另外，盐类物质也可能作为晶核，促进晶体析出。例如，图 10-2-5 中白糖晶体在棉线上结晶，棉线即作为晶核。

图 10-2-5　白糖晶体的生成

任务梳理

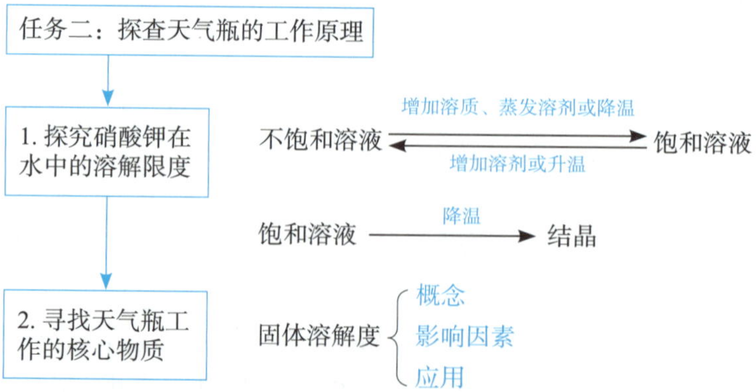

图 10-2-6　任务二梳理示意图

任务三　制作天气瓶

活动 1　天气瓶中各物质有多少

思考交流　根据之前的研究，我们知道天气瓶中各组分的含量对天气瓶结晶有很大的影响，所以需要按照一定比例添加。图 10-3-1 为查阅到的天气瓶中各物质的含量，图中的“质量分数”是什么含义呢？

天气瓶配方表

物质	硝酸钾	氯化铵	天然樟脑	乙醇	水
质量分数	3.1%	3.1%	12.6%	39.7%	41.5%

图 10-3-1　天气瓶中各物质的质量分数

一定量的溶液中所含溶质的量（即溶液浓度）的表示方法有多种，溶质的质量分数是常用的一种。溶液中溶质的质量分数是以溶质在溶液中所占的质量份额来表示溶液浓度的方法，就是“溶质质量与溶液质量之比”，通常以百分比的形式表示。

$$溶质的质量分数=\frac{溶质质量}{溶液质量}\times 100\%$$

在生产和实际生活中，准确表示一定量的溶液中所含溶质的量是十分重要的。例如，施用农药时，溶液太稀不能杀灭害虫，溶液太浓不仅毒害农作物，还会造成浪费。再如，医疗上给病人输入的生理盐水为 0.9%，要求溶质的量是很严格的，不然会造成生命危险。

对于有色溶液来说，除了可以用溶质的质量分数来判断溶液浓度外，颜色的深浅可以更直观地判断溶液浓度大小。

活动探究　不同浓度 $CuSO_4$ 溶液的配制与计算

【实验 1】在室温下，向三个小烧杯(依次编号为 1、2、3)中加入 20 mL 水，然后分别加入 0.1 g、0.5 g、2 g 无水硫酸铜，用玻璃棒搅拌，使硫酸铜全部溶解，比较三种 $CuSO_4$ 溶液的颜色。计算 1、2、3 号烧杯中溶液质量和溶质的质量分数，填写表 10-3-1。

【实验 2】根据表 10-3-1 中数据，计算 4、5 号烧杯中应该盛放的溶剂体积、溶质质量或溶液质量，并按照实验 1 的步骤配制溶液，观察并对比 4、5 号烧杯中溶液的颜色。

表 10-3-1　不同浓度 $CuSO_4$ 溶液的配制与计算

烧杯编号	溶液颜色比较	溶剂体积 /mL	溶质质量 /g	溶液质量 /g	溶质的质量分数 /%
1		20	0.1		
2		20	0.5		
3		20	2		
4				20	2
5			1		2

4 号烧杯中溶质和溶剂的计算过程如下：

$$溶质的质量分数 = \frac{溶质质量}{溶液质量} \times 100\%$$

溶质质量 = 溶液质量 × 溶质的质量分数

= 20 g × 2%

= 0.4 g

溶剂质量 = 溶液质量 – 溶质质量

=20 g – 0.4 g

=19.6 g

显然，溶液浓度越大，溶液颜色越深。溶质的质量分数相等时，溶液颜色深浅相同。

知识链接 除了溶质的质量分数，溶液的浓度还有其他表示方式。例如，用作消毒剂的医用酒精中乙醇的体积分数为 75%，就是指每 100 体积的医用酒精中含有 75 体积的乙醇。再如，检验报告中，血液中的白细胞含量是 7.87×10^9/L，含义是每升血液中含有 7.87×10^9 个白细胞。又如，50 度的白酒，就是指这瓶白酒中有 50% 体积的酒精和 50% 体积的水。矿泉水标签中，钠含量为 46.5 mg/L，指每升水中含有 46.5 mg 的钠离子（钠元素）。不难发现，质量、体积甚至个数都可以用于表示溶质的量或溶液的量，可根据方便或习惯来选用。

活动 2 动手制作天气瓶并展示

活动探究 制作天气瓶

【实验用品】

托盘天平、烧杯、玻璃棒、药匙、量筒、胶头滴管、可以密封的容器；硝酸钾、氯化铵、樟脑、乙醇、蒸馏水。

【实验步骤】

1. 计算：根据表 10–3–2 及容器大小计算所需各物质的质量。

需要配制的溶液总质量为 ________。

表 10–3–2 天气瓶配方表

物质	硝酸钾	氯化铵	天然樟脑	乙醇	水
质量分数 /%	3.1	3.1	12.6	39.7	41.5
所需要的质量					

2. 称量：用托盘天平称量所需的硝酸钾、氯化铵，放入烧杯 1 中；称量天然樟脑，放入烧杯 2 中。

3. 量取：用量筒量取所需的水和乙醇（水的密度近似可看作 1 g/cm^3，乙醇的密度近似可看作 0.8 g/cm^3），分别倒入烧杯 1 和烧杯 2 中。

4. 溶解：用玻璃棒搅拌，分别使硝酸钾和氯化铵溶解得到它们的水溶液，使樟脑溶解得到樟脑的乙醇溶液。（如由于室温较低无法完全溶解，可用热水浴微热溶解）

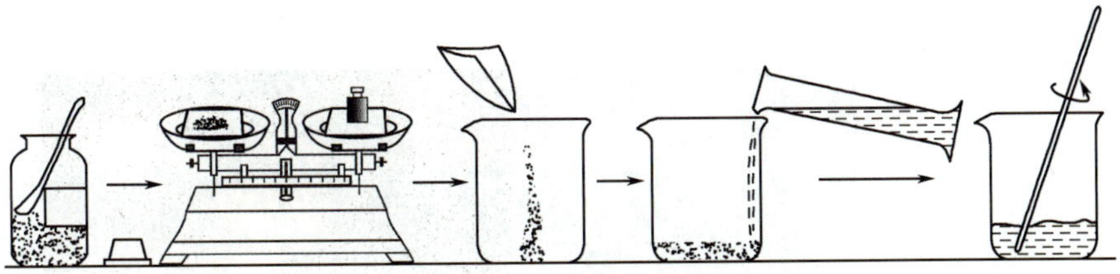

图 10–3–2 配制溶液基本步骤示意图

5. 混匀：将烧杯 1 的水溶液分段加入烧杯 2 的乙醇溶液中，用热水浴加热至完全澄清透明；可以加入少量色素，使天气瓶更加美观。

6. 将容器密封，贴好标签，持续观察数天天气瓶的结晶情况。

知识链接 水浴加热：一种温和的加热方式，即把要加热的容器放在水中，通过给水加热达到给物质加热的效果，如图 10-3-3 所示。

图 10-3-3 水浴加热示意图

刚配制好的天气瓶如图 10-3-4 所示。持续观察数天天气瓶的结晶情况，你会发现制作完成的天气瓶中出现了美丽的结晶（图 10-3-5、图 10-3-6）。

图 10-3-4 刚配制好的不同颜色天气瓶

图 10-3-5 不同颜色天气瓶结晶效果

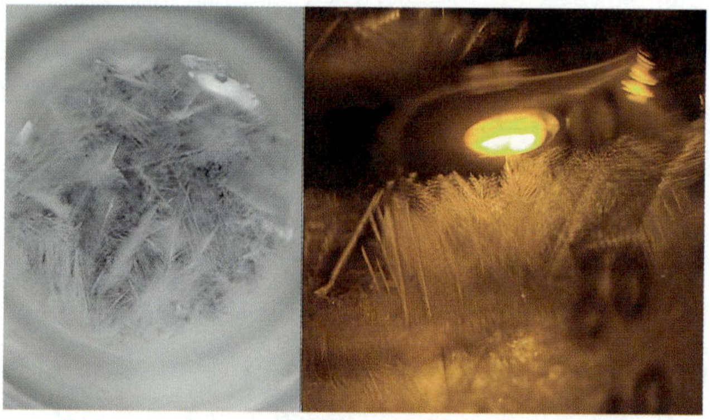
图 10-3-6 天气瓶结晶后细节放大

通过对比可以发现，不同同学制作的天气瓶结晶不一样，每天的结晶也不同，有的呈现团簇羽状，有的呈现锥状（图 10-3-7）。温度越低，结晶量越多。

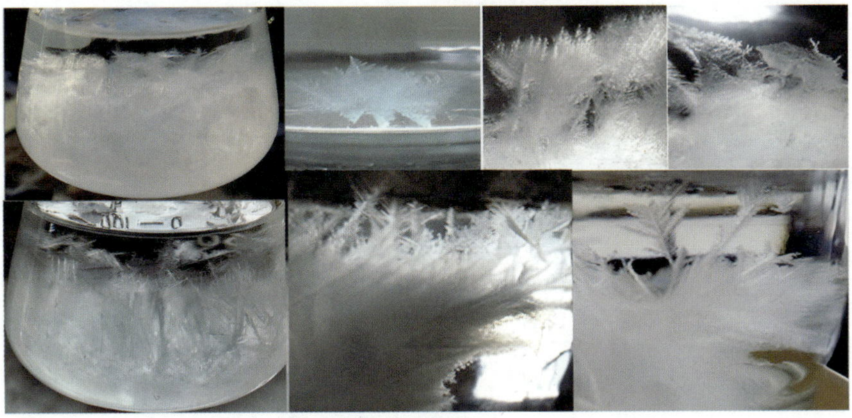

图 10-3-7　天气瓶中的结晶

思考交流　用之前学过的知识可以解释天气瓶结晶的多样性吗？

随着温度的升降存在着结晶和溶解的动态平衡。不同环境的温度有差异，所以结晶情况会有差异。同一环境中，昼夜温度变化每日有差异，日间温度升高，晶体可能重新溶解；夜间温度降低，重新结晶出来的晶体也有可能与前一天不同。而进一步观察可以发现，温度变化较慢，晶体形态越大、越清晰。正是环境温度的千变万化及溶解结晶平衡的存在，造成瓶内晶体形态万千的美丽变化。

由于晶体的形成和形态的改变是一个缓慢的过程，而且环境温度的变化与天气状况的关联也不充分，预测天气的效果并不十分理想。现在，天气瓶已经演变成研究晶体形态与气温变化关系的趣味手工艺品。

任务梳理

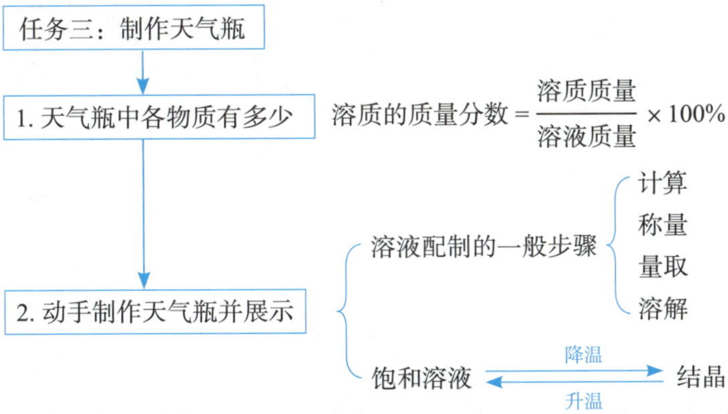

图 10-3-8　任务三梳理示意图

任务四 应用拓展

活动 1 探秘羽绒服清洗

思考交流 图 10-4-1 为某品牌羽绒服清洗标签，其中毛皮需要送专业洗衣店干洗，其余部分使用洗涤剂水洗。那么，洗衣店是如何干洗，水洗又是如何将污渍洗干净的呢？

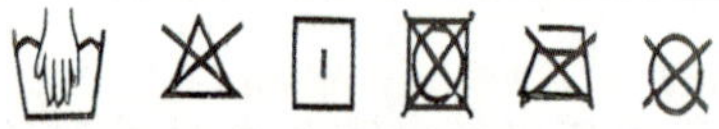

洗前请取下毛皮，需要时毛皮送专业洗衣店干洗。
洗前请取下可分离的部件或配件。
请单独洗涤。
请使用中性洗涤液，勿使用含织物柔软剂或漂白剂成分的洗涤剂。
浸泡时间请勿超过5分钟。
请使用低于30℃温水手洗，请勿干洗，请勿刷洗。
请用手挤干衣内水分，请勿拧干，请勿洗衣机甩干。
请里翻外悬挂晾干，请勿烘干。

图 10-4-1　某品牌羽绒服清洗标签

干洗就是用有机化学溶剂对衣物进行洗涤，由于在衣物洗涤过程中水不直接接触衣物，所以称之为干洗。干洗适用于那些不宜水洗和易褪色的织物，有极好的防止织物纤维变形和使纤维保持原有色泽的优点，同时还能延长衣服的穿着寿命。四氯乙烯是常用的干洗剂，对油污的溶解能力强，容易汽化，所以溶解完油污后与衣物易分离。干洗主要过程如图 10-4-2 所示。

四氯乙烯抽进干洗机中 → 洗涤 → 脱干 → 烘干 → 熨烫 → 消毒

图 10-4-2　干洗主要过程示意图

干洗完的衣服会有刺鼻的味道，就是四氯乙烯的味道，可以通过通风晾晒去除。

活动探究 羽绒服主体部分不可干洗，如何清洗？下面的实验帮我们一探究竟。在两支试管中各加入 5 mL 水和几滴植物油，观察试管中的液体是否分层，再向其中一支试管中滴入 4 ~ 5 滴洗涤剂。用胶塞分别塞紧试管，振荡，观察现象；静置几分钟，再观察现象。把两支试管内的液体倒掉，并用水冲洗试管，比较这两支试管的内壁是否干净。将观察到的现象填写在表 10-4-1 中。

表 10-4-1　比较水、植物油与洗涤剂的混合现象

试管内加入的物质	现象			用水冲洗后的试管是否干净
	振荡前	振荡后	静置后	
水和植物油				
水和植物油及洗涤剂				

从实验中可以看出，用力振荡盛有水和植物油的试管后，得到乳状浑浊的液体。在这种液体里分散着不溶于水、由许多分子集合而成的小液滴。这种小液滴分散到液体里形成的混合物叫作乳浊液。这种乳浊液不稳定，经过静置，植物油逐渐浮起来，又分为上下两层（图 10-4-3 左列）。而在加入洗涤剂的试管中，情况则不同。虽然植物油并没有溶解在水中，但形成的乳浊液却能够比较稳定地存在，液体不再分为两层（图 10-4-3 右列）。这是为什么呢?

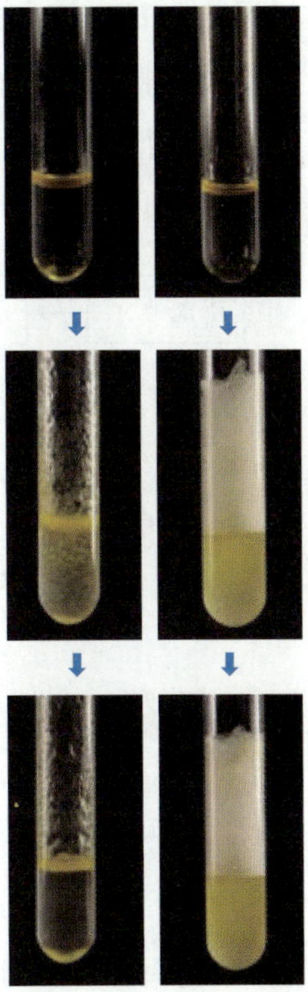

图 10-4-3　乳浊液的的形成和乳化现象

原来，洗涤剂能使植物油在水中分散成无数细小的液滴，而不聚集成大的油珠，从而使油和水不再分层，所形成的乳浊液稳定性增强，这种现象称为乳化。乳化后形成的细小液滴能随着水流动，因此实验中加入洗涤剂的试管中的植物油能被水冲洗干净。衣服、餐具上的油污可以用加入洗涤剂的水洗掉，也是这个道理。

但是，羊毛羊绒制品水洗后可能缩水变形，百褶裙或西装水洗后会造成严重变形而无法复原。所以，清洗衣物时，需要根据衣物的材料来选择清洗的方法。

活动 2　如何从海水中获得粗盐

思考交流　你知道用海水晒盐（图 10-4-4）吗？查阅相关资料，了解用海水晒盐的过程，与同学交流。

图 10-4-4　海水晒盐场景

除了冷却热的饱和溶液的方法以外，蒸发溶剂也是一种获得晶体的常用方法。例如，用海水晒盐就是利用涨潮将海水引入储水池；待海水澄清后，引入蒸发池，经过风吹和日晒使水分部分蒸发；水分蒸发到一定程度后引入结晶池，继续风吹和日晒，海水就会慢慢成为食盐的饱和溶液；再晒，食盐晶体就会逐渐从海水中析出，得到粗盐，同时得到含有大量化工原料的母液（叫作苦卤）。其大致过程如图 10-4-5 所示。

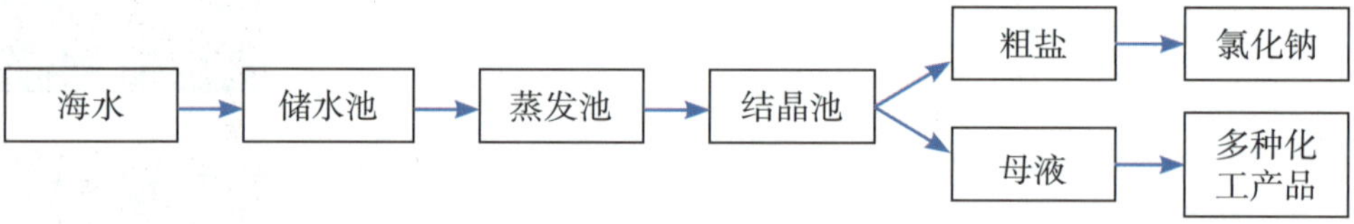

图 10-4-5　海水晒盐过程示意图

活动 3　揭示气泡水的原理

思考交流　市面上售卖的气泡水机（图 10-4-6），利用高压将二氧化碳注入水中，就可得到气泡水。其原理是什么？为什么喝了汽水以后，常常会打嗝？气体的溶解和什么因素有关？

图 10-4-6　气泡水机及制好的气泡水

由于称量气体的质量比较困难，所以气体的溶解度常用体积来表示。通常用的气体的溶解度，是指该气体的压强为 101 kPa 和一定温度时，在 1 体积水里溶解达到饱和状态时的气体体积。例如，压强为 101 kPa 和温度为 25℃时，1 体积水里最多能溶解 0.76 体积的二氧化碳，则在 25℃时二氧化碳的溶解度为 0.76。

气体溶解度与压强有关，增大压强，气体溶解度增加。故增大压强，可以增加二氧化碳在水中的含量。喝过汽水后打嗝，说明气体溶解度随温度的升高而减小。

任务梳理

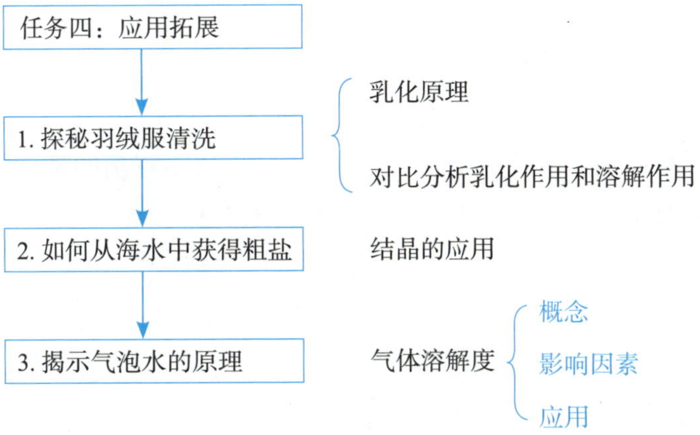

图 10-4-7　任务四梳理示意图

单元项目梳理

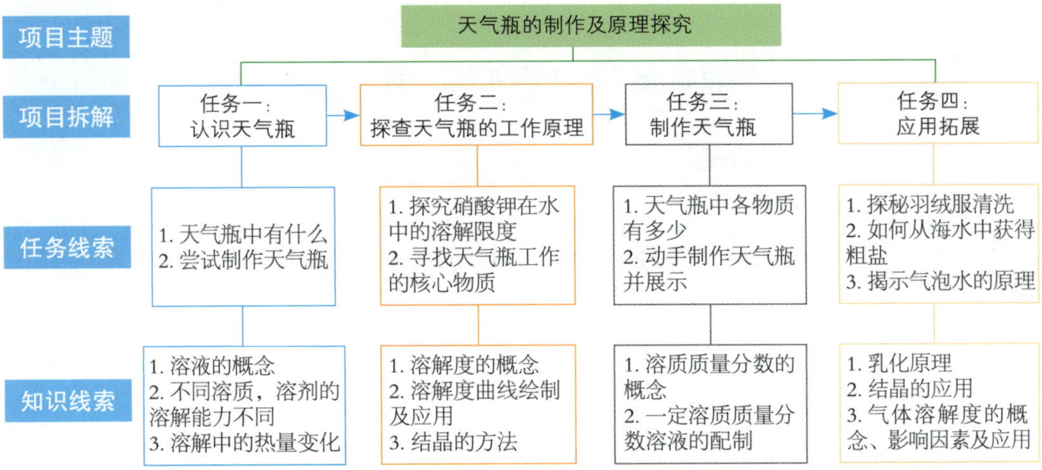

单元项目检测

学习理解

1. 下列饮品属于溶液的是（　　）。

A. 可乐　　B. 牛奶　　C. 果粒橙　　D. 豆浆

2. 溶液在日常生活中应用广泛。下列对溶液的有关说法正确的是（　　）。

A. 溶液都是无色、透明的液体

B. 溶液中只能有一种溶质

C. 溶液中各部分性质相同

D. 凡是均一、稳定、透明的液体就是溶液

3. 将 10 g 硝酸钾完全溶解在 100 g 水中，下列说法不正确的是（　　）。

A. 溶质为 10 g　　B. 溶剂为 100 g

C. 溶液为 110 g　　D. 硝酸钾的溶解度为 10 g

4. 为了研究物质的溶解，设计并进行了如下实验。

实验	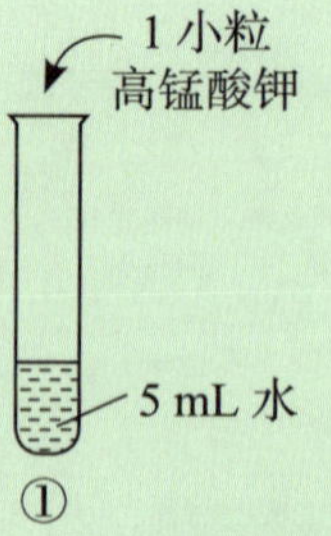	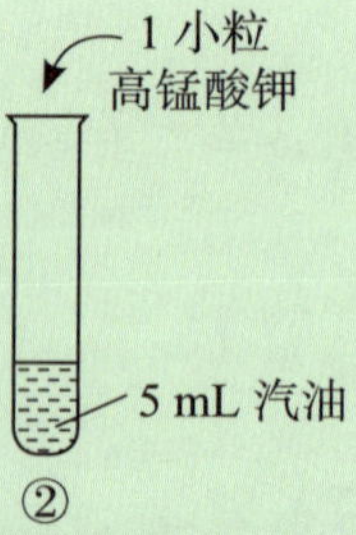	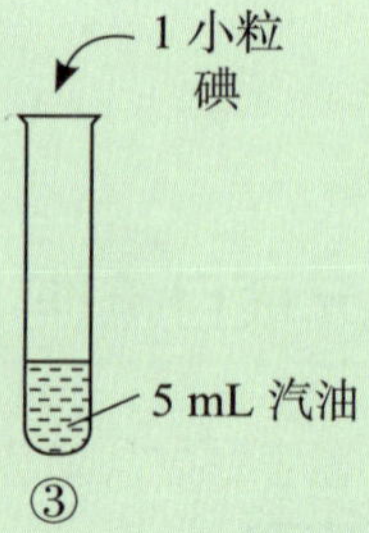
现象	固体溶解，形成紫色溶液	固体几乎不溶解	固体溶解，形成紫红色溶液

（1）对比实验①②的现象，可得出的结论是＿＿＿＿＿＿＿＿＿＿＿＿＿＿。

（2）设计实验②③的目的是＿＿＿＿＿＿＿＿＿＿＿＿＿＿＿＿＿＿＿＿。

5. 在 20℃时，将 40 g 硝酸钾固体加入 100 g 水中，充分搅拌后，仍有 8.4 g 硝酸钾固体未溶解。

（1）所得溶液是 20℃时硝酸钾的＿＿＿＿＿＿（填“饱和”或“不饱和”）溶液。

（2）20℃时硝酸钾的溶解度为＿＿＿＿＿＿＿＿ g。

（3）某温度时，蒸干 35 g KNO_3 溶液，得到 7 g 硝酸钾固体，原溶液中溶质的质量分数是＿＿＿＿＿＿。

（4）在60℃时，硝酸钾的溶解度是110 g。这句话的含义是 ______________。

应用实践

6. 能证实20℃时原KNO_3溶液是饱和溶液的事实是（　　）。

A. 降温到10℃时有KNO_3晶体析出

B. 蒸发掉10 g水，有KNO_3晶体析出

C. 加热到30℃后，再加入KNO_3晶体仍能继续溶解

D. 在20℃时，向上述KNO_3溶液中加入少量KNO_3晶体，溶液的质量不变

7. 室温时，从100 g KNO_3饱和溶液中取出10 g溶液，剩余的KNO_3溶液（　　）。

A. 还是饱和溶液　　B. 变成不饱和溶液

C. 硝酸钾质量没变　　D. 硝酸钾和水的质量没变

8. 氯化钾是一种常用的钾肥，其溶解度如表所示。下列说法正确的是（　　）。

温度/℃	0	20	40	60
溶解度/g	27.6	34.0	40.0	45.5

A. KCl饱和溶液中不能再溶解其他物质

B. 20℃时，100 g KCl饱和溶液中含KCl 34.0 g

C. 40℃时，KCl饱和溶液中溶质的质量分数为40.0%

D. 60℃的KCl饱和溶液降温至20℃，有晶体析出

9. 欲配制100 g溶质质量分数为8%的NaCl溶液，实验操作如下：

①　②　③　④　⑤

（1）称量氯化钠固体的质量为 __________g。

（2）步骤③的名称是 __________，玻璃棒的作用是 ________________。

（3）实验中正确的操作顺序为 ____________（填序号）。

（4）在量取蒸馏水时，选用的仪器有 ____________________。

（5）若在操作①中，有部分氯化钠撒落在桌面上，则所得溶液中溶质的质量分

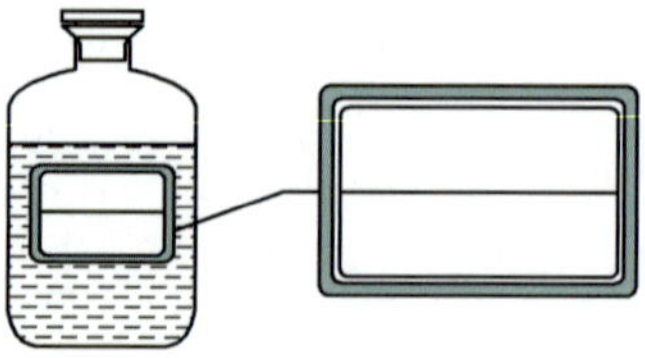

数会 ____________（填“偏大”“不变”或“偏小”）。

（6）配制好的溶液要装在试剂瓶中，并贴好标签。请在右图的标签中填上相应的内容。

（7）从配制好的溶液中倒出 20 g，其中溶质和溶剂的质量比为 ________。

10. 在农业生产上，常需要用质量分数为 16% 的 NaCl 溶液选种。现要配制 150 kg 这种溶液，需要氯化钠和水的质量各是多少（写出计算过程及结果）？

迁移创新

11. 25℃时，向下列 4 只盛有 100 g 水的烧杯中，分别加入不同质量的氯化钾固体，充分溶解。

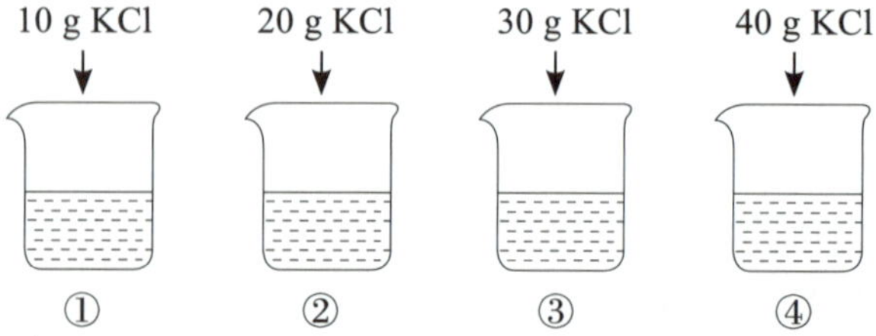

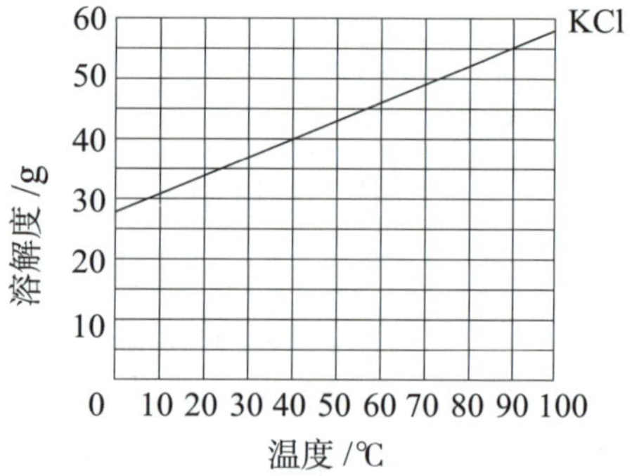

（1）①中溶液的质量为 ____________。

（2）上述溶液为饱和溶液的是 ____________（填实验序号）。

（3）能将 KCl 不饱和溶液变为 KCl 饱和溶液的方法是 ____________（填字母）。

A. 升高温度　　B. 加水　　C. 加 KCl 固体　　D. 倒出部分溶液

（4）③中溶质与溶剂的质量比为 ____________。

（5）将④升温至 40℃，所得溶液中溶质的质量分数为 ________（计算结果精确到 0.1%）。

12. 溶液质量为 200 g 的 H_2SO_4 溶液恰好与 11.2 g 铁完全反应，试计算这种 H_2SO_4 溶液中溶质的质量分数（写出计算过程及结果）。（可能用到的相对原子质量：H 1；S 32；O 16；Fe 56）

项目11 为厨卫清洁剂改进说明书

——基于真实问题的解决探究酸的性质

任务一 从酸碱性角度认识厨卫清洁剂
任务二 以洁厕灵为例改进说明书
任务三 探究洁厕灵的混用禁忌

单元项目设计意图

本主题结合生活实际，以为厨卫清洁剂改进说明书为主要任务，引导学生认识身边常见的厨卫清洁剂，搜集清洁剂使用不当的实例，找出其说明书的不足，从酸碱性的角度初步了解厨卫清洁剂性质与用途的关系。以酸性洁厕灵为例，利用实验探究的方法认识洁厕灵的有效成分盐酸的性质，从而明确洁厕灵性能的利与弊，通过小组合作和交流改进说明书。本主题涉及的学习内容包括用酸碱指示剂和 pH 试纸分别定性、定量检测溶液的酸碱性以及探究常见酸的性质。

作为大任务统领的单元教学，本主题旨在打通知识到素养的通道，帮助学生建构从化学视角，即物质性质决定物品性能，认识生活用品的思路，从而指导生活用品的正确使用，培养科学探究能力，体会化学学科的价值。

单元项目学习目标

1. 通过测定几种常见厨卫清洁剂的酸碱性，初步认识酸碱性的定义，掌握使用酸碱指示剂、pH 试纸检测溶液酸碱性的基本实验技能，预测部分清洁剂的酸碱性与产品性能的关系，体会物质性质决定用途的思想。

2. 根据洁厕灵除垢除锈的用途设计实验，验证盐酸是洁厕灵的有效成分，并在实验探究过程中对盐酸与生锈铁钉反应的异常现象进行反思，通过排除干扰的实验方法解决问题，在认识盐酸的化学性质的同时培养科学探究能力。

3. 以清洁剂失效为线索，设计实验探究酸性洁厕灵与碱性管道疏通剂的混用禁忌；运用多种手段收集实验证据，认识盐酸与氢氧化钠的反应，建立无明显现象反应验证的一般思路与方法。

4. 通过结合已认识的盐酸的化学性质与现有的洁厕灵说明书，在小组交流和合作下，不断挖掘有效成分盐酸的化学性质，据此较全面地改进和完善说明书，形成“产品 ↔ 物质 ↔ 性质 ↔ 性能 ↔ 产品”的化学学科思路与方法来认识生活用品，辩证地看待化学物质与生活实际的关系，体会化学的学科价值。

单元项目学习导引

随着人们生活品质的提高，各类清洁剂正逐步成为当今人们的生活必需品。不管是在公共场所还是在每个家庭，是在厨房还是在卫生间，我们都可以看到清洁剂的踪迹。厨卫清洁剂的种类众多，功能也各不相同，它们是否可以相互替代？面对市面上不断迭代更新的清洁剂，一份清晰的说明书能够帮助我们更好地了解产品的功能及用途。

洁厕灵：除垢、除锈、除异味

【产品性能】 迅速去除尿渍、水锈、污渍等顽固污垢，清除异味，留有清香。

【主要成分】 表面活性剂、无机酸、水、香精。

【使用范围】 便池、马桶等。

【使用方法】 请旋开外盖，在铝塑膜上扎孔，旋开外盖后拉开提拉盖，将本品3~10g喷洒在马桶表面，用毛刷刷洗后，再用清水冲掉，即可除净。

【注意事项】

(1) 勿让儿童触摸。

(2) 避免接触皮肤和眼睛，触及后立即用大量清水冲洗。

(3) 勿与漂白剂、消毒剂等化学品混用。

主要成分： 有效氯

使用范围及用量： 用于消毒、杀菌、漂白、氧化，严禁用于食品和饮料加工。

84
杀菌、消毒、除臭

用途	稀释倍数	消毒方式
消毒卫生间	1 : 35	冲洗
消毒地面、空气、物表	1 : 99	拖地、喷洒
清洗厨房案板、餐具消毒	1 : 250	刷洗、浸泡、擦拭

贮存条件和方法： 贮存在阴凉、干燥、通风处，远离火种、热源，防止阳光直射，应与还原剂、易燃、可燃物、酸类、碱类分开存放。

注意事项： 本品有腐蚀性、氧化性，溅到皮肤时立即用大量清水彻底冲洗，然后送医院治疗。本品对碳钢等金属制品有腐蚀作用，对织物有漂白作用。

保质期： 3个月

图 11-1　常见洁厕灵（左）和 84 消毒液（右）的说明书

不全面或存在错误的说明书则会导致人们误用清洁剂，造成不必要的损失。例如，错用洁厕灵清洁卫生间的大理石台面导致台面腐蚀，将 84 消毒液用于厨房餐具消毒造成褪色，等等。

由于化学常识的缺乏，有些人选择使用去污剂洗手，用家用清洁剂对自己喷雾消毒，将各类清洁剂混合使用以达到多功能清洁的作用，这很有可能危害身体健康，如导致头晕、皮肤刺激、呼吸困难等问题，甚至造成生命危险。

此外，网络上时常也会流传一些“清洁妙招”，如小苏打可以去除水垢、白醋可以清洁牙刷、用柠檬擦拭灶台油渍等。面对五花八门的“妙招”，我们该如何鉴别真伪呢?

由此可见，我们需要对清洁剂及其原理有一定的了解，因此一份全面且正确的说明书尤为重要。本单元以洁厕灵为例改进清洁剂说明书，引导学生从化学视角认识身边的物质，感受化学在生活中的重要性，理解化学与生活的关系，体会化学的学科价值。

任务一 从酸碱性角度认识厨卫清洁剂

活动 1 认识家中的厨卫清洁剂

思考交流 结合图 11-1-1 思考：你的家中共有几种厨卫清洁剂？它们有何不同？你能说出它们的用途吗？

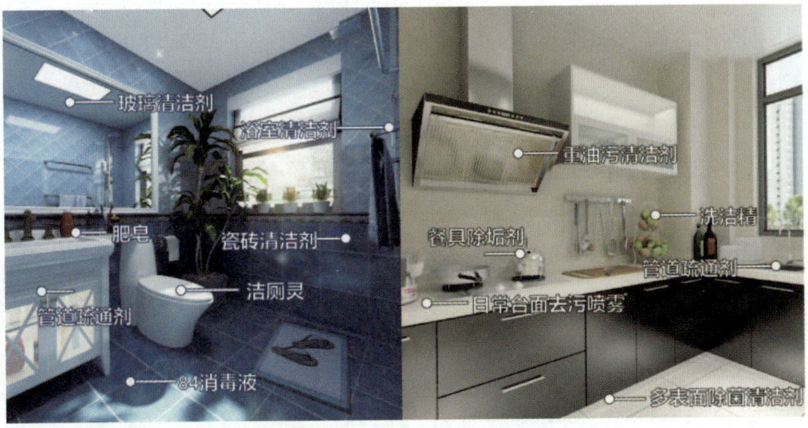

图 11-1-1 常见的家用厨卫清洁剂

厨房和卫生间的环境卫生会直接影响人们的身体健康，在打扫的时候有必要使用专门的清洁剂，仔细地除污和消毒。在厨房中烹调、洗涤会带来油污、水垢等问题，日积月累下来，厨房的油烟机、台面、地板甚至下水管道会变得油腻，难以清洗。厨房常用的清洁剂种类有洗洁精、重油污清洁剂、餐具除垢剂、管道疏通剂等。卫生间相对厨房，垢类和死角更多且空间更加潮湿，容易滋生细菌。马桶水垢、镜面水渍、瓷砖及墙面缝隙的锈渍都是常见的污垢。卫生间常用的清洁剂有洁厕灵、玻璃清洁剂、瓷砖清洁剂、浴室清洁剂等。在厨卫中专用于杀菌消毒的还有 84 消毒液等。

活动 2　比较不同厨卫清洁剂的酸碱性

引入展示　平日里，我们常能见到如图 11-1-2 所示琳琅满目的清洁剂广告，广告中的“酸性”“中性”“碱性”分别是什么意思？它们与清洁剂的用途和功效有何关系？

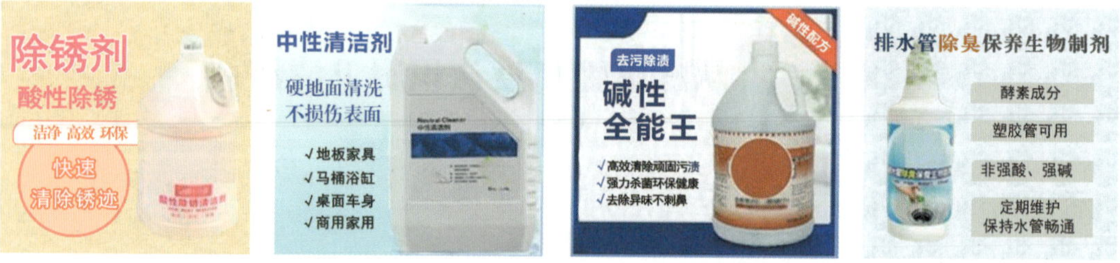

图 11-1-2　不同类型清洁剂的广告

酸碱性是水溶液的一种特性，水溶液常因溶解不同的物质而显酸性、中性或碱性。在比较常用厨卫清洁剂的酸碱性之前，我们先来学习一下酸碱性的概念和测定溶液酸碱性的方法。

活动探究　【实验目的】用酸碱指示剂检验溶液的酸碱性。

【查阅资料】

资料 1：石蕊和酚酞是两种常用的酸碱指示剂（图 11-1-3），可以根据其颜色变化鉴别溶液的酸碱性。

资料 2：盐酸、硫酸是两种常见的酸；氢氧化钠、氢氧化钙是两种常见的碱。

【实验方案】将石蕊溶液、酚酞溶液这两种酸碱指示剂分别滴入 HCl 溶液、H_2SO_4 溶液、NaOH 溶液、$Ca(OH)_2$ 溶液、NaCl 溶液和蒸馏水中，振荡，观察并记录溶液颜色的变化。

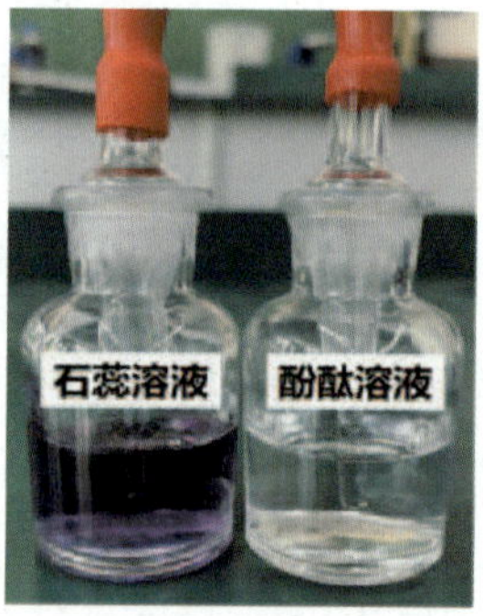

图 11-1-3　石蕊溶液和酚酞溶液

【实验报告】如图 11-1-4、表 11-1-1 所示。

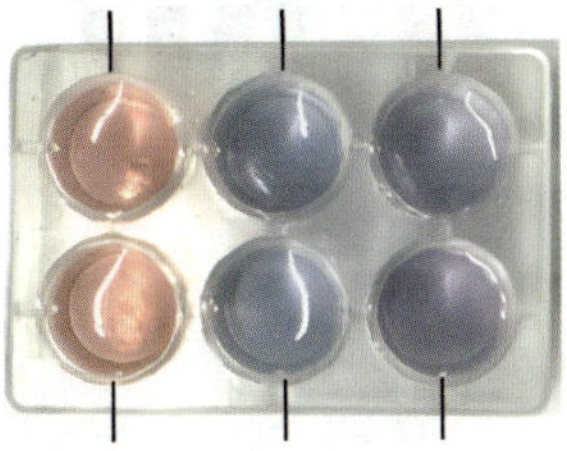

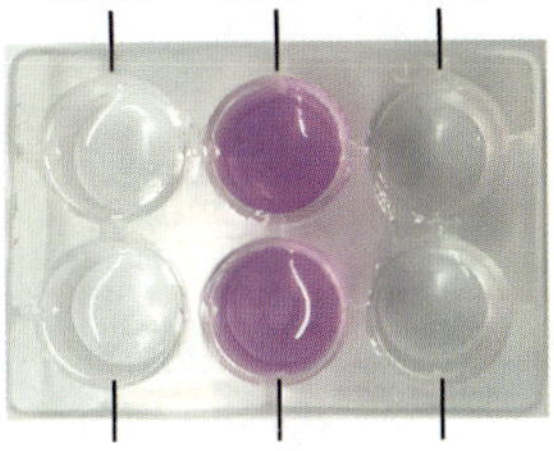

图 11-1-4 滴入酸碱指示剂后溶液颜色变化情况

表 11-1-1 滴入酸碱指示剂后溶液颜色变化情况记录

指示剂	指示剂颜色	HCl 溶液	H_2SO_4 溶液	NaOH 溶液	$Ca(OH)_2$ 溶液	NaCl 溶液	蒸馏水
石蕊溶液	紫色	红色	红色	蓝色	蓝色	紫色	紫色
酚酞溶液	无色	无色	无色	红色	红色	无色	无色

【实验结论】紫色石蕊溶液遇到酸的溶液变红色，遇到碱的溶液变蓝色；无色酚酞溶液遇到酸的溶液不变色，遇到碱的溶液变红色。

酸碱指示剂是判断溶液酸碱性的方法之一。能使紫色石蕊溶液变红的溶液显酸性、变蓝的溶液显碱性，能使无色酚酞溶液变红的溶液显碱性。一般情况下，像氯化氢（盐酸的溶质，HCl）、硫酸（H_2SO_4）、碳酸（H_2CO_3）、醋酸（CH_3COOH）这样的物质，溶于水能够解离出 H^+ 且电离出的阳离子全部是 H^+，我们称其为酸，其水溶液显酸性；像氢氧化钠（NaOH）、氢氧化钙［$Ca(OH)_2$］这样的物质，溶于水能够解离出 OH^- 且电离出的阴离子全部是 OH^-，我们称其为碱，其水溶液显碱性。在上述实验中，NaCl 溶液和蒸馏水都不能使紫色石蕊溶液变色，由此可判断这两种液体为中性。

➔ 知识链接 除了酸碱指示剂外，还有一种能够检验溶液酸碱性的工具——pH 试纸（图 11-1-5）。以 HCl 溶液为例示范 pH 试纸的使用方法，如图 11-1-6 所示。

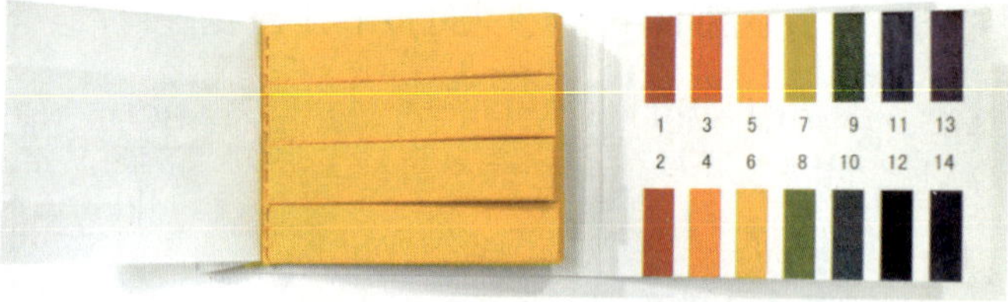

图 11-1-5　pH 试纸和标准比色卡

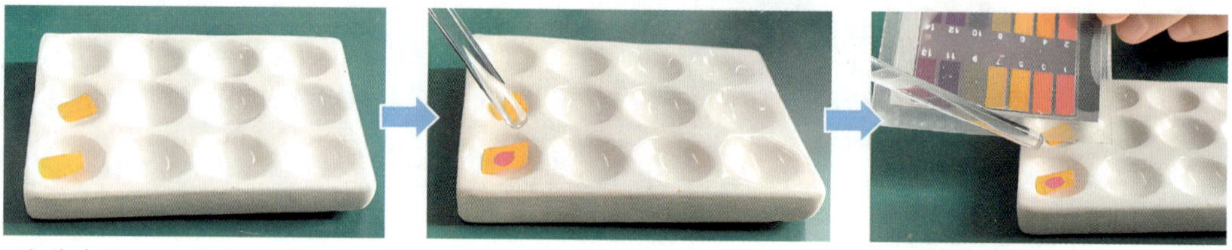

取洁净的 pH 试纸于点滴板中　　用玻璃棒蘸取待测溶液，滴在 pH 试纸上　　将试纸显示颜色与 pH 标准比色卡对比，读出溶液的 pH

图 11-1-6　用 pH 试纸测定某 HCl 溶液的 pH

pH 表示的是溶液的酸碱度，常温时，pH 等于 7 的溶液显中性，pH 小于 7 的溶液显酸性，pH 大于 7 的溶液显碱性。由图 11-1-6 可见，上述 HCl 溶液的 pH 约为 1，小于 7，说明溶液显酸性。pH 不仅可以判断溶液的酸碱性，还可以用来描述溶液酸碱性的强弱程度：酸性溶液的 pH 越小，溶液的酸性越强；碱性溶液的 pH 越大，溶液的碱性越强。

活动探究　【实验目的】用 pH 试纸检测几种厨卫清洁剂溶液的酸碱性，并推测酸碱性与其用途和功效的关系。

【实验方案】用玻璃棒分别蘸取 9 种厨卫清洁剂的溶液滴到 pH 试纸上，并与图 11-1-7 所示的标准比色卡比较颜色，分别读出该溶液的 pH。

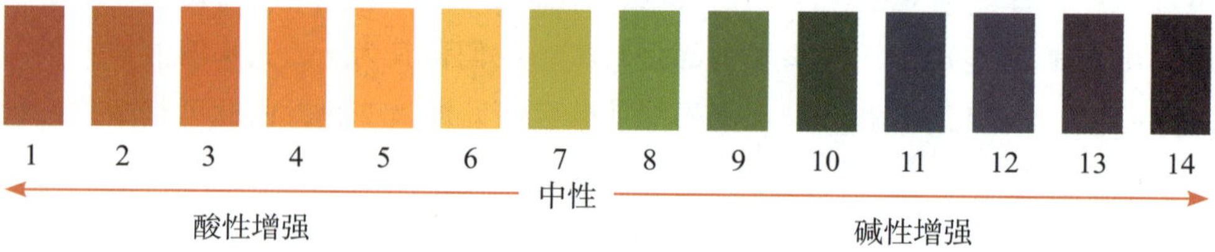

图 11-1-7　pH 标准比色卡和溶液的酸碱性

【实验报告】如表 11-1-2 所示。

表 11-1-2 厨卫清洁剂的酸碱性与其用途和功效

物品种类	洁厕灵	柠檬酸除垢剂	不锈钢清洁剂	石材清洁剂	卫生消毒除菌液	肥皂水	84 消毒液	厨房油污净	管道疏通剂
pH 读数	1	2～3	5	7	8	9	无法测量	13	14
酸碱性	酸性	酸性	酸性	中性	碱性	碱性	无法判断	碱性	碱性
用途和功效	马桶和便池除水垢、除锈、消毒杀菌	餐具除水垢	不锈钢除锈	各类石材除轻污渍	衣物、伤口消毒杀菌	皮肤、衣物日常去油	家居环境消毒杀菌	抽油烟机去重度油污	下水管道分解毛发、菜渣、油脂等，杀菌除臭

【实验结论】不同厨卫清洁剂的酸碱性不同，通常用于除水垢、除锈的产品显酸性，用于去除油污的产品显碱性，用于消毒杀菌的产品既可能显酸性也可能显碱性。

思考交流 依据上述实验，思考下列问题：

1. 上述实验中洁厕灵与柠檬酸除垢剂均显酸性，二者有何不同？

2. 为什么具有消毒功能的产品酸碱性不同？将 84 消毒液滴到 pH 试纸后，试纸瞬间变为深蓝色，随后逐渐经历红色、黄色，最终接近无色，84 消毒液的酸碱性到底如何？

【问题 1】同为酸性的厨卫清洁剂，其酸性强弱不相同，清洁功效也不相同。例如，pH 为 1 的洁厕灵的酸性比 pH 为 2～3 的柠檬酸除垢剂的酸性强，因此洁厕灵除水垢的功效更强，可用于除去马桶和便池中的顽固水垢，柠檬酸除垢剂则更适合清洁餐具上的轻微水垢。

【问题 2】化学上的消毒杀菌通常指的是用化学药物杀死病原微生物，不同药物工作原理不同。其中，有通过改变生存环境酸碱性而致死微生物的强酸性洁厕灵、强碱性管道疏通剂，也有通过酚类有机物实现消毒杀菌的卫生消毒除菌液，还有利用某些含氯物质的强氧化性实现消毒杀菌目的的 84 消毒液，等等。也正是因为 84 消毒液中的含氯物质同时具有使有机色素褪色的漂白功能，所以 pH 试纸遇到 84 消毒液便逐渐褪色。实际上，84 消毒液的 pH 约为 12，显碱性。

知识梳理

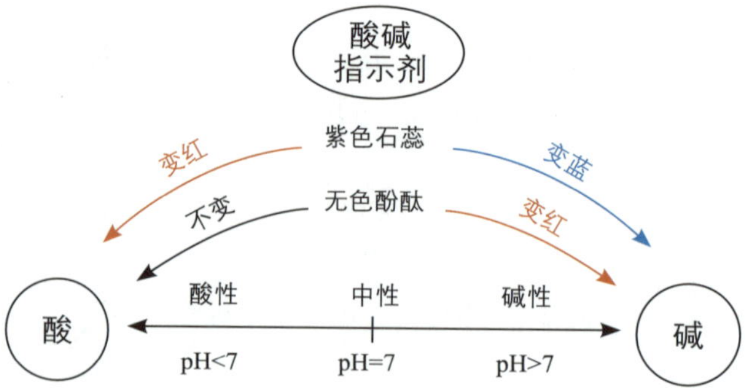

图 11-1-8　溶液的酸碱性

任务二　以洁厕灵为例改进说明书

活动 1　初识清洁剂说明书

阅读探讨　你在购买和使用清洁剂前是否会查看说明书？阅读图 11-2-1 及前文图 11-1 中的洁厕灵说明书（这两种洁厕灵的主要成分相似），你会关注哪些内容？你觉得各部分内容有什么联系？

产品：洁厕灵

本品专门针对卫生间、厕所的大小便池、马桶及瓷砖的清洁，能够在短时间内迅速分解水锈和尿垢，达到去垢、除臭的效果。升级配方，提高挂壁性，加强对污渍的渗透和分解，大大提升去污力，是高效安全的洁厕用品。

使用方法　将少量本品涂匀欲清洁部位，待片刻后，用毛刷稍加擦拭，再用清水冲洗。

注意事项

勿与漂白剂等碱性物质一同使用。勿用于大理石表面。

勿与食品、化妆品混放。请放置在幼儿不能接触到的地方。

避免原液接触皮肤和眼部，触及后立即用大量水冲洗。

保质期　三年

图 11-2-1　洁厕灵说明书

这两份洁厕灵说明书均提到了产品的用途和功效、使用范围、使用方法、注意事项，而只有图 11–1 中的说明书提到了洁厕灵的主要成分，这是否说明物品的主要成分不重要？洁厕灵的注意事项这么多，我们应该如何为它设计一个正确又全面的说明书？

方法导引　以洁厕灵为例初步梳理产品说明书中各内容之间的关联（图 11–2–2）。

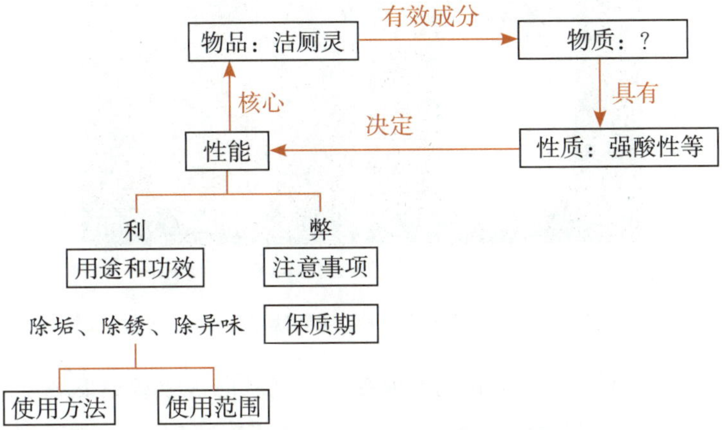

图 11–2–2　洁厕灵说明书中各内容之间关联示意图

产品的性能是它的核心，说明书的各项内容是该产品性能的集中体现。性能有利、弊两面性，这取决于产品的成分所具有的性质。洁厕灵的有效成分使其显强酸性，因此具有除垢、除锈的用途和功效；同时也可能因为这种物质使它不能与漂白剂、碱性物质一同使用，不能接触皮肤和眼部。因此，一款清洁剂的有效成分及其性质是改进说明书的重要依据。

活动 2　认识洁厕灵的有效成分

活动探究　【提出问题】使洁厕灵拥有除垢、除锈性能的有效成分是什么？

【查阅资料】

资料 1：常见的洁厕灵主要成分有无机酸、水、表面活性剂、香精。其中的无机酸一般是盐酸，溶质的质量分数为 5%～10%；表面活性剂是两亲分子，其乳化作用常用于去油污。

资料 2：尿垢和水垢的主要成分都有难溶于水的碳酸钙（$CaCO_3$）；铁锈的主要成分是氧化铁（Fe_2O_3）。

【猜想与假设】使洁厕灵拥有除垢、除锈性能的有效成分是盐酸。

【实验方案】分别取三粒大理石（主要成分是碳酸钙）、一根生锈铁钉于两试管中，向其中加入适量盐酸，若大理石、生锈铁钉表面的锈溶解，则证明盐酸是洁厕灵除垢、除锈的有效成分。

【实验报告】如图 11-2-3、表 11-2-1 所示。

盐酸 + 大理石　　　　盐酸 + 生锈铁钉

图 11-2-3　盐酸与大理石、生锈铁钉反应实验现象

表 11-2-1　盐酸与大理石、生锈铁钉反应实验记录

实验操作	实验现象	实验操作	实验现象
	固体溶解，产生无色气泡		铁锈溶解，铁钉表面恢复银白色，溶液逐渐由无色变黄色，一段时间后铁钉表面产生无色气泡

【实验结论】盐酸是洁厕灵除垢、除锈的有效成分。

思考交流　由上述实验推知，洁厕灵除水垢的原理为盐酸与碳酸钙的反应，化学方程式为 $CaCO_3 + 2HCl \xlongequal{} CaCl_2 + CO_2\uparrow + H_2O$。那么，洁厕灵除铁锈的原理是什么？盐酸与生锈铁钉反应实验中产生的无色气泡是什么？

活动探究　【实验目的】探究盐酸与生锈铁钉反应的现象及原理。

【查阅资料】氯化铁（$FeCl_3$）溶于水呈黄色，氯化亚铁（$FeCl_2$）溶于水呈浅绿色。

【实验方案】利用实验试剂盐酸、氧化铁粉末、光亮铁钉完成实验。

【实验报告】如图 11-2-4、表 11-2-2 所示。

盐酸 + 氧化铁　　　　盐酸 + 光亮铁钉

图 11-2-4　盐酸与氧化铁、光亮铁钉反应实验现象

表 11-2-2　盐酸与氧化铁、光亮铁钉反应实验记录

实验操作	实验现象	实验原理
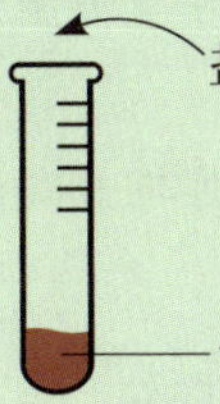	红棕色固体溶解，溶液由无色变为黄色	$Fe_2O_3+6HCl==2FeCl_3+3H_2O$
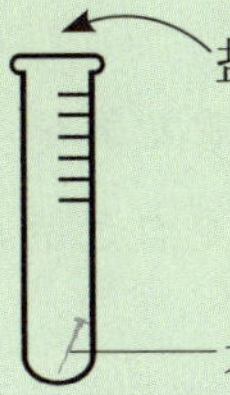	银白色固体溶解，表面产生无色气泡，溶液由无色变为浅绿色	$Fe+2HCl==FeCl_2+H_2\uparrow$

【实验结论】盐酸与生锈铁钉反应时先发生盐酸与氧化铁的反应，生成氯化铁和水，铁锈溶解，溶液逐渐变为黄色。一段时间后，铁直接与盐酸反应产生氢气和氯化亚铁，产生无色气泡。

【反思与评价】上述实验说明，用洁厕灵除铁制品表面的铁锈时切勿长时间浸泡，以免损伤铁制品表面。

思考交流　结合已知盐酸性质，你可否为洁厕灵说明书提出一些新的建议？如图 11-2-5 所示，某小组同学不慎将自己列出的建议及对应原理打乱了顺序，请尝试完成下列任务，找出它们之间的关联。

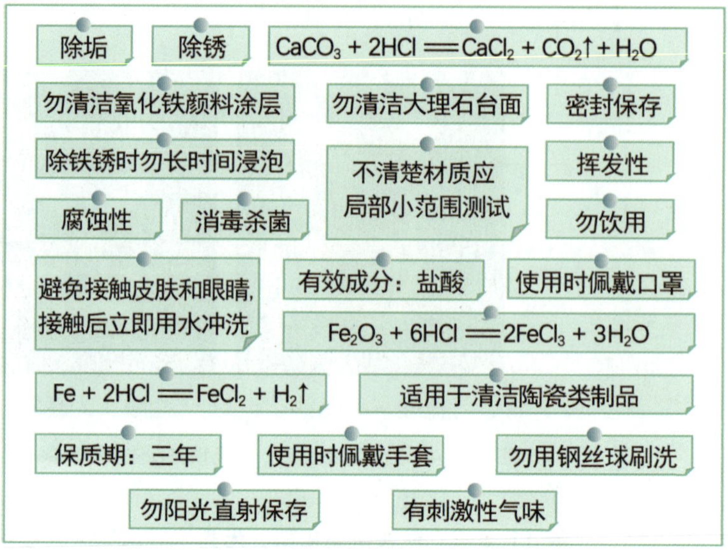

图 11-2-5　某小组同学为洁厕灵说明书列出的建议

1. 按盐酸的性质、洁厕灵的用途和功效、洁厕灵的使用注意事项将图中条目进行分类。
2. 盐酸可以和碳酸钙、氧化铁、铁反应，找出洁厕灵分别与盐酸的这些性质相关的性能。
3. 找出可能与“避免接触皮肤和眼睛，接触后立即用水冲洗”这条注意事项相关的性质及其他性能。
4. 找出可能与“使用时佩戴口罩”这条注意事项相关的性质及其他性能。
5. 按照物质性质决定产品性能的思路梳理这些条目，可补充自己的建议。

盐酸的挥发性：盐酸是氯化氢气体的水溶液，有较强烈的刺激性气味和一定的挥发性，须密封保存。盛放浓盐酸（质量分数约为 37%）的容器打开后，在容器口上方会出现白雾（图 11-2-6），这是挥发的氯化氢气体与空气中水蒸气结合形成的盐酸小液滴。

图 11-2-6　浓盐酸的挥发性

盐酸的腐蚀性：盐酸是胃液（pH 为 0.9 ~ 1.5）的主要成分，胃液具有一定的腐蚀性，可使蛋白质变性，能促进食物消化、抵御微生物感染。

知识梳理

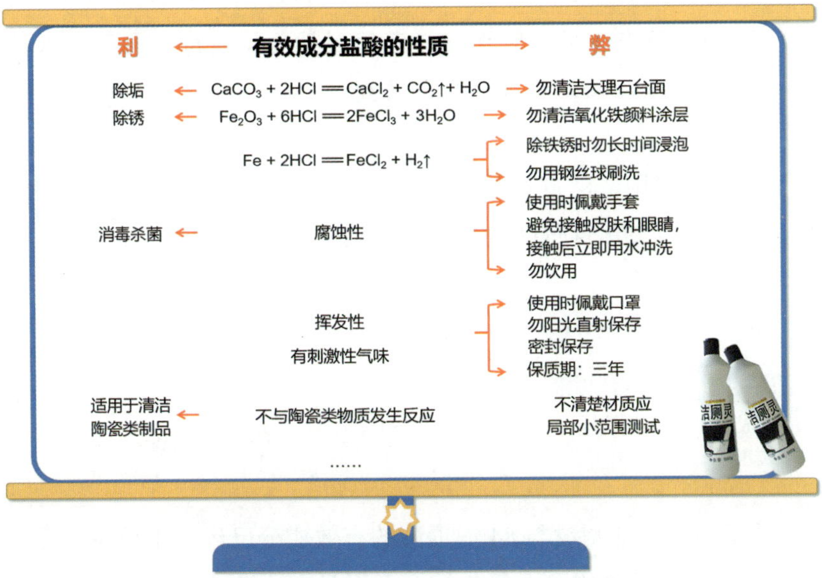

图 11-2-7　以盐酸的性质为核心改进洁厕灵说明书

任务三　探究洁厕灵的混用禁忌

活动 1　洁厕灵常见的混用禁忌分析

引入展示　【资料】据新闻报道，有市民用洁厕灵清洗厕所时，为了增强去污力又加入了 84 消毒液，随后厕所中迅速升腾起黄绿色刺鼻气体，导致该市民呼吸困难、浑身无力，被送医后确诊为轻度氯气中毒。

【演示实验】将洁厕灵与 84 消毒液混合，观察现象（图 11-3-1）。

洁厕灵　　84 消毒液　　洁厕灵与 84 消毒液混合

图 11-3-1　洁厕灵、84 消毒液及其混合后现象

思考交流 结合上述资料和演示实验，思考下列问题：

1. 为了高效、多功能的目的而混用清洁剂，你觉得是否可行？
2. 如果用安全措施防止黄绿色的刺鼻气体逸出，是否可以将洁厕灵与84消毒液混用以增加清洁效果？

【问题1】随意混用清洁剂可能会发生反应，产生危险，如洁厕灵和84消毒液混用会产生黄绿色、有刺激性气味的气体，导致中毒，反应原理如下：

$$2HCl + NaClO = Cl_2\uparrow + NaCl + H_2O$$

$2HCl$	+	$NaClO$	=	$Cl_2\uparrow$	+	$NaCl + H_2O$
洁厕灵 有效成分		84消毒液 有效成分		氯气 有毒气体		刺激性气味！黄绿色！有毒！

【问题2】不可以。洁厕灵与84消毒液的有效成分已经发生反应，反应物消失，处理掉产物氯气之后，溶液中剩余氯化钠，不再具有原清洁剂的清洁功能。

活动2 从洁厕灵与管道疏通剂的混用角度认识酸碱中和反应

思考交流 经实验验证，洁厕灵与管道疏通剂混合后无明显现象，如图11-3-2所示。

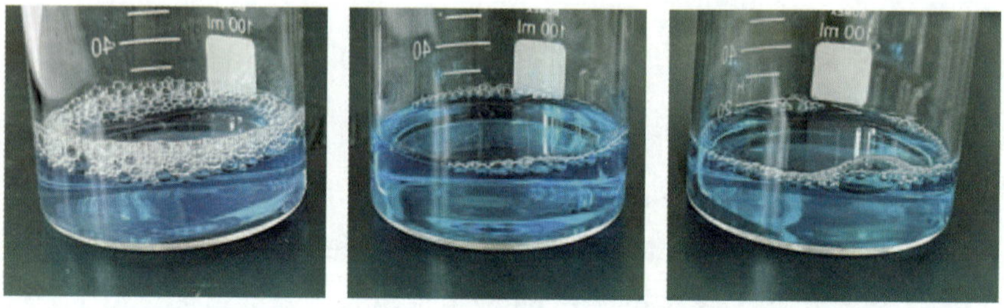

洁厕灵　　管道疏通剂　　洁厕灵与管道疏通剂混合

图11-3-2　洁厕灵、管道疏通剂及其混合后现象

结合如图11-3-3所示说明书，思考洁厕灵与管道疏通剂是否可以混用。

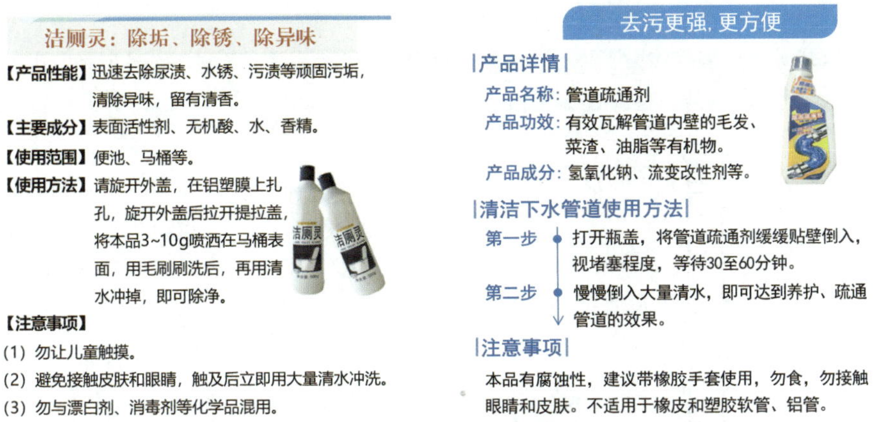

洁厕灵：除垢、除锈、除异味

【产品性能】迅速去除尿渍、水锈、污渍等顽固污垢，清除异味，留有清香。
【主要成分】表面活性剂、无机酸、水、香精。
【使用范围】便池、马桶等。
【使用方法】请旋开外盖，在铝塑膜上扎孔，旋开外盖后拉开提拉盖，将本品3~10g喷洒在马桶表面，用毛刷刷洗后，再用清水冲掉，即可除净。
【注意事项】
(1) 勿让儿童触摸。
(2) 避免接触皮肤和眼睛，触及后立即用大量清水冲洗。
(3) 勿与漂白剂、消毒剂等化学品混用。

去污更强，更方便

|产品详情|
产品名称：管道疏通剂
产品功效：有效瓦解管道内壁的毛发、菜渣、油脂等有机物。
产品成分：氢氧化钠、流变改性剂等。

|清洁下水管道使用方法|
第一步　打开瓶盖，将管道疏通剂缓缓贴壁倒入，视堵塞程度，等待30至60分钟。
第二步　慢慢倒入大量清水，即可达到养护、疏通管道的效果。

|注意事项|
本品有腐蚀性，建议带橡胶手套使用，勿食，勿接触眼睛和皮肤。不适用于橡皮和塑胶软管、铝管。

图 11-3-3　洁厕灵（左）和管道疏通剂（右）说明书

活动探究

【提出问题】洁厕灵与管道疏通剂是否可以混用？

【猜想与假设】尽管洁厕灵与管道疏通剂混合后没有明显现象，但洁厕灵与管道疏通剂的有效成分会发生反应，它们不能混用。

【实验目的】验证洁厕灵与管道疏通剂不能混用。

【实验方案】

1. 用盐酸代表洁厕灵，用 NaOH 溶液代表管道疏通剂。

2. 溶液配制：①少量盐酸与过量 NaOH 溶液配成混合液 A；②过量盐酸与少量 NaOH 溶液配成混合液 B。

3. 自选其他试剂，设计实验并进行验证。

【实验报告】如表 11-3-1 所示。

表 11-3-1　验证洁厕灵不能与管道疏通剂混用实验报告

设计意图	实验操作	实验设计原理	实验现象	实验结论
验证混合后盐酸消失	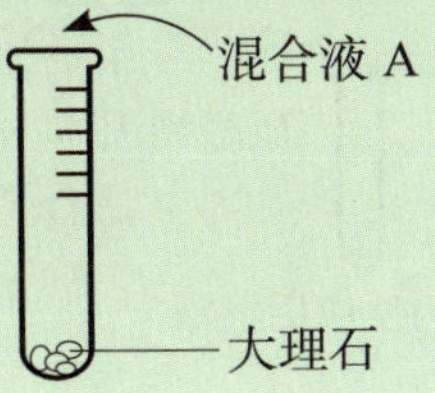	$CaCO_3 + 2HCl = CaCl_2 + CO_2\uparrow + H_2O$	固体不溶解，无气泡产生	盐酸消失
验证混合后盐酸消失	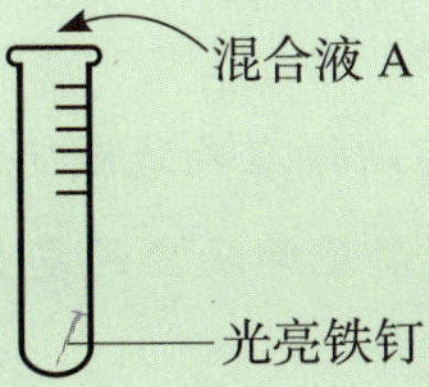	$Fe + 2HCl = FeCl_2 + H_2\uparrow$	铁钉不溶解，无气泡产生，溶液不变色	盐酸消失

（续表）

设计意图	实验操作	实验设计原理	实验现象	实验结论
验证混合后盐酸消失	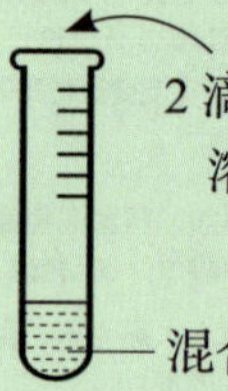	石蕊遇酸变红	溶液不变红	盐酸消失
验证混合后氢氧化钠消失	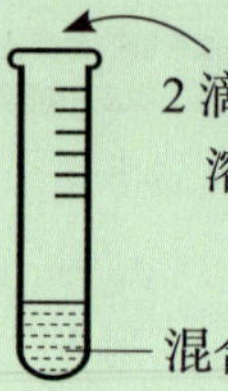	酚酞遇碱变红	溶液不变红	氢氧化钠消失

【实验结论】由于有效成分盐酸和氢氧化钠会发生反应，导致盐酸、氢氧化钠消失，因此洁厕灵与管道疏通剂不能混用。

盐酸与氢氧化钠会发生反应生成氯化钠和水：$HCl + NaOH \xlongequal{} NaCl + H_2O$。

思考交流 盐酸与氢氧化钠的反应无明显现象，我们是如何证明它们的反应是可以发生的？

方法导引 无现象反应的发生可用如图 11-3-4 所示方法进行证明。

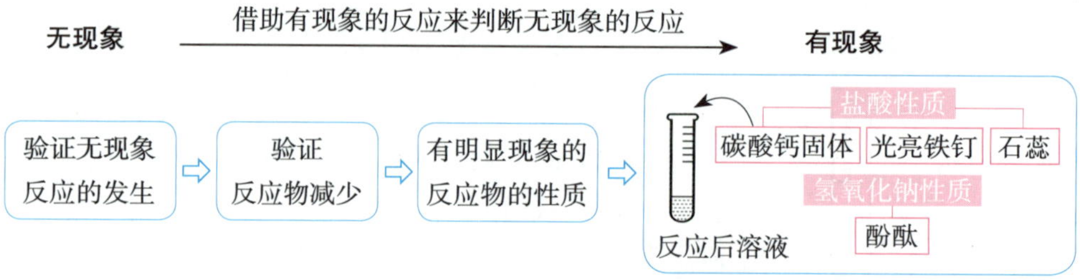

图 11-3-4　无现象反应发生的证明示意图

引入展示 pH 传感器和 pH 计（图 11-3-5）可以较准确地测定溶液的 pH，用它们监测溶液 pH 的变化，可以帮助判断化学反应的发生。

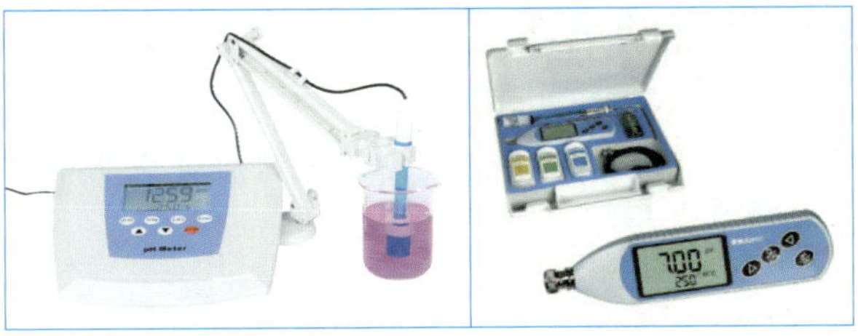

图 11-3-5　常见 pH 传感器（左）和手持型便携式 pH 计（右）

思考交流　已知 NaCl 溶液是中性的，是否可以用 pH 计监测盐酸与氢氧化钠的反应？观察表 11-3-2 中的监测结果，并分析解释。

表 11-3-2　用 pH 计监测向盐酸中滴加 NaOH 溶液时溶液的 pH 变化

实验操作	向盐酸（pH=1）中逐滴加入 NaOH 溶液至过量
pH 监测结果	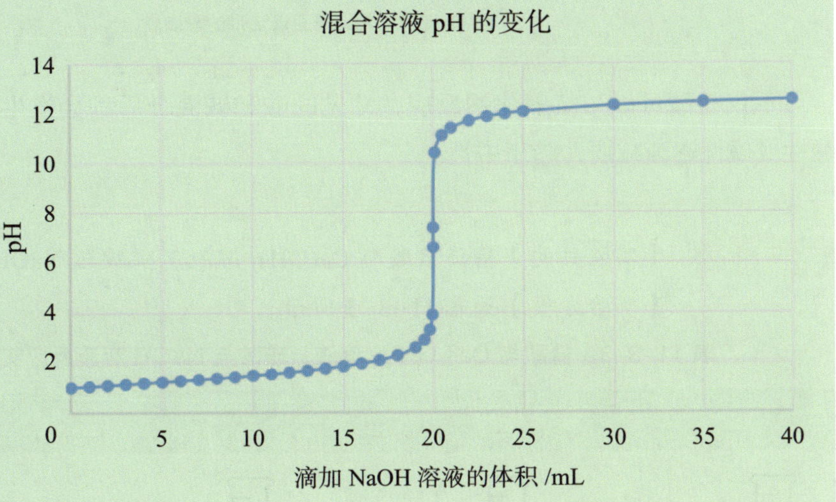

pH 的变化反映了溶液酸碱性的变化，进而代表了溶液中物质的变化（图 11-3-6）。

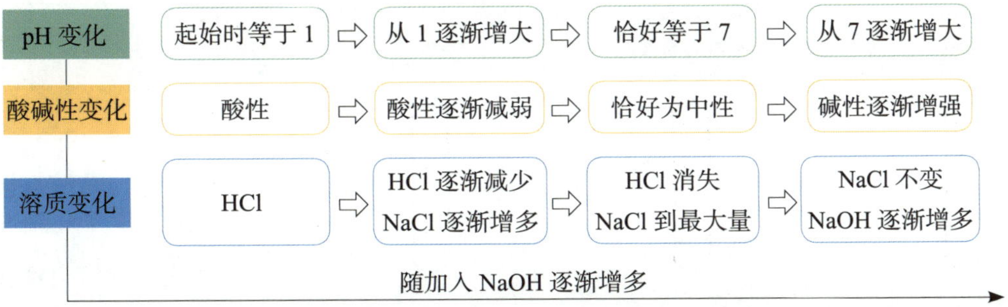

图 11-3-6　向盐酸中滴加 NaOH 溶液引起的有关变化

活动 3 完善洁厕灵说明书

思考交流 结合上述活动及图 11-3-7，你认为洁厕灵说明书中还应注明以下哪些内容？

A. 不能与 84 消毒液等漂白剂、消毒剂混用

B. 不能与碱性管道疏通剂混用

C. 不能与碱性清洁剂混用

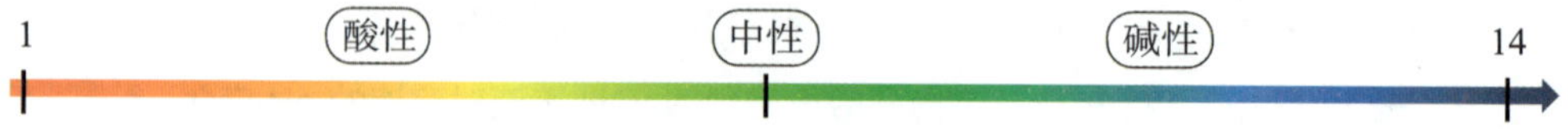

洁厕灵	柠檬酸除垢剂	不锈钢清洁剂	石材清洁剂	卫生消毒除菌液	肥皂水	84 消毒液	厨房油污净	管道疏通剂

图 11-3-7 常见厨卫清洁剂的酸碱性

不仅盐酸可以与氢氧化钠反应，常见的酸和碱混合后都会发生反应，使溶液的酸性或碱性逐渐减弱，趋于中性。

活动探究 【实验目的】验证盐酸与 $Ca(OH)_2$ 溶液、硫酸与 NaOH 溶液的反应。

【实验方案】如表 11-3-3 所示。

表 11-3-3 盐酸与 $Ca(OH)_2$ 溶液、硫酸与 NaOH 溶液反应实验方案

实验操作	实验现象	实验原理
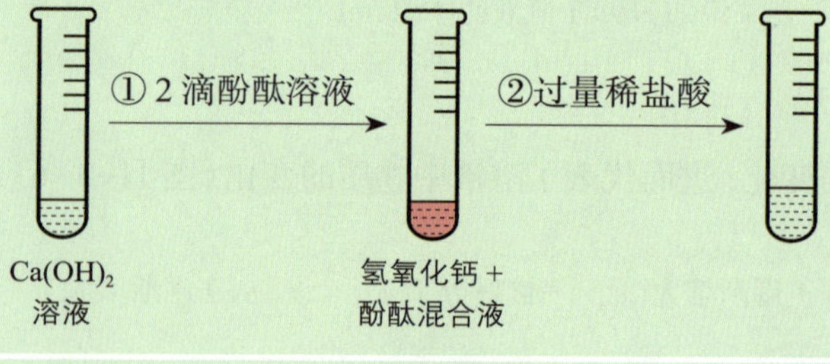	①加入酚酞溶液后，溶液变红 ②加入过量稀盐酸，溶液逐渐由红色变为无色	盐酸与氢氧化钙可以反应
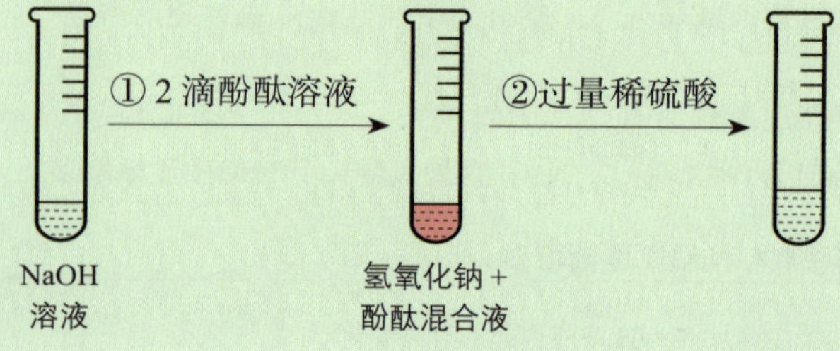	①加入酚酞溶液后，溶液变红 ②加入过量稀硫酸，溶液逐渐由红色变为无色	硫酸与氢氧化钠可以反应

【实验结论】

盐酸与氢氧化钙反应生成氯化钙（$CaCl_2$）和水：

$$2HCl + Ca(OH)_2 = CaCl_2 + 2H_2O$$

硫酸与氢氧化钠反应生成硫酸钠（Na_2SO_4）和水：

$$H_2SO_4 + 2NaOH = Na_2SO_4 + 2H_2O$$

氯化钠、氯化钙、硫酸钠这类溶于水能够解离出金属阳离子（或铵根离子）和酸根阴离子的物质称为盐。酸与碱作用生成盐和水的反应，叫作中和反应。因此，不仅洁厕灵不能与 84 消毒液、管道疏通剂混合使用，酸性清洁剂与碱性清洁剂都不能混用，否则会导致其失效。中和反应原理常用于实际生产，如用熟石灰（即氢氧化钙固体）改良酸性土壤，用碱类物质氢氧化铝作为药物治疗胃酸过多，等等。

知识梳理

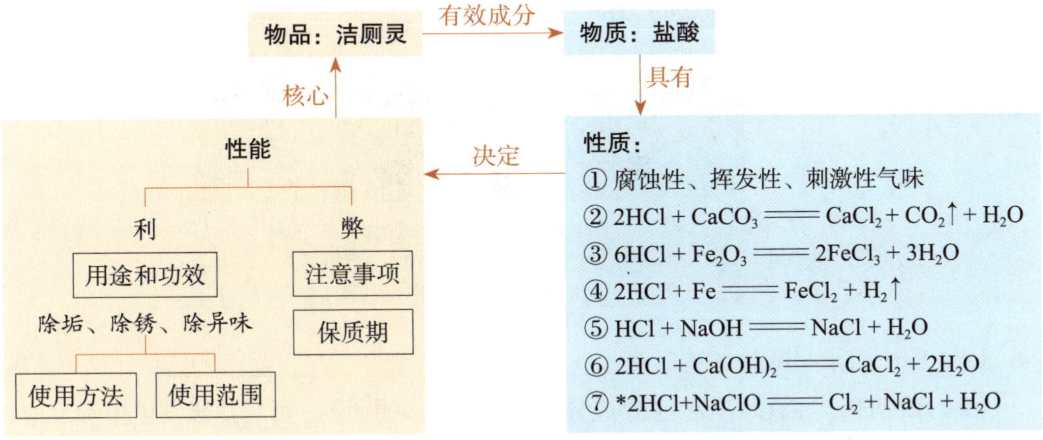

图 11-3-8　以洁厕灵有效成分盐酸为例梳理相关核心知识

单元项目梳理

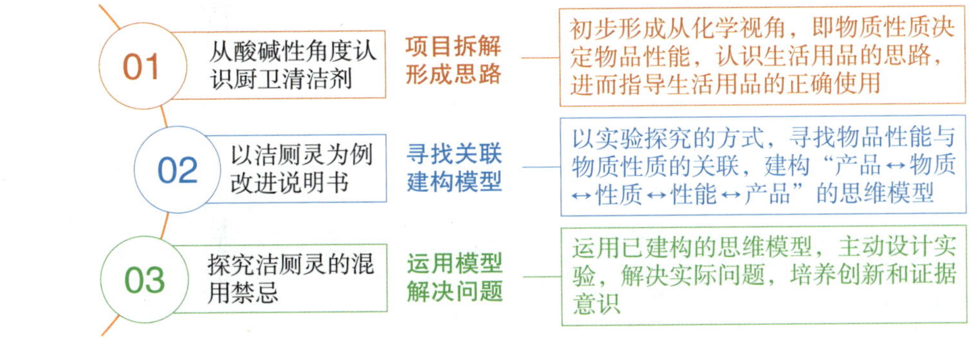

单元项目检测

学习理解

1. 小明做家务时用到了洁厕灵。

（1）他用洁厕灵清除水垢（主要成分是碳酸钙），用化学方程式表示其原理：______________________________。

（2）他清洗马桶时戴上橡胶手套，以防洁厕灵与皮肤直接接触，其原因是______________________________。

（3）他不小心将洁厕灵洒在铁制品表面，会产生小气泡，该反应的化学方程式为______________________________。

2. 废旧钢铁表面的铁锈可用硫酸除去，产物为溶于水呈黄色的硫酸铁［$Fe_2(SO_4)_3$］和水，用化学方程式表示其原理：______________________________。

3. 下图为生活中一些物品的 pH。

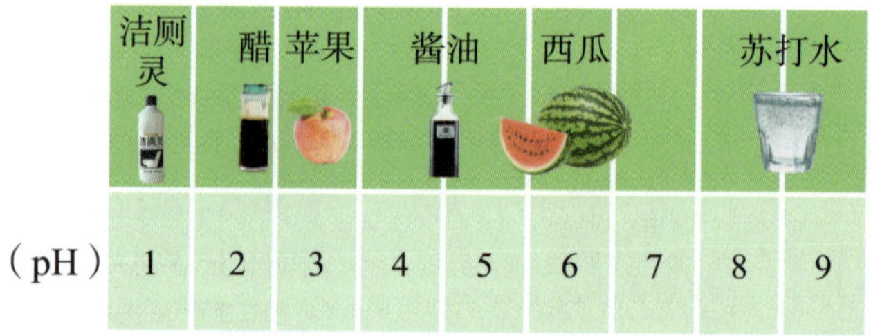

（1）图中溶液呈酸性的物品有______________________________。

（2）$Al(OH)_3$ 是治疗胃酸（主要成分是盐酸）过多的药剂，可与盐酸发生中和反应，产物为氯化铝（$AlCl_3$）和水。

① $Al(OH)_3$ 与胃酸反应的化学方程式是______________________________。

② 治疗胃酸过多的过程中，胃液的 pH 会__________（填“增大”或“减小”）。

4. 用如图所示装置进行实验。

（1）实验现象是______________________________。

（2）该实验应用的浓盐酸性质是______________________________。

（3）该实验说明分子具有的性质是______________________________。

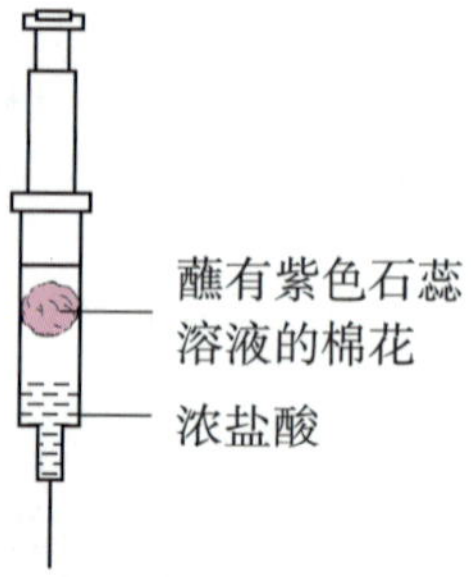

5. 如图所示，向加有不同试剂的点滴板孔穴中分别滴加稀盐酸，研究物质的性质。

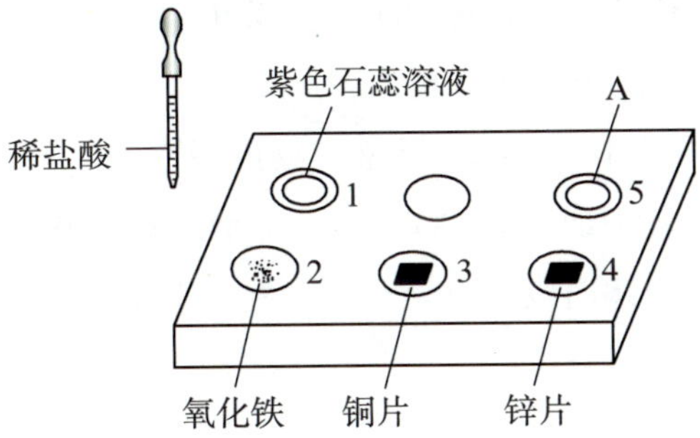

（1）孔穴 2 中观察到的现象是____________________________________。

（2）孔穴 3、4 中能发生反应的是____________；两个孔穴现象不同的原因是____________________________________。

（3）孔穴 5 中的现象为溶液由红色变为无色，则 A 可能是 NaOH 溶液和________的混合液。

应用实践

6. 元旦联欢会上，雯雯拿出一幅画（画中有一件紫色衣服和一个白色灯笼），表演了一个化学魔术。

（1）她向画中的衣服上喷了一种无色溶液，衣服由紫色变成红色。若衣服上预先涂过石蕊溶液，则喷的无色溶液可以是________________________。

（2）向画中的灯笼上喷了另一种无色溶液，灯笼由白色变成红色，则该无色溶液及灯笼上预先涂过的试剂分别是____________________。

7. 实验小组用传感器研究稀盐酸和稀 NaOH 溶液的反应。实验过程中温度和 pH 变化趋势如图所示。

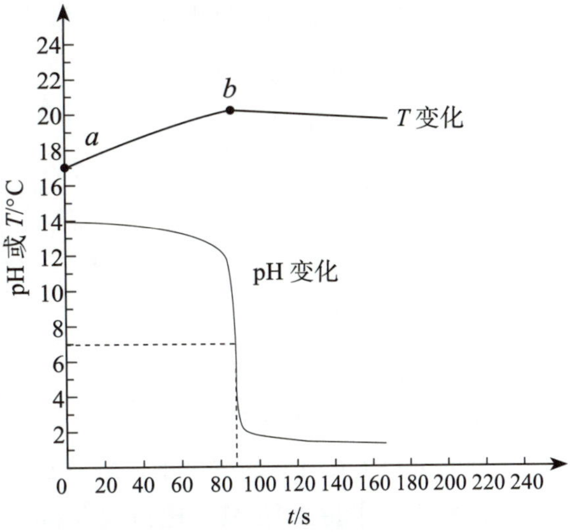

（1）上述反应的化学方程式是____________________________。

（2）曲线 ab 段上升的原因是____________________________。

（3）下列说法正确的是________（填字母）。

A. 该实验是将稀盐酸滴入稀 NaOH 溶液中

B. 60 s 时对应溶液中的溶质是 NaCl

C. 120 s 时向溶液中加入酚酞溶液，溶液不变色

D. 180 s 时向溶液中加入 $CaCO_3$ 固体，能证明稀盐酸与稀 NaOH 溶液发生反应

8. 利用生锈废铁屑和钛白废酸（含硫酸、硫酸亚铁）制备硫酸亚铁的主要转化过程如下：

该过程中涉及两个有关酸的反应的化学方程式为____。

迁移创新

9. 根据你的理解，为洁厕灵绘制一份全面的说明书。

10. 现在要为厨房油污净改进说明书，写出你的思路。

11. 完成下列实验探究：

黑枸杞富含花青素，享有“花青素之王”的美誉。某小组对黑枸杞提取液能否充当酸碱指示剂进行了探究。

【查阅资料】花青素易溶于水，溶液呈紫色。

【实验准备】将 3.0 g 黑枸杞粉放入 30 mL 蒸馏水中，充分溶解后制得黑枸杞提取液。

【进行实验】

实验 1：室温时，将蒸馏水和不同 pH 的硫酸、NaOH 溶液放入 14 支试管中，分别向每支试管中滴加 3 滴黑枸杞提取液。实验结果如下：

pH	1	2	3	4	5	6	7	8	9	10	11	12	13	14
颜色	粉红	粉红	粉红	浅紫	浅紫	紫	紫	蓝	蓝	深蓝	深蓝	灰绿	黄	黄棕

实验 2：室温时，向试管中分别加入相同体积的 6 种物质，各滴加 3 滴黑枸杞提取液。实验结果如下：

物质	白醋	稀盐酸	牛奶	蒸馏水	纯碱水	NaOH 溶液
颜色		粉红	紫	紫	灰绿	黄

【解释与结论】

（1）若白醋的 pH 为 3，向白醋中滴加黑枸杞提取液后，颜色为____________。

（2）根据实验现象，不能确定牛奶呈中性的理由是____。

（3）向纯碱水中滴加黑枸杞提取液，再滴入稀盐酸至过量，观察到的实验现象为____。

项目 12　探索松花蛋的制作工艺

——应用化学反应原理解决生产、生活中的实际问题

任务一　探秘松花蛋的传统工艺制作原理
任务二　探秘松花蛋的现代工艺制作关键
任务三　探秘松花蛋浸泡液的处理方法

单元项目设计意图

通过探秘松花蛋的制作原理，建立应用化学反应原理解决真实问题的观念；通过探秘松花蛋的制作新工艺，探寻最佳腌制松花蛋的 NaOH 溶液浓度，体验完整的科学探究过程，感悟科学的研究方法；通过对剩余废液的处理及再利用，培养创新意识，提升社会责任感；通过真实问题的解决，建构用化学知识分析解决实际问题的思维模型，发展“证据推理与模型认知”核心素养。

单元项目学习目标

1. 通过分析松花蛋的制作原理，学会应用酸、碱、盐的知识解决问题，建立应用化学反应原理解决真实问题的物质及其变化的观念；通过确定料泥的组成体验完整的科学探究过程。

2. 通过探寻新工艺中浸泡液的适宜浓度，体验完整的化学探究过程，认识定量计算对解决实际问题的重要意义。

3. 通过探秘松花蛋浸泡液的处理与再利用的方法，提升社会责任感，培养勤于思考、敢于质疑、勇于创新的科学品质。

4. 通过整个单元的学习过程，建立应用化学反应原理分析、解决实际问题的思维模型，并能迁移应用模型开展新的学习。

单元项目学习引导

松花蛋是我国人民发明的蛋加工食品，是一种我国特有的碱性食品，具有特殊风味。松花蛋的制作与食用也是我国传统文化中的一部分。

传统松花蛋的制作所需的材料有盐、茶以及碱性物质(如生石灰、草木灰、碳酸钠、氢氧化钠等)。制作松花蛋为什么要用碱性物质？如何自制松花蛋？制作完成后的料泥或浸泡液如何进行处理？怎样食用才能让其味道更美味？这些问题的背后，都蕴含着丰富的化学原理。

任务一 探秘松花蛋的传统工艺制作原理

活动 1 探秘松花蛋制作工艺中的化学反应原理

思考交流 阅读松花蛋的制作工艺流程，从物质及其变化观念的角度尝试进行分析，思考在制作过程中可能发生了哪些化学反应。

配料：生鸭蛋、生石灰、纯碱、草木灰、食盐、红茶、大茴香、糠壳、水等。

工艺流程：

(1) 选鸭蛋。

(2) 制料泥。将纯碱、草木灰和食盐放入缸中，再倒入水使其充分溶解，然后分批放入生石灰，使其全部化开。

(3) 滚料泥。使鸭蛋均匀地粘上料泥(操作者要佩戴乳胶手套)。

(4) 滚灰。将粘好料泥的鸭蛋滚上一层糠壳(或锯末)。

(5) 密封。将处置好的鸭蛋逐个装入坛中，并用泥将坛口密封。

(6) 七到八天即可成熟。

生石灰是 CaO，纯碱是 Na_2CO_3，草木灰的主要成分为 K_2CO_3，食盐是 $NaCl$，还有水，制作松花蛋过程中发生反应的化学方程式如表 12-1-1 所示。

表 12-1-1　松花蛋制作工艺中发生反应的化学方程式

变化观念	物质变化
化学方程式	$CaO+H_2O=Ca(OH)_2$ $Ca(OH)_2+Na_2CO_3=CaCO_3\downarrow+2NaOH$ $Ca(OH)_2+K_2CO_3=CaCO_3\downarrow+2KOH$

料泥制作过程中，通过以上一系列反应，产生的强碱（NaOH、KOH）经蛋壳渗入蛋清和蛋黄中，与其中的蛋白质作用，致使蛋白质分解、凝固并放出少量硫化氢气体和氨气。同时，渗入的碱还会与蛋白质分解出的氨基酸进一步发生中和反应，生成的盐的晶体沉积在凝胶态的蛋清中，便出现了朵朵“松花”。而硫化氢气体则与蛋清和蛋黄中的矿物质作用生成各种硫化物，使蛋清和蛋黄的颜色发生改变，蛋清呈特殊的茶褐色，蛋黄则呈墨绿色。

食盐在制作过程中起到什么作用？为什么制作松花蛋要用碱性料泥？

活动探究　【实验用品】稀盐酸、NaOH 溶液、食盐水、鸡蛋；试管、玻璃棒等。

【实验步骤】

（1）将一个鸡蛋敲开，取其蛋清放入约 100 mL 水中，用玻璃棒搅拌至均匀，静置，取上层清液（蛋白质溶液）注入三支试管中，分别注入食盐水、稀盐酸和 NaOH 溶液，振荡，观察现象，填入表 12-1-2 中。

表 12-1-2　实验（1）现象记录

试管序号	试管①（食盐水）	试管②（稀盐酸）	试管③（NaOH 溶液）
实验现象			

（2）过滤后，取沉淀加水，搅拌，观察现象，填入表 12-1-3 中。

表 12-1-3　实验（2）现象记录

试管序号	试管①	试管②	试管③
实验现象			

知识链接　盐析（salting out）是指在蛋白质水溶液中加入中性盐后，降低了蛋白质的溶解度，从而使蛋白质凝聚而析出的现象，属于物理变化，常用

的中性盐有硫酸铵、氯化钠、硫酸钠等。由于析出的蛋白质一般不失活，一定条件下又可重新溶解，故这种沉淀蛋白质的方法在分离、浓缩、储存、纯化蛋白质的工作中应用极广。

蛋白质变性（protein denaturation）是指天然蛋白质受物理或化学因素的影响，分子内部原有的特定构像发生改变，从而导致其性质和功能发生部分或全部丧失的现象。能使蛋白质变性的化学方法有加强酸、强碱、重金属盐等；能使蛋白质变性的物理方法有加热（高温）、紫外线及 X 射线照射、超声波、剧烈振荡或搅拌等。

结合已有知识可知，虽然三种溶液都能使蛋白质析出，但析出原理不同。

蛋壳的成分中含有碳酸钙，酸性溶液会使蛋壳变薄，不利用存放和运输，因此制作松花蛋会选择碱性料泥。从制作成本和试剂获取难易等方面考虑，并不直接使用氢氧化钠等强碱。而食盐在松花蛋制作过程中，可促使蛋白质收缩离壳，并具有咸味及防腐作用。

思考交流 滚料泥过程中，操作者为什么要佩戴乳胶手套？制作过程中，为什么要密封坛口？请写出相关反应的化学方程式。

料泥制作过程中产生氢氧化钠等碱性物质，具有腐蚀性，因此在制备过程中要注意使用安全。若完全暴露在空气中，容易使有效成分变质，故应密封保存，相关反应的化学方程式如表 12-1-4 所示。

表 12-1-4 制作过程中的密封原因

变化观念	物质变化
化学方程式	$2NaOH+CO_2 = Na_2CO_3+H_2O$ $Ca(OH)_2+CO_2 = CaCO_3\downarrow+H_2O$ $2KOH+CO_2 = K_2CO_3+H_2O$

活动 2 探秘料泥的物质组成

活动探究 请结合料泥的制作过程，分析料泥配制完成后的物质组成，并设计实验加以验证。

猜想假设：____。

设计并进行实验，填写表 12-1-5。

表 12-1-5　料泥物质组成分析实验

实验步骤	实验现象	实验结论

料泥要按一定的配料比来进行制作，因此料泥中的物质组成是由加入的物质的量与反应的最终产物来决定的。在进行检验时，要考虑检验的物质所在体系、物质之间是否存在干扰、若有干扰如何排除等问题（图 12-1-1）。

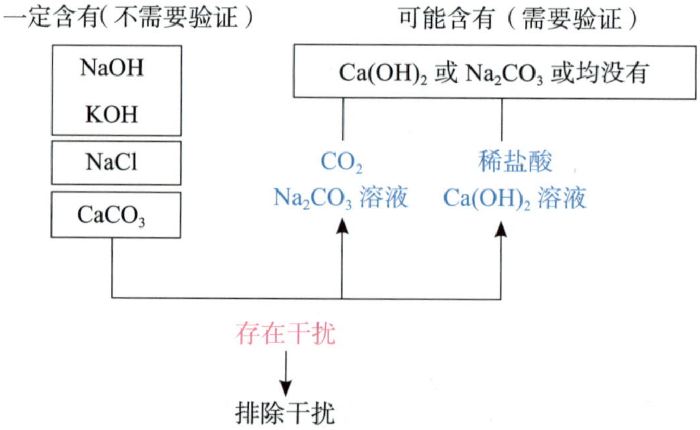

图 12-1-1　料泥组成体系及检验分析

思维建模　梳理混合体系中物质检验的思路如图 12-1-2 所示。

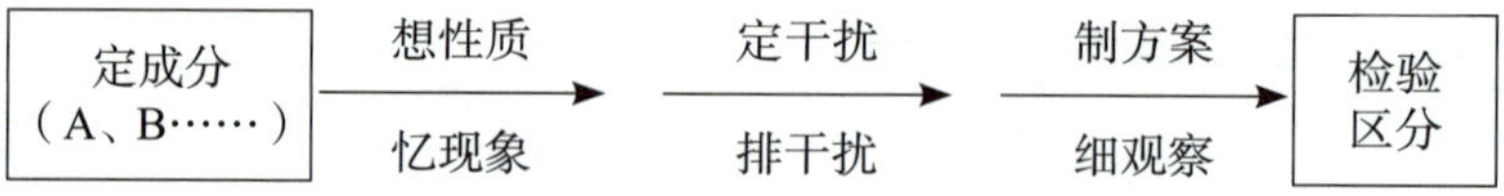

图 12-1-2　混合体系中物质检验的分析模型

思考交流　请计算料泥中生石灰与纯碱的理论配料比，并与传统工艺中实际配料比（表 12-1-6）进行对比，结合表 12-1-7 分析传统工艺制作松花蛋时生石灰过量的原因，以及不直接使用 NaOH 溶液进行加工制作的原因。

表 12-1-6　松花蛋的实际配料（部分）

配料	水	生石灰	纯碱	红茶	盐	蛋量
配方一	50 kg	15 kg	3.5 kg	0.8 kg	3.5 kg	800 kg
配方二	2.5 kg	0.3 kg	0.25 kg	0.08 kg	0.125 kg	2.5 kg

表 12-1-7　生石灰、纯碱、火碱市场价格

原料	生石灰	纯碱	火碱
价格 /（元 · 吨 $^{-1}$）	500	1 500	2 400

在实际生产过程中，原料的选择还要考虑生产的成本以及使用的利用率。

活动 3　探秘松花蛋的涩味成因

活动探究　品尝松花蛋时，为什么我们会感觉到有涩味？你能设计实验验证你的猜想吗？填写表 12-1-8。

表 12-1-8　松花蛋涩味成因探究实验

实验步骤	实验现象	实验结论

方法导引　化学研究的是物质的组成、结构、性质及其变化规律，因此在解决实际问题的过程中，我们要有意识地从真实的情境或问题中提取研究的物质，从其性质及其变化入手进行分析（图 12-1-3 呈现了碱的通性）。

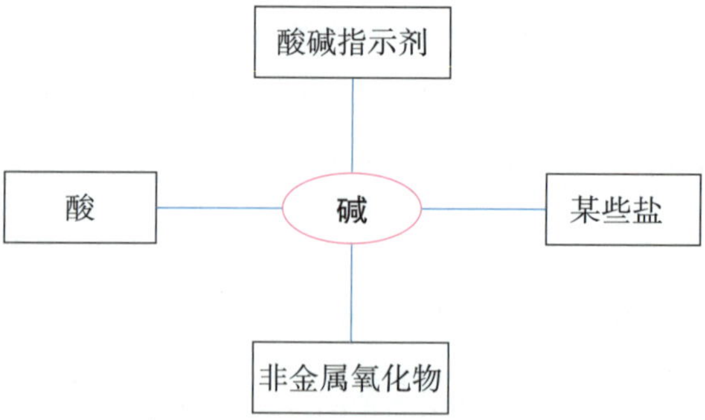

图 12-1-3　碱的通性

通过对松花蛋浸泡液 pH 的检测，发现溶液呈碱性，说明涩味是由碱性物质引起的。

思考交流　如何减轻松花蛋的涩味，请结合以下“资料在线”写出相关反应的化学方程式。

资料在线　食醋中一般含有 3%～5% 的醋酸。醋酸的化学名称叫乙酸（CH_3COOH），是无色、有刺激性气味的液体，能溶于水。生活中常用食醋除去水壶中的水垢，其反应原理是醋酸与碳酸钙反应生成可溶性的醋酸钙［$(CH_3COO)_2Ca$］。

根据酸碱中和的原理，可以在吃松花蛋时蘸点儿食醋，减轻涩味，相关反应的化学方程式如表 12-1-9 所示。

表 12-1-9　醋酸与碱反应的化学方程式

变化观念	物质变化
化学方程式	$NaOH+CH_3COOH = CH_3COONa+H_2O$ $Ca(OH)_2+2CH_3COOH = (CH_3COO)_2Ca+2H_2O$ $KOH+CH_3COOH = CH_3COOK+H_2O$

任务梳理

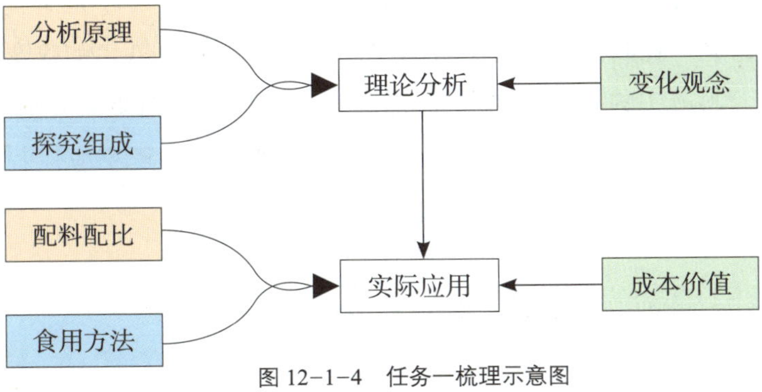

图 12-1-4　任务一梳理示意图

任务二　探秘松花蛋的现代工艺制作关键

活动 1　认识氢氧化钠在松花蛋制作过程中的重要作用

思考交流　请查阅相关资料，了解不同浓度的 NaOH 溶液与鸭蛋蛋白接触的现象，并结合任务一中对松花蛋表面“松花”（图 12-2-1）形成原理的说明，思考下列问题：

1. 结合图 12-2-2，从微观角度解释氢氧化钠是如何进入鸭蛋中的。
2. 形成品质好的松花蛋的关键是什么？

图 12-2-1　松花蛋表面的“松花”

图 12-2-2　放大 2 000 倍的蛋壳表面

当鸭蛋浸泡在 NaOH 溶液中时，NaOH 溶液中的离子会通过蛋壳上细小的气孔进入鸭蛋内部，打破蛋内原有的酸碱平衡体系，渗入蛋清和蛋黄中，与其中的蛋白质作用，蛋白部分形成具有弹性的凝胶体，蛋黄部分形成凝固体。通过任务一的学习，我们已经知道渗入的碱还会与蛋白质分解出的氨基酸进一步发生中和反应，生成的盐的晶体沉积在凝胶态的蛋清中，便出现了朵朵“松花”。但是，不是所有的松花蛋都会长出“松花”，这与腌制松花蛋的料液有关。若料液中的氢氧化钠浓度过低，便不会长出“松花”；若料液中的氢氧化钠浓度过高，已经凝固的蛋白质又会重新水解而液化，出现粘壳、烂头、蛋黄变硬的现象。为了保证产品质量，生产中应控制适当的氢氧化钠浓度。

活动 2　探寻腌制松花蛋的氢氧化钠的适宜浓度

思考交流　如何寻找腌制松花蛋适宜的氢氧化钠浓度？

方法一：查询新工艺烧碱法中 NaOH 溶液浓度的范围，在其范围内利用取中法进行实验调整。

方法二：利用传统制作工艺中的实际配料比（表 12-1-6），计算料泥中氢氧化钠的质量分数。

方法三：配制不同浓度的 NaOH 溶液进行实验。

以方法三为例进行 NaOH 溶液浓度的推测。

方法导引　由于传统工艺使用的是料泥，并不是所有的物质都能溶于水，因此可以先根据化学方程式进行计算，估算所得 NaOH 溶液浓度的范围。为此，可以采用以下两种计算方法：

1. 用纯碱质量计算出氢氧化钠质量，以料泥整体质量算作溶液总质量，计算 NaOH 溶液的浓度。
2. 用纯碱质量计算出氢氧化钠质量和消耗水的质量，然后用剩余的水和氢氧化钠的质量和作为溶液总质量，计算 NaOH 溶液的浓度。

根据表 12-1-6 中两种配方计算出的 NaOH 溶液浓度如表 12-2-1 所示，再采用取中法获取检测实验的 NaOH 溶液浓度的范围。

表 12-2-1　根据两种配方计算所得 NaOH 溶液浓度

配方	配方一	配方二
计算方法 1 所得 NaOH 溶液浓度 /%	3.6	4.2
计算方法 2 所得 NaOH 溶液浓度 /%	5.5	7.0

活动探究 1. 请用取中法在3.6%~7.0%范围内选取5~7个浓度，进行相关计算，并补全操作步骤，完成NaOH溶液的配制。

（1）计算：根据表12-2-2中选取的浓度，计算配制200 g NaOH溶液所需溶质质量和溶剂体积。

表12-2-2 配制不同浓度NaOH溶液所需溶质质量和溶剂体积

选取浓度/%	3.6	4.1	4.5	5.3	6.2	6.6	7.0
溶质质量/g							
溶剂体积/mL							

（2）______________________________。

（3）______________________________。

（4）______________________________。

2. 贴好标签后，放入准备好的鸭蛋或鹌鹑蛋，用保鲜膜进行密封。

3. 制订评价标准，并进行小组分工观测，填写表12-2-3。

（1）每隔5天观测一次。

（2）观测蛋清和蛋黄是否凝固、蛋清和蛋黄的颜色变化、蛋黄是否溏心。

（3）品尝有无碱味等。

表12-2-3 产品质量观测表

组别	浓度/%	第5天	第10天	第15天	第20天	第25天	第30天
1	3.6						
2	4.1						
3	4.5						
4	5.3						
5	6.2						
6	6.6						
7	7.0						

汇总观测表，确定出NaOH浸泡液的最佳浓度。

制作分享 根据确定出的 NaOH 浸泡液的最佳浓度，利用传统工艺或新工艺，使用鸭蛋或鹌鹑蛋腌制无泥松花蛋，并与同学分享。

任务梳理

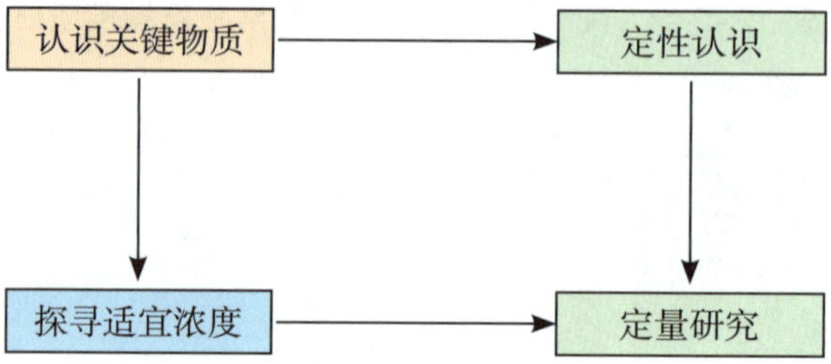

图 12-2-3　任务二梳理示意图

任务三　探秘松花蛋浸泡液的处理方法

活动 1　品尝自制松花蛋，评出最佳制作小能手

分享交流 展示自制松花蛋配方和成品，介绍最佳食用方法及其原理，并简介制作过程中的收获与感悟。评出最佳制作小能手。

评价标准：

（1）成品外壳无料泥。

（2）蛋白有弹力，呈半透明的黑褐色或茶褐色，并有完整“松花”。

（3）蛋黄呈墨绿色溏心，味香清爽。

（4）制作过程及食用方法有创新，蕴含中国传统文化或遵循科学原理。

（5）能从化学原理阐述自己的制作过程，有自己的感悟。

活动 2 探寻剩余浸泡液的处理方法

思考交流 松花蛋腌制结束后，剩余浸泡液怎样处理呢？

观点一：剩余液中有害物质少，用大量水稀释后直接倒掉。

观点二：如果剩余液中氢氧化钠含量较多，可循环利用。

观点三：可利用酸碱中和的反应原理，调整剩余液的 pH＝7 后再排放。

从环境保护的角度来看，我们在处理剩余液时，要保证对环境不造成污染，直接倒掉的方法是不可取的。从节约成本的角度来看，我们可以根据剩余液中氢氧化钠的含量多少，来决定是直接进行处理排放还是循环利用后再进行处理排放。

思考交流 如何确定剩余液中氢氧化钠的含量是多少呢？

（1）蒸发法：取一定量的剩余液，蒸发后称量所得固体，计算溶液中氢氧化钠的质量分数。

（2）滴定法：取一定量的剩余液，滴入酚酞溶液，逐滴加入一定浓度的稀盐酸，记录红色恰好消失时所消耗的稀盐酸的质量，再依据化学方程式计算。

在实际生产过程中，腌制松花蛋时会加入一些辅料如氯化钠等进行调味，因此采用蒸发法会造成我们测定的氢氧化钠的含量误差较大。两种方法相比较而言，滴定法更具有科学性。

活动探究 利用滴定法测定本组自制松花蛋后剩余液中氢氧化钠的含量。

【实验方案】

（1）取 1 g 剩余浸泡液，加水稀释成 20 mL，滴入酚酞溶液。

（2）用溶质质量分数为 3.65% 的稀盐酸进行滴定。

（3）记录数据：所用稀盐酸的质量为 ____________。

（4）依据化学方程式计算，剩余液中氢氧化钠的质量分数是 _______。

计算过程：

根据计算结果，决定剩余液是循环利用还是直接处理排放。

当前，许多加工松花蛋的厂家用浸泡法进行加工。在实际生产中，料液中还会加入大量的调味品，因此成本较高；如果采用直接处理掉的方法，浪费较为严重，因此多采用循环利用的方法。

视野拓展 常用的循环利用法

1. 直接添加法

补充各种消耗的辅料，将它们的浓度重新补充到料液的初始范围。在实际生产过程中，测定出回笼料中某种辅料的残存量，根据其占头料测定值的比例和头料加入量确定添加量，再配成料液制作松花蛋。

2. 勾兑法

根据残料中氢氧化钠、氯化钠、茶叶等浓度，配成一定浓度的浓料，将残料和浓料按比例混合，使勾兑后的料液浓度与残料未使用前浓度一致，再次制作松花蛋。

其中，氢氧化钠浓度测定采用的是两步滴定法，而有些残料浓度测定方法仍在研究中。

料液多次利用后，最终的废液依然是要经处理后才能排放。除了前面已经讨论过的酸碱中和再排放的方法外，工业上还会采用通入二氧化碳至弱碱性再排放，或者采用“以废治废”的方法，如利用碱性废液吸收二氧化硫有害气体等。相关反应的化学方程式如表 12-3-1 所示。

表 12-3-1 废料液处理的化学反应

变化观念	物质变化
化学方程式	$2NaOH + CO_2 = Na_2CO_3 + H_2O$ $2NaOH + SO_2 = Na_2SO_3 + H_2O$

活动 3 制订小课题的研究方案，并通过探究形成研究报告或论文

思考交流 通过对松花蛋的制作原理分析、实践制作、废液处理等探秘活动，你对解决真实情境中的实际问题是否有了研究思路呢？

思维建模　应用化学反应原理分析、解决真实情境中实际问题的研究思维模型如图 12-3-1 所示。

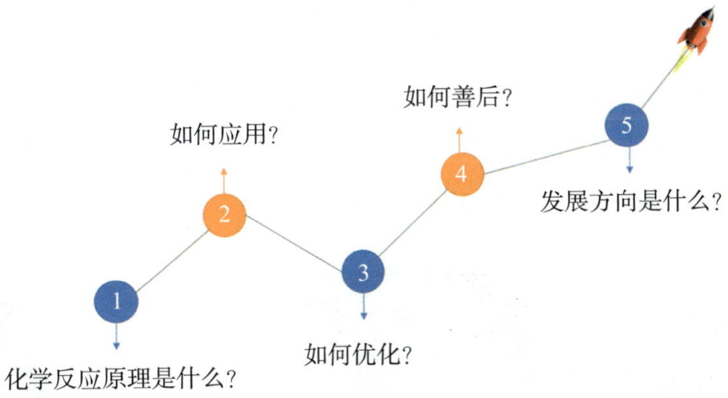

图 12-3-1　应用化学反应原理分析、解决实际问题的研究思维模型

拓展延伸　请选择你感兴趣的研究问题，应用研究思维模型，搭建研究框架。

（1）“气象瓶”的制作；

（2）生活中的保鲜剂；

（3）探秘“暖宝宝”；

（4）……

活动探究　利用课余时间，进入实验室完成探究。

分享交流　与老师、同学进行分享交流，进一步完成探究，形成论文等成果。

单元项目梳理

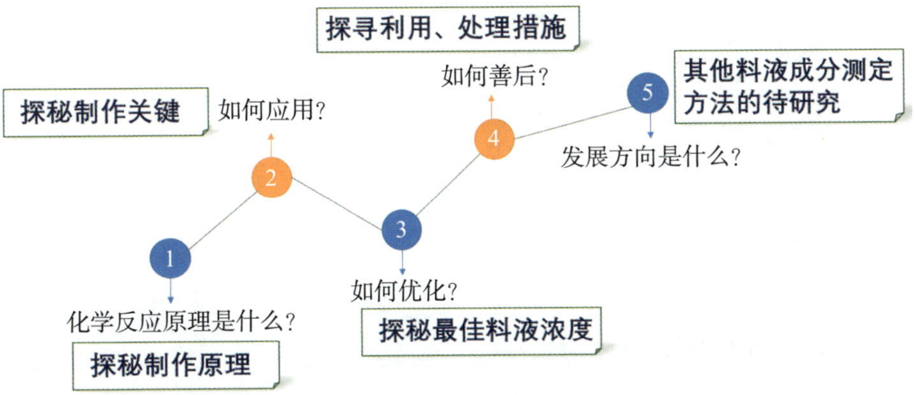

单元项目检测

学习理解

1. 小明同学根据实践活动课中学到的发面知识和自制松花蛋的方法，在家里给家人蒸馒头、制作松花蛋。生石灰、食盐、纯碱等物质是松花蛋料泥的主要原料。制作料泥时，将上述原料加入水中，混合均匀即可。

自制馒头

自制松花蛋

（1）发面时要用到面碱，小苏打是常用的一种面碱。小苏打的化学式为____。

（2）馒头中富含的主要营养素是__________。

（3）制作松花蛋的过程包含着多个化学反应。首要反应是生石灰遇水转化为熟石灰，该反应的化学方程式为________________________。

（4）制作料泥过程中，发生的复分解反应的化学方程式为________________________________（写一个即可）。

2. 工业烟气通常含二氧化硫，在排放前需要经过脱硫处理。下图是两种常用脱硫工艺中含硫物质的转化路径（部分产物已略）。

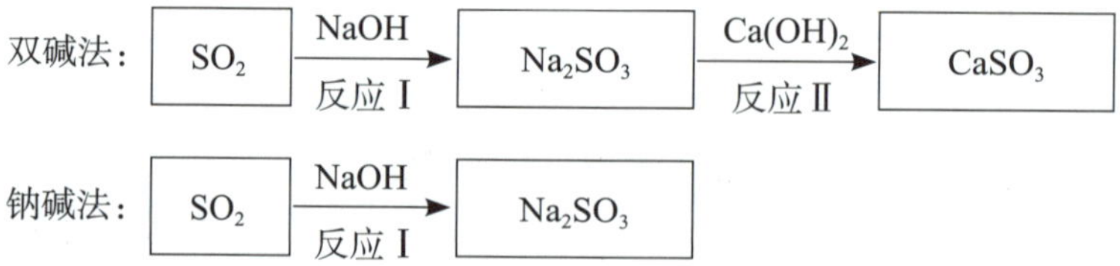

（1）下列环境问题与 SO_2 有关的是__________（填字母）。

A. 酸雨　　B. 温室效应　　C. 臭氧空洞

（2）双碱法中的“双碱”指的是_______________（填化学式）。

（3）$CaSO_3$ 中硫元素的质量分数为______%（计算结果精确到 0.1%）。

（4）反应Ⅱ所属的基本反应类型是__________。

（5）已知部分原料的价格如表所示。

试剂	$Ca(OH)_2$	NaOH
价格 /（元 · 千克$^{-1}$）	0.36	2.90

两种工艺中，处理相同量的 SO_2，双碱法所需原料成本更低，原因是 ____________
______________________________。

应用实践

3. 某实验小组将制作松花蛋的原料生石灰、纯碱和食盐放入水中，充分反应后过滤，得到澄清溶液。对该溶液的组成，甲、乙同学分别作出以下推测。

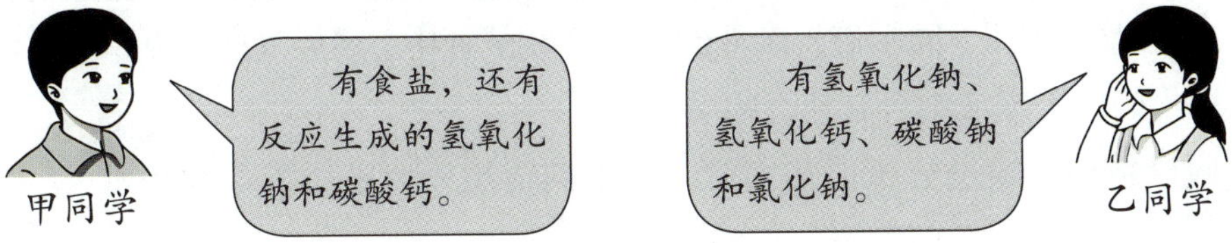

（1）上述两位同学的推测都有不足，理由是 ______________________________
______________________________。

（2）你的推测是：该溶液中一定存在的溶质是 ________________。为进一步确定该溶液所有可能的组成，还需设计实验并填写下表。

实验操作	实验现象	实验结论

迁移创新

4. 初中化学课上，同学们利用下列实验探究碱的化学性质。

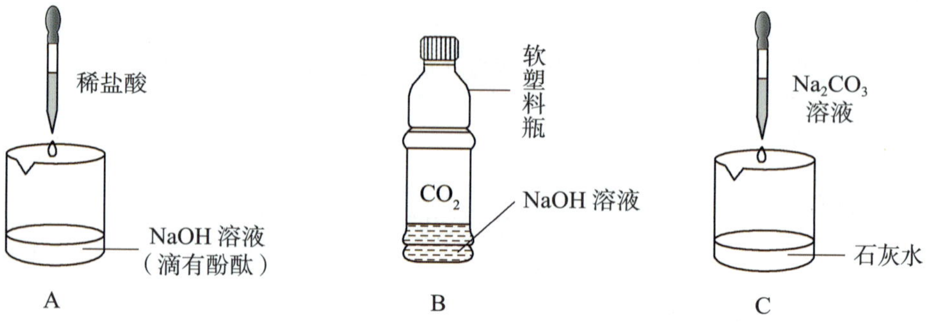

（1）B 实验中反应的化学方程式为____________________________。

（2）C 实验中观察到的现象是______________________________。

（3）实验结束后，同学们将废液倒入同一废液缸中，最后发现废液浑浊并显红色。

【提出问题】废液中含有什么物质？

【假设猜想】通过分析上述实验，同学们猜想：废液中除酚酞和水外一定含有______________________。

老师问："废液中还可能有什么物质？"某同学脱口而出："废液中含有氢氧化钠。"这位同学的说法正确吗？同学们认为不准确，理由是________________________。于是引发了热烈讨论，下面是大家的发言。

学生甲	还可能有 $Ca(OH)_2$、NaOH	学生丙	还可能有 $Ca(OH)_2$、$CaCl_2$
学生乙	还可能有 NaOH、Na_2CO_3	学生丁	还可能有 Na_2CO_3
……	……	……	……

【查阅资料】$CaCl_2 + Na_2CO_3 \xlongequal{} CaCO_3\downarrow + 2NaCl$

【实验验证】同学们对可能含有的物质进行确定，取一定量的废液过滤，向滤液中逐滴加入 $CaCl_2$ 溶液，根据反应现象绘制了如右图所示的示意图。

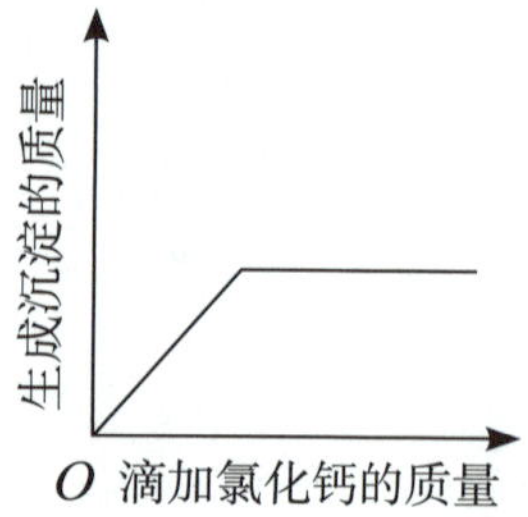

【结论解释】分析图像得出可能含有的物质中，一定含有________________，一定没有__________________。

【拓展提高】那么，是否含有氢氧化钠呢？请你帮同学们继续完成实验，写出探究的实验方法：____________________________。

项目 13　垃圾分类处理

——运用跨学科综合视角解决生活实际问题

任务一　可回收物的处理

任务二　厨余垃圾的处理

任务三　其他垃圾及有害垃圾的处理

单元项目设计意图

以混合物质中核心成分为研究对象，依据实际情况，合理利用其性质，建构使用化学方法解决实际问题的研究模型。利用不同种类垃圾的处理方式不同，体现生活中利用化学思维解决实际问题的逻辑性，强化任务完成过程中的有序思维、综合思考，培养“科学探究与创新意识”“科学态度与社会责任”核心素养，让化学学习学有所用。

单元项目学习目标

1. 通过对可回收物的处理，加深对以检验与鉴别、分离与提纯为目的的化学实验的理解，同时进一步体会可循环利用物质的处理方法。

2. 通过对厨余垃圾的转化处理，切实感受化学的价值，同时加深对元素守恒、压强原理、控制变量思想的认识，培养科学探究精神。

3. 通过对其他垃圾中可燃部分作为燃料燃烧的处理，理解物尽其用的理念；通过对其他垃圾中不可燃部分及有害垃圾的卫生填埋处理的分析，理解化学科学的局限性，同时激发探究欲。

单元项目学习引导

随着人口的增多、生产和生活的消耗，人类产生的垃圾量越发增多，对环境的污染也随之增大，随意弃置垃圾会对人类产生灾难性的后果。全国第一部生活垃圾管理方面的地方性法规《北京市生活垃圾管理条例》由北京市人大常委会制定，自 2020 年 5 月 1 日正式执行。因此，垃圾的分类和处理成为当前人们亟待解决的共同问题。

本主题以不同类别垃圾处理的方式为线索，从资源直接回收、应用元素守恒化学方法进行资源转化和利用，到从化学角度分析如何将垃圾作为燃料处理，引导同学们在项目学习的过程中深入理解化学思想与逻辑，以达到提高化学学科核心素养的目标。

任务一　可回收物的处理

可回收物指适宜回收利用的生活废弃物，主要包括废纸、废塑料、废金属、废旧织物、废弃电器电子产品、废玻璃等（图 13-1-1）。

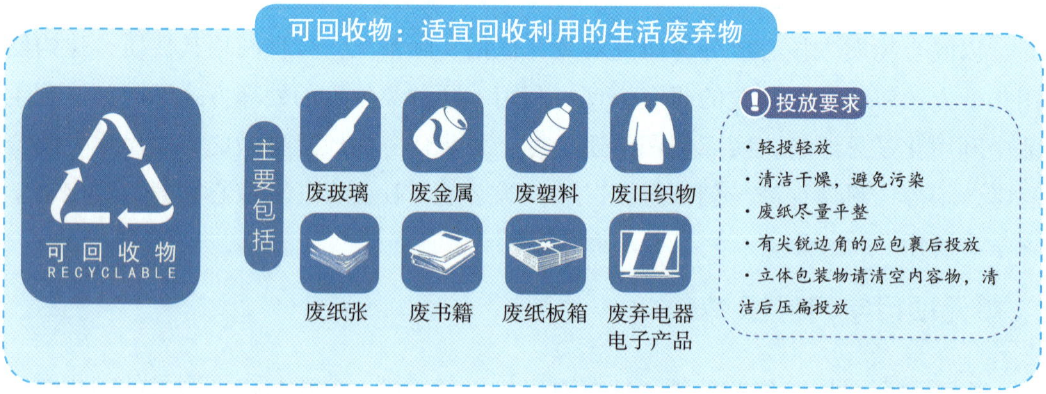

图 13-1-1　可回收物图解

活动 1　金属制品的回收

思考交流　生活中常作为垃圾丢弃的金属制品主要有铁制或铝制的易拉罐（图 13-1-2）。铁、铝作为生产、生活中的重要金属材料，有非常大的回收价值，但铁和铝应分类进行回收。请思考：有哪些方法可以用来区分易拉罐是铁制还是铝制？如果需要进行分离，适合的方法有哪些？为什么？

图 13-1-2　易拉罐

【物理方法】利用两者物理性质的差异：铁能被磁铁吸引，铁的密度比铝的密度大。

【化学方法】利用两者化学性质的差异：加入等浓度、等体积的盐酸，观察冒气泡速率；加入锌或亚铁盐溶液，观察易拉罐表面是否有其他固体产生；从易拉罐上取一小条金属，放入氧气中点燃、观察实验现象。

知识梳理

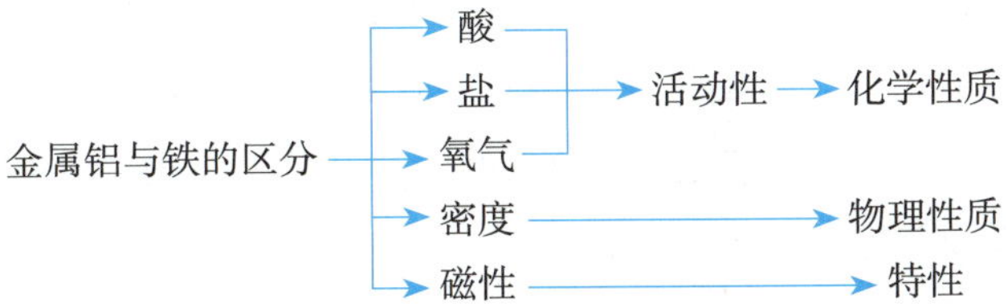

图 13-1-3　金属铝与铁的区分思路

思考交流　制备易拉罐的金属材料是纯金属还是合金？使用该种金属材料的原因有哪些？

生活中使用的易拉罐一般是以铁或铝为主的合金制成。除易拉罐外，其他的金属制品也大多由合金制成。相比于纯金属，合金在我们的生活中应用更为广泛，部分性质也更优异，如合金的硬度更大、耐腐蚀性更强。以易拉罐为例，作为可回收物，将易拉罐收集、熔炼后可以再制成易拉罐。在这个过程中，易拉罐需要被加热熔炼，相对于纯金属来说，合金的熔点低于组成该种合金的每一种纯金属，使用合金制作易拉罐可以节约燃料消耗的成本。

活动 2　电子产品的回收

思考交流　手机的更新换代速度非常快。在二手手机回收市场上，一部废旧手机即使已无法使用，仍然能够卖到 50～100 元的价格，为何废旧手机还能有这样的价值？其原因在于一部手机中可回收的材料价值非常高（图 13-1-4），尤其是金属材料，其中的金属含量甚至高于用于冶炼金属的矿石。通过查阅相关资料发现，手机包

图 13-1-4　手机内部芯片

含的金属元素主要有金、铜、铁、铝，还有一些稀土元素。如果你作为手机处理者，当你回收了一批手机后，如何回收这些手机中的金、铜，同时得到硫酸亚铁和硫酸铝？请设计回收流程图。

依据金属活动性顺序，金的化学性质非常稳定，不与氧气、盐酸、稀硫酸、盐溶液反应，考虑将铜、铁、铝首先除去来获得单质金。铜在金属活动性顺序中位于氢后，无法与盐酸和稀硫酸反应，可通过放置于空气中灼烧操作将铜、铁、铝全部转化为对应的金属氧化物；再利用金属氧化物与酸的反应将氧化物转化为盐溶液，从而过滤出金；然后加入过量铁粉即可将硫酸铜全部转化为铜单质和硫酸亚铁；最终得到单质金、单质铜、硫酸亚铁和硫酸铝（图 13-1-5）。

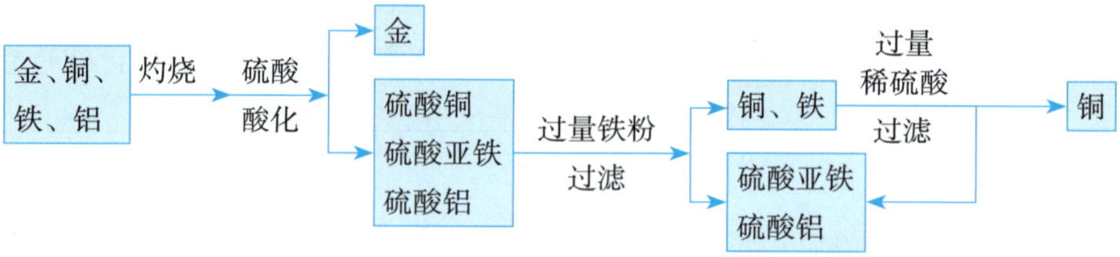

图 13-1-5　手机中金、铜的回收流程示意图

活动 3　查阅资料，设计路线

思考交流　请你运用已有知识并查阅相关资料，设计一条路线，完成任意一种可回收废弃物的处理流程。

方法导引　物质的鉴别、分离、提纯

鉴别：利用物质物理性质或化学性质的差异，通过实验的方式判断其成分。

分离：利用物质溶解性的差异或者物质状态的不同，进行如过滤等操作将混合在一起的物质分开，并获取分离后的所有产物。

提纯：可通过化学或物理方法除去混合物中不需要的成分，使需要获取的成分的浓度提高，也可以只提取出有效成分。

任务二 厨余垃圾的处理

厨余垃圾的成分复杂，主要组成有剩菜剩饭、瓜果皮壳、鱼骨鱼刺、动物内脏等（图 13-2-1），其化学成分有淀粉、纤维素、蛋白质、脂类和无机盐等，同时含有少量 N、P、K、Ca、Mg、Fe 等元素。与其他垃圾相比，厨余垃圾具有水分、有机物、油脂、盐分含量高以及营养元素丰富等特点，具有很大的回收利用价值。

图 13-2-1 厨余垃圾图解

若厨余垃圾未按照分类处理的方式进行投放，会造成的问题主要包括：一是污染收集容器，滋生细菌、招引虫蝇、产生臭气，清洗工作繁重；二是在运输过程中容易造成污水沿途洒漏，污染路面，对运输机具产生腐蚀；三是降低城市垃圾的热值，增加垃圾焚烧处理的成本；四是在填埋过程中产生大量沼气和渗滤液，其中沼气对大气臭氧层的破坏性比二氧化碳大约 20 倍，渗滤液的防渗和处理成本较高；五是污染生活垃圾中的塑料、纸张等可回收成分，造成回收困难或无法回收。

活动 1 厨余垃圾的转化思想

思考交流 你认为如果我们将厨余垃圾进行集中投放后，我们有可能从厨余垃圾中获取哪些资源？你判断的依据是什么？

对垃圾分类处理时，如果处理迅速得当，可以在厨余垃圾还未发酵前进行过滤，从液态物质中获得水和油脂以及溶于其中的常见物质（如食盐、有机物等）；固态物质中由于含有 N、P、K、Ca、Fe 等元素，可以制成化肥和动物饲料。

活动探究 厨余垃圾需要迅速处理。当前对厨余垃圾的主要处理方式是对固态物质厌氧发酵，厌氧即要求发酵过程中不接触氧气。发酵的过程是一个复杂的生物化学过程，通过发酵可以将厨余垃圾中的有机物转化为沼气（主要成分为甲烷），同时会产生沼液和沼渣，其中化学成分主要为有机物。通过以上信息并查找相关资料，绘制出厨余垃圾处理的简单流程图。

厨余垃圾经过处理后的产物包括：油，含有盐类和有机物的水溶液，沼气，含有大量有机物的沼液，含有固态有机物的沼渣（图 13–2–2）。

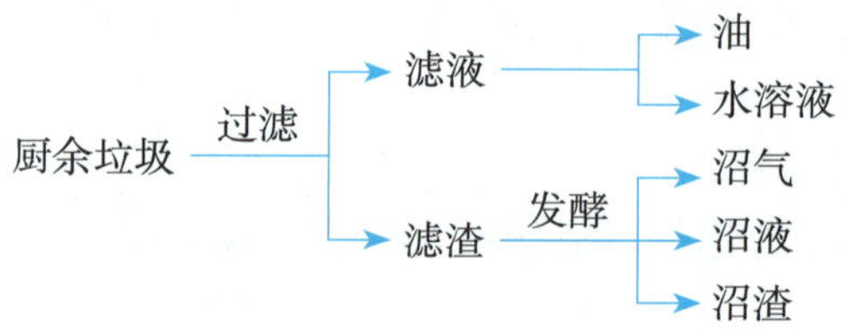

图 13–2–2　厨余垃圾处理流程示意图

油料经过处理后可以用作燃料；水溶液中的有机物也可以放入滤渣进行发酵，水溶液中的大量食盐可以进行回收；沼气收集后可作为燃料使用；沼液和沼渣内含有的有机物可以用作植物的化肥和动物的饲料。优化后的流程（图 13–2–3）完善了终端物质的用途，可以做到物尽其用，切实体现垃圾是错放了位置的资源。

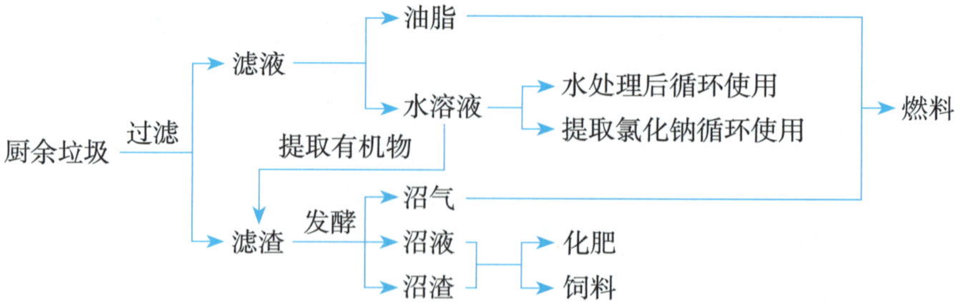

图 13–2–3　厨余垃圾处理流程优化示意图

思考交流 图 13-2-4 是一个家用型厨余垃圾堆肥桶。家庭厨余垃圾处理的主要原理是有氧发酵，特点是不产生异味，生成的肥料主要以液态的形式存在，可用于栽培植物。请结合图片解释垃圾堆肥桶的主要工作原理及发酵过程中桶各部分的作用。

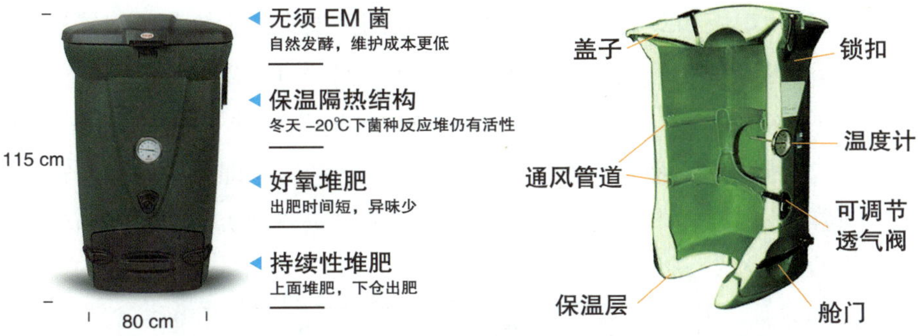

图 13-2-4 家用型厨余垃圾堆肥桶

厨余垃圾通过有氧发酵得到液态肥料，过程中需要恒温有氧。温度计可以显示堆肥过程中的温度变化，保温层起到恒温作用，通风管道保证装置内环境中有氧气，舱门保证肥料随取随用，盖子和锁扣保证新的厨余垃圾可以随时加入。尽管加入的厨余垃圾状态不同，但得到的肥料是液态的，因此密封舱内应有一层带孔隔板，保证固体肥料被留在舱室内。

活动 2 实验室模拟厌氧发酵的装置

阅读设计 厌氧发酵的过程是个复杂且相对缓慢的化学变化过程，总目的是将大分子的有机物转化为小分子的甲烷和其他液态、固态的有机物，从而实现厨余垃圾的资源化处理。处理厨余垃圾需要提高处理效率，使厌氧发酵尽可能快速发生。其中，甲烷的产生速率是厌氧发酵发生速率的重要指标，甲烷产生得越快，厌氧发酵也越迅速，但在甲烷产生的过程中会伴随产生一定量二氧化碳干扰甲烷产生速率的测定。在实验室中，可以模拟进行发酵的过程。现有发生装置如图 13-2-5 所示。锥形瓶中放入待发酵物质，

图 13-2-5 厌氧发酵发生装置

同时从左侧开关处通入氮气，制造无氧环境。请参考曾经学习过的红磷燃烧测定空气中氧气含量的实验，设计完善装置，使之能够测定厌氧发酵的反应速率，并阐述设计方案的理由。

由于实验过程中，要测定气体产生体积，需要将气体的体积转化为液体体积以便于测定。甲烷和二氧化碳同时产生，若用蒸馏水作为转化气液体积的物质，蒸馏水无法消耗全部的二氧化碳，因此在测试装置（图 13-2-6）集气瓶中应注入整瓶一定浓度的 NaOH 溶液，用于吸收二氧化碳；同时生成的甲烷由于其在 NaOH 溶液中不能溶解，可以将溶液挤入量筒，观察量筒中溶液体积即可。将体积转化为速率时，测定单位时间内的气体生成量或者测定生成等体积气体所需的时间即可。

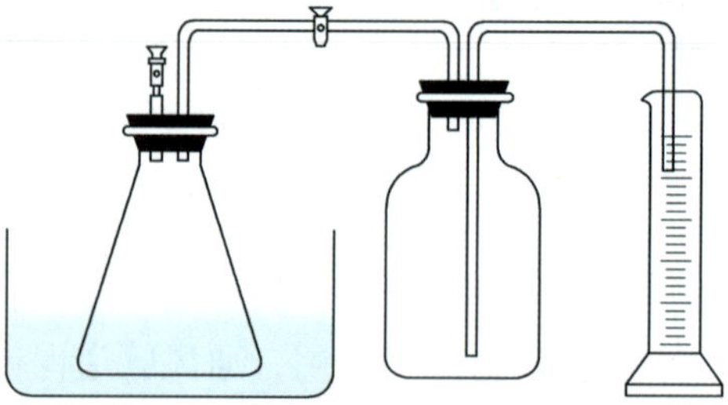

图 13-2-6　厌氧发酵反应速率测试装置

➡ 方法导引　分析实验中压强的变化时，主要考虑两个因素：①是否有温度的变化；②是否有气体的量的变化。当温度升高或气体的量增多时，压强有增大趋势；当温度降低或气体的量减少时，压强有减小趋势（图 13-2-7）。综合考量两个因素的影响，便可以得到气压的总趋势。当装置内压强改变时，可能会造成液体或气体位置的转移，液体或气体会从气压较高的位置转移到气压较低的位置，最终达到平衡态。

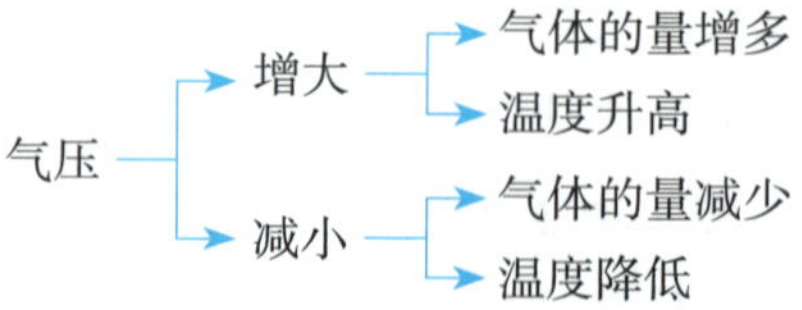

图 13-2-7　气体压强变化示意图

活动 3 探究影响厨余垃圾厌氧发酵的主要因素

活动探究 通过查阅相关资料发现，影响厨余垃圾厌氧发酵效果的主要因素包括：① 厨余垃圾的来源（火锅店、学生食堂、饭店、面馆等）；② 厨余垃圾中的 NaCl 浓度；③ 厨余垃圾的颗粒大小。

请依据“活动 2”中选定的实验装置，设计实验验证前两个影响因素，并从理论上分析颗粒大小对厌氧发酵速率的影响。

分别从不同的厨余垃圾收集站获取原料后，将其投入“活动 2”的实验装置中，在设定恒温 55℃的条件下，进行实验测定，获得的数据如图 13-2-8 所示。

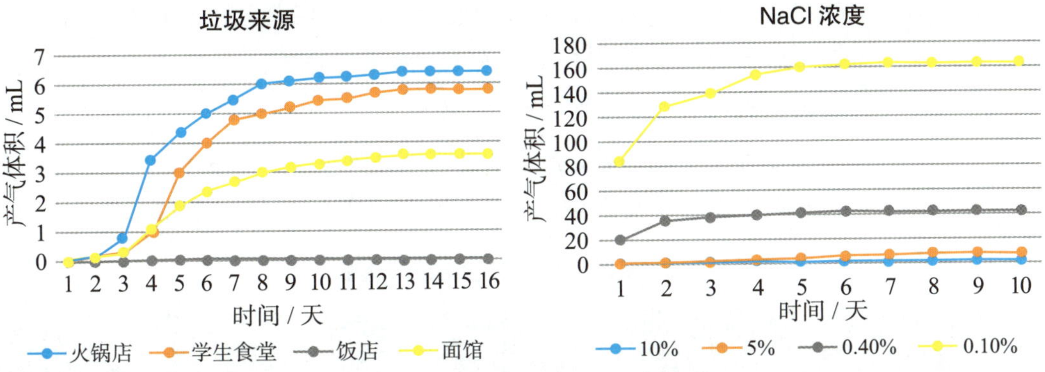

图 13-2-8 厨余垃圾厌氧发酵过程数据统计

厨余垃圾的来源对厌氧发酵的速率有影响，火锅店最优，学生食堂次之，面馆再次，饭店厨余垃圾厌氧发酵效果最差。

全部使用火锅店的厨余垃圾进行实验，控制其氯化钠的浓度分别为 10%、5%、0.4%、0.1%。分析实验结果，可以得到结论：氯化钠的浓度越低，厌氧发酵速率越快；当氯化钠浓度过大时，厌氧发酵速率低下，因此必须除去盐分后再进行厌氧发酵。

反应速率的影响因素主要包括：①温度；②反应物浓度；③反应物接触面积；④催化剂。依据接触面积越大反应速率越快这一理论可知，厨余垃圾颗粒越小，厌氧发酵速率越快。因此，厨余垃圾的颗粒大小对反应速率的影响通过分析即可知晓，若非需要，不进行实验亦可。

方法导引 利用控制变量思想设计实验，实验过程中只能有一组自变量，其他变量均为控制变量，通过观察因变量的变化，分析出自变量对因变量是否产生影响（表 13-2-1）。

表 13-2-1 实验因素对实验结果的影响（1）

实验编号	因素 A	因素 B	因变量
1	√	×	×
2	×	√	×
3	√	√	√

对实验 1 和 3 进行对比，可以看出因素 B 对实验结果有影响，因为是否施加因素 B 导致了因变量的差异。对比实验 2 和 3，可以看出因素 A 对实验结果有影响。据此也可知，若想证明 n 个变量对实验结果有影响，则需要进行 n+1 组实验，n 是每组实验缺少一个不同因素，“+1”的一组为全部因素均满足且会出现实验现象的实验组（表 13-2-2）。

表 13-2-2 实验因素对实验结果的影响（2）

实验编号	因素 A	因素 B	因素 C	因变量
1	×	√	√	×
2	√	×	√	×
3	√	√	×	√
4	√	√	√	√

对实验 3 和 4 进行对比，可以看出是否施加因素 C 对实验结果没有影响，因此说明因素 C 并不是实验的影响因素。科学探究实验既可以证实，也可以证伪。

任务三　其他垃圾及有害垃圾的处理

其他垃圾指除可回收物、厨余垃圾、有害垃圾外的生活垃圾，如食品袋、陶瓷碎片等（图 13–3–1）。对于其他垃圾，一般采取填埋、焚烧、卫生分解等方法处理，部分还可以使用生物分解的方法解决，如放蚯蚓等。

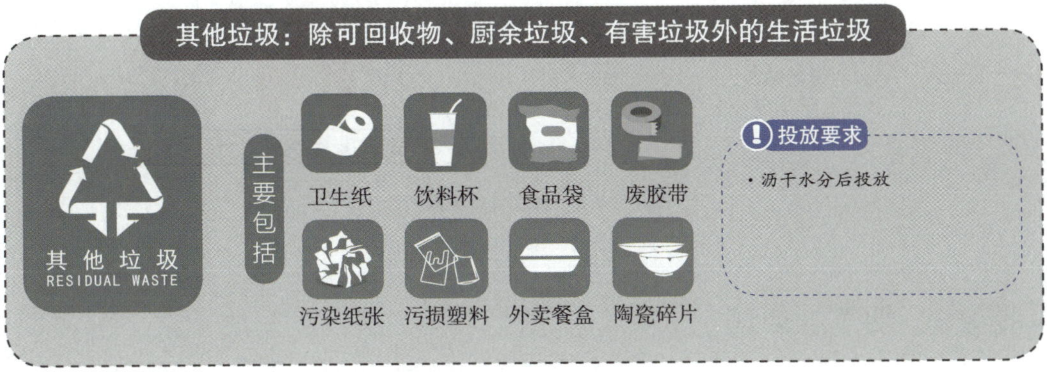

图 13–3–1　其他垃圾图解

活动 1　其他垃圾的用途

思考交流　通过其他垃圾的介绍，你认为其他垃圾有什么实际的用途，为什么投放前要沥干水分？

其他垃圾虽然看起来没有再次回收利用的价值，也对环境没有过大的危害，但直接将其他垃圾进行填埋处理会浪费较多资源。从燃烧条件分析，部分其他垃圾属于可燃物。在前列提及的可回收物的处理过程中，需要对金属等物质进行加热熔炼，如果全部使用化石燃料会加剧能源危机，故可以将可燃的其他垃圾集中在一起用作燃料。在其他垃圾作为燃料使用前，如果不将水分沥干，在燃烧的过程中，水会降低周围环境的温度，并且使可燃物与氧气隔绝，可能导致其他垃圾无法燃烧。

活动探究　部分其他垃圾属于可燃物，也有一些垃圾无法进行燃烧处理。请你自行选择几种其他垃圾，设计实验验证燃烧条件。

如图 13-3-2 所示，用酒精灯对铜片上红色位置进行加热，四个位置与热源的距离相同。纸巾首先燃烧，木片一段时间后燃烧，覆盖细沙的纸巾与石子未燃烧。通过观察石子始终未燃烧，可以判断石子不属于可燃物，纸巾和木片属于可燃物；对比纸巾与木片的燃烧，可以判断可燃物燃烧的温度需要达到物质的着火点；对比燃烧的纸巾与未燃烧的覆盖细沙的纸巾，可以判断可燃物燃烧需要与氧气接触。

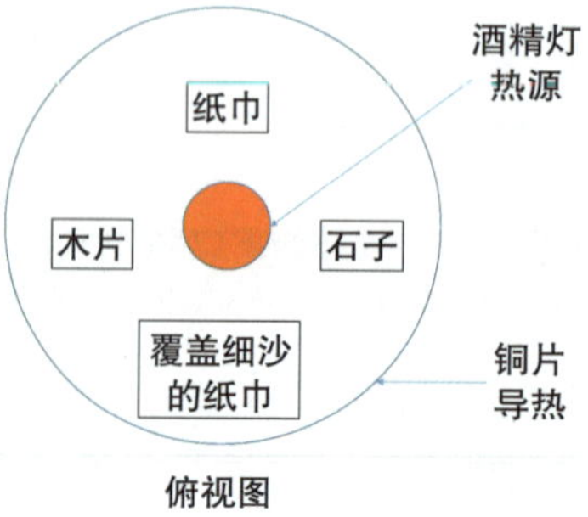

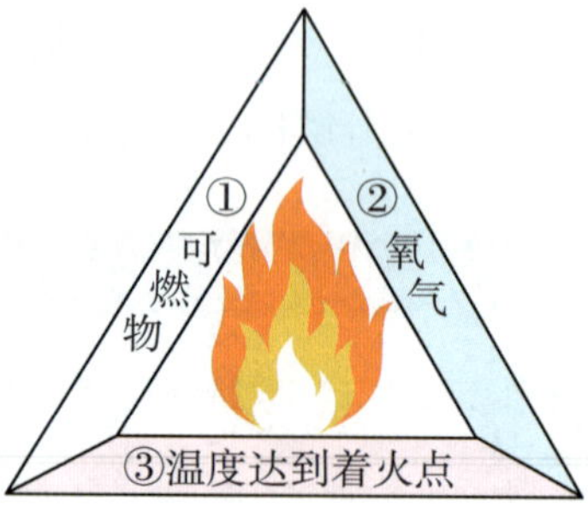

图 13-3-2　燃烧条件推断实验

活动 2　烟气的处理

活动探究　其他垃圾可作为燃料进行二次利用，但作为可燃物在燃烧的过程中会产生大量烟气。烟气是气体和烟尘的混合物，是污染居民区大气的主要原因。烟气的成分很复杂，烟尘包括燃料的灰分、煤粒、油滴以及高温裂解产物等；气体包括水蒸气、二氧化硫、氮气、氧气、一氧化碳、二氧化碳、碳氢化合物及氮氧化合物等。烟气的危害有哪些？请设计实验方案，除去烟气中的固态物质，并消除烟气可能造成的危害。

烟气中存在的二氧化硫、氮氧化物会导致酸雨，一氧化碳会导致空气污染，烟尘会污染环境。去除烟气中的烟尘，可以通过向烟气中喷洒水的方式进行降尘，喷洒水的目的是为了增大水与烟气的接触面积，使两者充分接触。二氧化碳、二氧化硫、二氧化氮会与水反应生成酸，但水能吸收的气体量有限，因此可以选择喷洒碱液，既可以用液态物质降尘，也可以用碱性物质吸收可能形成酸雨的酸性物质。一氧化碳和一氧化氮无法通过喷洒碱液的方式除去，这两种物质也是汽车尾气中污染严重的两种物质，可以使用催化剂，使两者在一定条件下发生反应生成氮气和二氧化碳。工业上采用的某种废气处理工艺流程如图 13-3-3 所示。

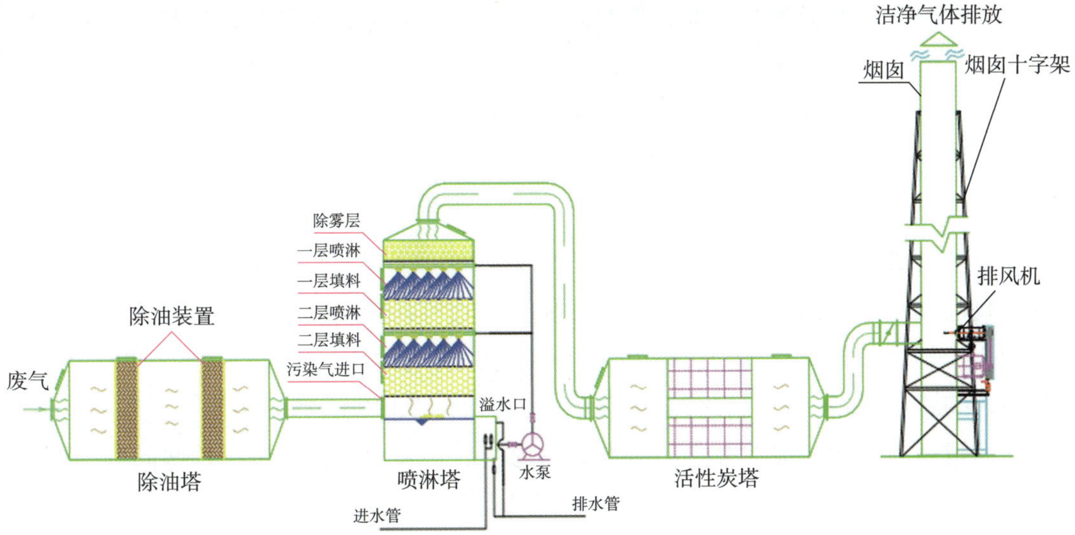

图 13-3-3　废气处理工艺流程图

活动 3　有害垃圾的处理

有害垃圾指对人体健康或自然环境可能造成直接或潜在危害的生活垃圾。常见的有害垃圾包括废灯管、废油漆、过期药品、废电池、废水银温度计等，有害垃圾需要按照正确的方法安全处理（图 13-3-4）。

图 13-3-4　有害垃圾图解

展望探究　通过已经完成的各任务可知，各种垃圾经过分类处理后，最优的处理是简单处理后循环使用；其次是利用元素守恒思想将其转化为无害化资源，对于转化困难的物质尽可能做到物尽其用，发挥其最大价值。

但是，并非所有物质都能利用化学方法使其资源化，如其他垃圾中的不可燃物质以及有害垃圾的处理。请查阅相关资料，梳理安全填埋这些垃圾的信息；任意挑选一种有害垃圾，若不进行安全填埋，尝试提出一种处理方案并进行说明。

有些垃圾分类后只能通过安全填埋的方式处理，如砖瓦、渣土、瓷器碎片等，这些物品几乎没有回收价值，也没有便捷的方式将其转化成资源，或者在处理的过程中会损耗大量的人力、物力、财力。结构决定性质，性质决定用途，在真实的情境中，物质之间相互影响、相互制约，会关联到方方面面的知识，有些知识你现在还不具备。但是通过学习，相信你在未来的研究和学习中，一定能够找到解决这些问题的最优方案。

单元项目梳理

可回收物的处理 → 检验鉴别 → 分离提纯 → 自主设计
↓
厨余垃圾的处理 → 装置分析 → 压强原理 → 科学探究
↓
其他垃圾及有害垃圾的处理 → 燃烧条件 → 环境保护 → 方案研究

单元项目检测

学习理解

1. 下列各组气体中，不能用燃着木条区分的是（　　）。

A. 氧气和空气　　B. 二氧化碳和氮气

C. 氢气和空气　　D. 一氧化碳和氧气

2. 用水作试剂，不能区分开的一组物质是（　　）。

A. 纯碱、食盐、烧碱　　B. 汽油、酒精、浓硫酸

C. 无水硫酸铜、碳酸钙、碳酸钠　　D. 氯化钠、碳酸钙、硝酸铵

3. 废弃塑料会带来“白色污染”，解决“白色污染”可采取的措施有（　　）。

A. 减少使用不必要的塑料制品　　B. 重复使用某些塑料制品

C. 回收各种废弃塑料　　D. 使用新型可降解塑料

4. 厨余垃圾回收发酵后会产生大量沼气。沼气的主要成分是甲烷，化学式为________。在相同条件下，甲烷的密度比空气的密度________（填“大”或“小”），________溶于水。甲烷具有可燃性，燃烧时发出蓝色火焰，该反应的化学方程式为____。

应用实践

5. 打印用的墨粉中含有 Fe_3O_4 粉末。制备 Fe_3O_4 的主要流程如下：

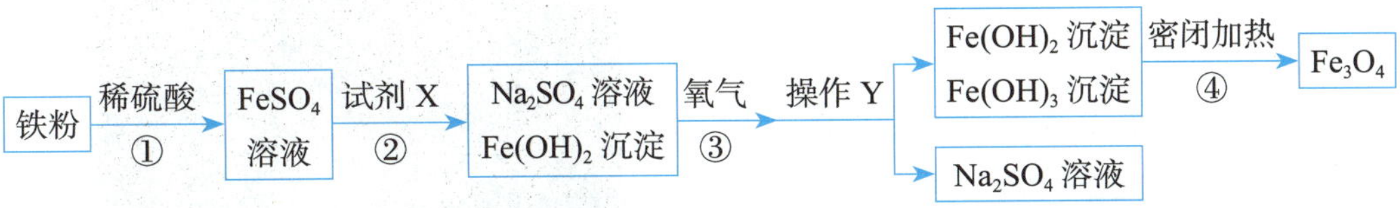

（1）①中发生反应的化学方程式为______________________________。

（2）试剂 X 为____________，操作 Y 为____________。

（3）经过反应③后，各物质中元素化合价发生改变的有_______（填元素符号）。

迁移创新

6. 利用表中装置进行实验。实验前 K_1、K_2、K_3 均已关闭。

装置	【实验 1】制备气体	【实验 2】测定气体含量
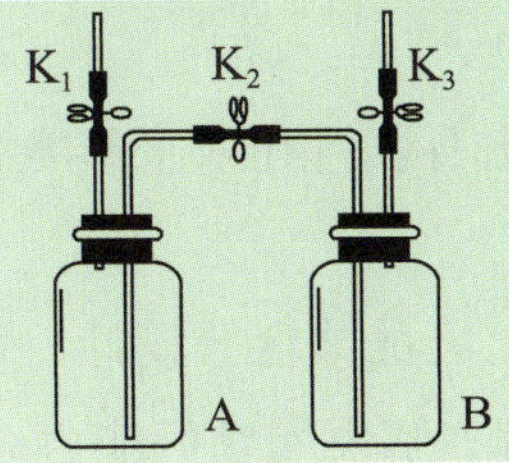	Ⅰ. 打开 K_1，用注射器向盛有锌粒的 A 中注入稀硫酸，直至液面浸没下端导管口 Ⅱ. 在 K_1 上方导管口收集气体	Ⅰ. A（容积 350 mL）中为用排空气法收集的 CO_2，B 中装满水。用注射器向 A 中注入 15 mL NaOH 溶液（足量），充分反应 Ⅱ. 打开 K_2 和 K_3

（1）检查装置气密性：保持 K_1 关闭，打开 K_2、K_3，向 B 中加水至液面浸没下端导管口，用手捂住 A 瓶外壁，说明装置的左侧气密性良好的现象是__________________________；用同样原理可以检查装置另一侧的气密性。

（2）实验 1 中，锌与稀硫酸反应的化学方程式为__________________________；气体收集完毕后，在不拆卸装置的情况下，使 A 中未反应的稀硫酸大部分转移到 B 中的操作是______________________。

（3）实验 2 中，当 B 中液面不再变化时，测得 B 中减少了 160 mL 水，则 A 中 CO_2 的体积分数约为__________%。

项目14　探秘航天中的动力

——运用学科思维解决生活中的化学问题

任务一　认识航天中的动力燃料
任务二　了解航天事业中的材料
任务三　关注航天员的健康

单元项目设计意图

以航天事业中涉及的化学问题为线索，即对“火箭升空动力——燃料”“航天事业中的材料使用”“航天员的生存动力——营养物质”等的初步研究，培养学生的“科学探究与创新意识”“科学态度与社会责任”核心素养。

单元项目学习目标

1. 通过了解火箭飞行原理、火箭升空动力——燃料以及化石燃料和未来新能源的使用，培养科学态度与社会责任感。

2. 通过从化学史中了解航天火箭制造材料以及航天服、航天员饮食等设计，培养“科学探究与创新意识”核心素养，提高在真实情境中分析、解决问题的能力。

单元项目学习引导

“天问一号”的成功发射，使中国航天事业迈出了具有历史意义的一步。航天器和航天服的制造、火箭燃料的使用、航天员的生存保障等均涉及许多化学知识。通过本项目学习，可以了解到火箭升空的动力及航天员在太空中生存所需要的动力。

任务一　认识航天中的动力燃料

活动 1　了解火箭飞行原理

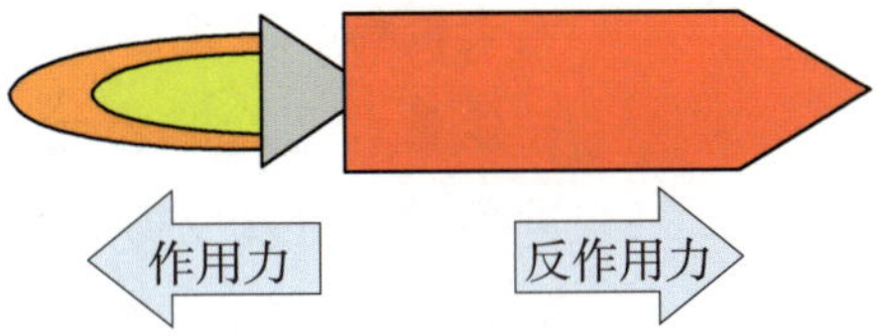

图 14-1-1　火箭的作用力 - 反作用力原理示意图

火箭飞行原理是作用力 - 反作用力原理（图 14-1-1）。火箭内部有燃料和氧化剂。在火箭发动机中，燃料与氧化剂混合燃烧，向火箭的后方以非常大的速度喷射出高温高压气体，产生向前的反作用力，并以此作为火箭飞行的推动力，推动火箭向前飞行。

火箭与航空发动机有所不同。航空发动机中只有燃料，没有氧化剂，需要从空气中吸取氧气用于燃料的燃烧，所以飞机只能在空气中飞行，不能离开大气层；而火箭自己携带氧化剂，不需要从空气中吸取氧气，所以火箭能够在没有空气的太空中飞行。

思考交流　火箭内部的燃料和氧化剂是什么物质?

活动 2　探秘火箭升空动力

资料在线　1. 火箭推进剂

运载火箭是使用什么动力把航天器送上太空的呢? 科学家发明了靠化学能来产生动力的运载火箭。运载火箭用煤油、酒精、偏二甲肼、液态氢等作为燃料，而用液态氧、四氧化二氮等作为氧化剂帮助燃烧，人们习惯上把燃料和氧化剂通称为火箭发动机的推进剂。从物理形态上讲，火箭发动机使用的推进剂有两种形式，一种是固态物质，另一种是液态物质。

2. 固态火箭推进剂

固态推进剂是一种混合物， 组成成分包括燃烧剂（燃料）、氧化剂和其他添加剂。硼氢化钠、二聚酸二异氰酸酯、二茂铁及其衍生物等都可用作复合固态火箭燃料。某些密度小的金属或非金属如锂、铍、镁、铝、硼等，尤其是铍在燃烧的过程中能释放出巨大的能量。每千克铍完全燃烧放出的热量高达 15 000 kJ，是一种优质的火箭燃料，放出的热量比氢气还多。通常把这些金属做成纳米级大小微粒的燃料。例如，在火箭发射的固态燃料推进剂中添加质量分数为 1% 的纳米级铝或镍微粒，每克燃料的燃烧热可增加 1 倍。但是，这些燃料的缺点是其中一些元素很稀少，并在燃烧时都涉及技术困难——冒烟、氧化物沉积等。

按能量水平，固态推进剂可分为高能推进剂（比冲 >250 s）、中能推进剂（比冲为 230～250 s）和低能推进剂（比冲 <230 s）（比冲是衡量发动机效率的重要参数，比冲越高，相同条件下推进剂能够产生的速度增量也越大）。固态推进剂发展最早，技术比较成熟，但具有毒性较大、运输贮存困难的局限性。现在常用的固态推进剂有 PBAA（聚丁二烯－丙烯酸）、PBAN（聚丁二烯－丙烯腈－丙烯酸）、CTPB（端羧基聚丁二烯）、HTPB（端羟基聚丁二烯）及 XLDB（交联改性双基推进剂）等。随着载人航天的发展，能量密度高、成本低廉、更加环保和高可靠性成为固态推进剂的发展方向。

3. 液态火箭推进剂

相对于固态推进剂，液态推进剂的发热量大得多，从而使火箭能获得更大的推力和飞行速度。在 20 世纪中叶，科学家开展了液态推进剂的研究。液态推进剂研究对象主要有氧化剂（液氧、硝酸等）、单元推进剂（硝酸正丙酯、过氧化氢、硝酸异丙酯等）、燃烧剂（甲醇、煤油、酒精、混胺、水合肼、液氨、油肼等）。其中，液氧与煤油组合具有比冲高的优点，获得了较多的应用。随后，科研人员对四氧化二氮 / 偏二甲肼、硝酸 / 偏二甲肼等进行了一系列研究。

从理论计算来看，最佳液态燃料是液态氢，它与液态氧混合燃烧可以产生大约 350 s 的比冲。如果用液态臭氧或液态氟来代替液态氧，那么比冲可提高到大约 370 s。燃烧剂和氧化剂都呈液态的发动机称为液态燃料发动机。

液态推进剂的优点是燃烧稳定、易于点火和贮运方便，其缺点主要在于毒害较强、易燃易爆和腐蚀性强等。对现有液态推进剂性能进行改进，主要方向有：改善燃烧性能，进一步提高能量密度；降低冲击敏感，提高热稳定性，使运输贮存过程的性能更加稳定；降低冰点，提高沸点，改进缓蚀剂性能；等等。

如果在两种推进剂中，一种为固态，另一种为液态，则称为固－液火箭发动机或直接称其物质名称的火箭发动机，如氢氧火箭发动机。由于固态燃料产生的能量比液态氧化剂产生的能量高，所以研制的火箭发动机多是固－液火箭发动机，燃料与氧化剂相遇燃烧，形成高温高压气体，气体从喷口喷出，产生巨大推力而把运载火箭送上了太空。

思考交流　固态和液态火箭燃料的优缺点分别是什么？

知识链接　偏二甲肼（图 14–1–2），或称 1,1- 二甲基联氨，是一种有机物，化学式是 $C_2H_8N_2$，为无色易燃液体。偏二甲肼是导弹、卫星、飞船等发射试验和运载火箭的主体燃料。

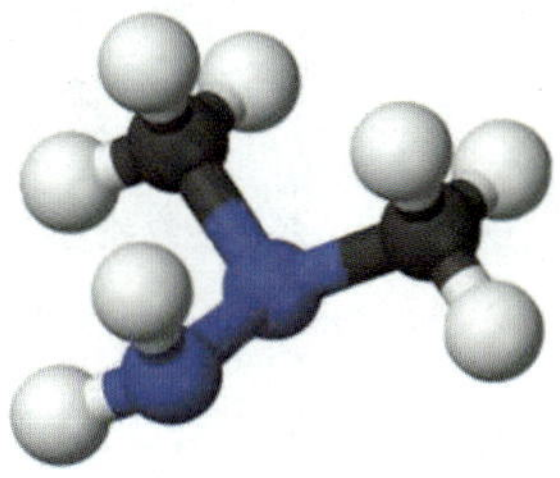

图 14–1–2　偏二甲肼分子模型

思考交流　偏二甲肼（$C_2H_8N_2$）与四氧化二氮（N_2O_4）在点燃时发生剧烈反应，产生大量热量，并生成二氧化碳、水蒸气和一种气体单质。燃烧 60 t 偏二甲肼产生二氧化碳的质量是多少吨？

通常情况下，可燃物与氧气发生的一种发光、放热的剧烈氧化反应叫作燃烧。结合图 14–1–3 分析燃料燃烧需要满足的条件。

图 14–1–3　燃料燃烧条件示意图

活动 3　了解化石燃料

资料在线　化石燃料

目前，人们使用的燃料大多来自化石燃料，如煤、石油、天然气等。化石燃料是由古代生物的遗骸经过一系列复杂变化而形成的（图 14–1–4），是不可再生能源。

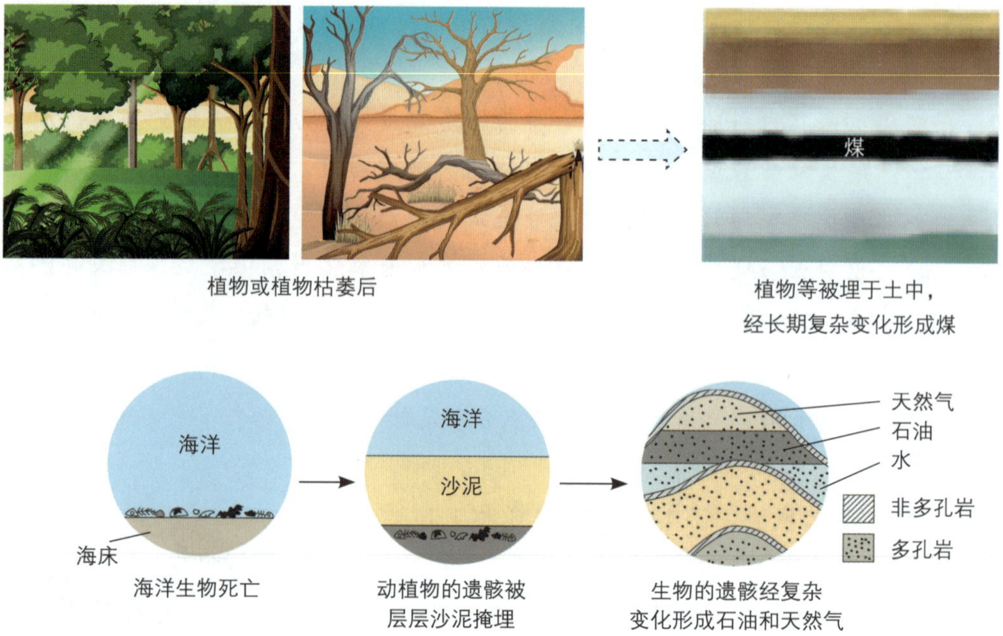

图 14-1-4　煤、石油和天然气形成示意图

思考交流　1. 化石燃料在分类上属于纯净物吗？为什么？

2. 石油炼制的过程属于化学变化吗？为什么？

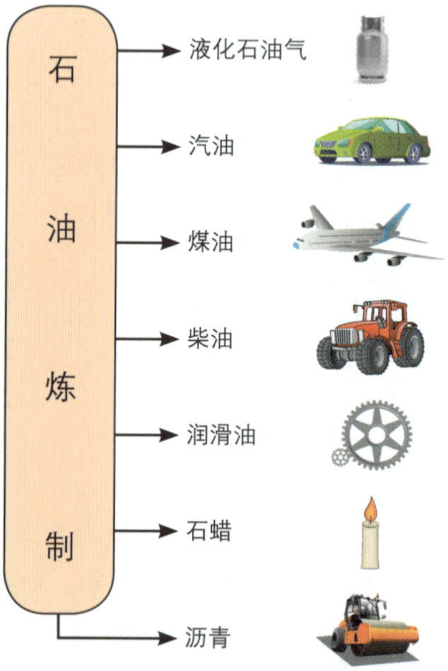

图 14-1-5　石油炼制的部分产品和主要用途

3. 天然气的主要成分是什么？燃烧时能观察到什么现象？

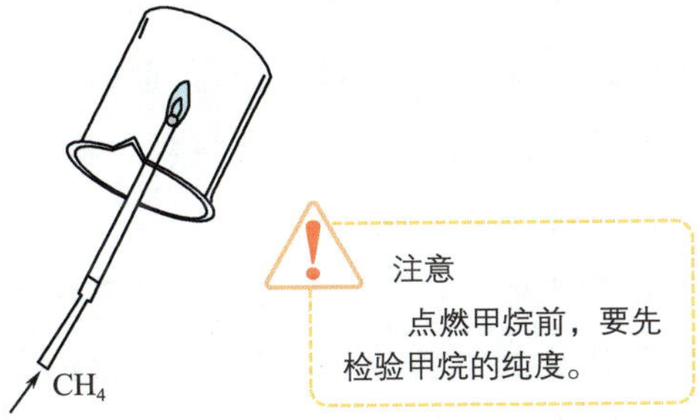

图 14–1–6　甲烷燃烧实验

4. 如果按照表 14–1–1 所示的化石燃料储量和年产量，估算大约多少年后将没有可开采的煤、石油和天然气，在图 14–1–7 上表示你的估算结果。

表 14–1–1　2021 年我国化石燃料储量和年产量

化石燃料	储量	年产量
煤	2 079 亿吨	41.3 亿吨
石油	36.89 亿吨	1.99 亿吨
天然气	63 393 亿立方米	2 075.8 亿立方米

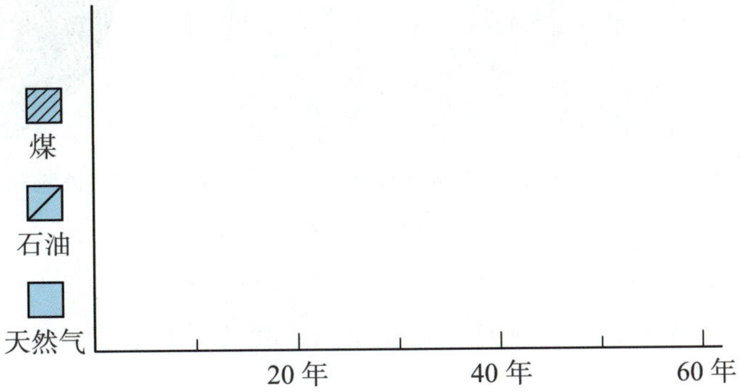

图 14–1–7　估算化石燃料可能的开采年限

（1）根据你的估算结果，谈谈你对化石燃料使用与开发的看法。

（2）请你思考，如何使燃料充分燃烧？

活动 4 了解未来新能源

资料在线 氢气是最理想的清洁燃料。燃烧相同质量的煤、汽油和氢气，氢气燃烧释放的热量最多，约是同质量汽油燃烧时释放热量的3倍，而且没有灰渣和废气，不会污染环境。

清洁化是未来燃料发展的重要方向，同时燃料使用的安全性、便捷性、成本等也是筛选适宜燃料的标准。为了缓解化石燃料的短缺问题，用生物资源制备的乙醇就成为一种很好的替代品。

可燃冰的发现为解决能源危机提供了新的可能性。可燃冰外观像冰，主要含有甲烷水合物（由甲烷分子和水分子组成），还含少量二氧化碳等气体。可燃冰在低温和高压条件下形成，一体积可燃冰可储载100～200倍体积的甲烷气体，具有能量高、燃烧值大等优点。但是，可燃冰埋藏于海底的沉积物和陆地冻土的岩石中（图14–1–8），如果在开采中甲烷气体大量泄漏于大气中，将比二氧化碳造成的温室效应更加严重。所以，开采可燃冰的关键是解决技术上的问题。目前，可燃冰的开发尚处于试验性开采阶段。

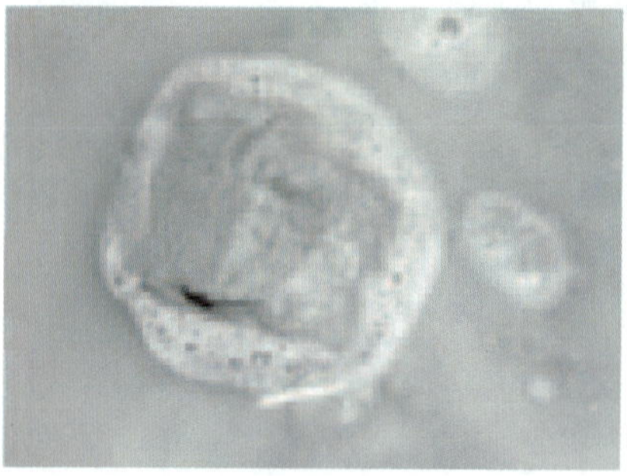

海域可燃冰实物样品

陆地冻土区可燃冰实物样品

图 14–1–8 可燃冰

活动探究 结合你对能源的理解，请以小组为单位，设计未来的燃料。

视野拓展 随着航天技术的不断进步，人类航天事业蓬勃发展，在当前环保压力和经济效益的双重背景下，提出了绿色推进剂和电磁推进技术的设想。

1. 绿色推进剂

绿色推进剂的主要界定标准有：①生产原料安全无毒，生产运输过程中不对人员和环境造成危害；②生产过程不产生有害物质，燃烧反应无毒无害，可回收再利用。绿色推进剂不但要满足火箭发射对推进剂性能的诸多要求，还要兼顾人员安全和环境友好型，这就是绿色推进剂的优势。

2. 电磁推进技术

该技术利用的是电磁感应原理，已经在航空母舰电磁弹射系统有所应用，电磁炮的相关研究测试也见诸报端。其实，科幻作品中很早就提出了这样的设想，利用电磁力加速使人造卫星等达到极高速度，穿过大气层进入太空。与现有的化学能火箭发射相比，电磁发射具有成本低、响应迅速、可重复应用等优势。以现有的电磁炮技术为突破口，将电磁推进技术引入空间发射领域将有望开启太空探索的新篇章。

任务二　了解航天事业中的材料

活动 1　从化学史中了解火箭制造中的材料

科学史话　人类制造火箭的历史可以追溯到中国古代，图 14-2-1 所示的是我国火箭制造材料的演变。

① 中国古代火箭是用竹筒、厚纸、黏土等材料制成的
② 中国现代火箭是在传统工艺的基础上，将制造材料改用为复合材料

图 14-2-1　我国火箭制造材料的演变

思考交流 中国现代火箭的制造材料变更为复合材料的原因是什么？会用什么复合材料进行制造？请结合生活常识和已有知识进行推测，并写出理由。

复合材料是由两种或两种以上不同性质的材料，通过物理或化学的方法，在宏观（微观）上组成具有新性能的材料。各种材料在性能上互相取长补短，产生协同效应，使复合材料的综合性能优于原组成材料而满足各种不同的要求。复合材料的基体材料分为金属和非金属两大类。金属基体常用的有铝、镁、铜、钛及其合金。非金属基体主要有合成树脂、橡胶、陶瓷、石墨、碳等。增强材料主要有玻璃纤维、碳纤维、硼纤维、芳纶纤维、碳化硅纤维、石棉纤维、晶须、金属丝和硬质细粒等。

中国现代火箭制造材料中属于金属复合材料的主要为高强度铝合金、钛合金，非金属复合材料中主要使用的是石英纤维、玻璃纤维等。

思考交流 复合材料使用的历史可以追溯到古代，现代高科技的发展离不开复合材料。复合材料是一种人工合成的混合物，在很多领域都发挥了很大的作用，代替了很多传统的材料。请思考复合材料有哪些性能，并分析其在生产、生活中的重要应用。

复合材料的性能及应用如表 14-2-1 所示。

表 14-2-1 复合材料的性能及应用

性能	比重小、比强度大、比模量大、化学稳定性好、减摩耐磨、自润滑、耐热、耐疲劳、耐蠕变、消声、电绝缘等
用途	航空航天领域；化工、纺织和机械制造领域；医学领域等

活动 2 设计航天服

活动探究 航天服是保障航天员的生命活动和工作能力的个人密闭装备（图 14-2-2）。在太空中气体的组成及重力等都与在地球上不同，如果人不穿加压气密的航天服，就会因体内外的压差悬殊而发生生命危险。请初步设计一套航天服。

图 14-2-2 航天服

思考交流 设计一套合适的航天服需要考虑哪些因素呢?

设计航天服需要考虑以下因素:

① 航天员在长期飞行过程中不能换洗衣服，大量的皮脂、汗液等会污染内衣。

② 在太空中，背阳面的温度极低，需要为航天员提供保暖措施。

③ 在航天员体热过高的情况下，需要满足散热要求。

④ 在真空环境中，只有保持航天员身体周围有一定压力时才能保证航天员的生命安全。

⑤ 航天员在舱外活动时，可以调整温度进行过热或过冷保护作用。

⑥ 预防火焰、热辐射以及宇宙空间中的微流星、宇宙线等对人体的危害。

活动探究 请结合以上因素重新调整自己的航天服设计方案。

航天服在结构上由以下几部分组成:

① 内衣舒适层。

② 保暖层。

③ 通风服和水冷服（液冷服）。

④ 气密限制层。

⑤ 隔热层。

⑥ 外罩防护层。

思考交流 航天服的每一层用什么材料才能满足要求呢?

我们穿的衣服通常是由纤维制成的。棉花、羊毛、蚕丝等属于天然纤维，涤纶、锦纶（尼龙）、腈纶等属于合成纤维。合成纤维的强度高、弹性好、耐磨和耐化学腐蚀，但其吸水性和透气性较差。

航天服各层所用材料如下:

① 内衣舒适层：选用质地柔软、吸湿性和透气性良好的棉针织品制作。

② 保暖层：选用保暖性好、热阻大、柔软、质量轻的材料，如合成纤维絮片、羊毛和丝绵等。

③ 通风服和水冷服（液冷服）：采用抗压、耐用、柔软的塑料管制成，如聚氯乙烯管或尼龙膜等。

④ 气密限制层：气密层采用气密性好的涂氯丁尼龙胶布等材料制成；限制层选用强度高、伸长率低的织物，一般用涤纶织物制成。

⑤ 隔热层：采用多层镀铝的聚酰亚胺薄膜或聚酯薄膜，并在各层之间夹以无纺织布制成。

⑥ 外罩防护层：采用镀铝织物制成。

任务三 关注航天员的健康

活动 1 了解人类生存的六大营养物质

思考交流 你能说出今天吃的食物给你提供了哪些营养物质吗？

营养物质具有给人体提供能量、维持机体的物质组成、进行生理调节等重要功能。蛋白质、油脂、糖类、水、维生素和无机盐（矿物质）是人体所必需的六大营养物质。

1. 蛋白质

蛋白质是一切生命的物质基础，在体内不断地进行合成与分解，是构成、更新、修补人体组织和细胞的重要成分，参与物质代谢及生理功能的调控，保障机体的生长、发育、繁殖、遗传并供给能量。

图 14-3-1 富含蛋白质的几种食物

图 14-3-2 食用油

2. 油脂

油脂是重要的营养物质。在常温下，植物油脂呈液态，称为油；动物油脂呈固态，称为脂肪。油脂是能量的重要来源之一，协助脂溶性维生素的吸收，保护和固定内脏，防止热量散失以维持体温。

3. 糖类（碳水化合物）

糖类是人体主要能源物质，人体所需能量的 70% 以上由糖类供给，它也是组织和细胞的重要组成成分。

图 14-3-3　糖类食物

图 14-3-4　水

4. 水

水是维持生命所必需的物质，是人体内体液的重要成分，约占体重的 60%，具有调节体温、运输物质、促进体内化学合成以及润滑肌肤和器官的作用。

5. 维生素

维生素是维持人体健康所必需的物质，需要量虽少，但由于体内不能合成或合成量不够，必须不断从食物中摄取。维生素分脂溶性（维生素 A、D、E、K）和水溶性（除维生素 A、D、E、K 外的其他维生素）两类。它们对维持人体正常生长发育和调节生理功能至关重要。

图 14-3-5　富含维生素的部分食物

图 14-3-6　食用盐

6. 无机盐

无机盐是骨骼、牙齿和某些人体组织的重要成分，能维持主要酵素系统，具有十分重要的生理机能调节作用。

活动 2　认识航天员的健康饮食

思考交流　航天员的饮食安全和健康很重要。请结合实际情况，交流一下航天员的饮食有哪些特点，你有哪些合理建议？

航天食品是供航天员在太空飞行中食用的食品。我们之所以把航天员在太空中吃的东西叫作航天食品，是因为它们是根据航天员生活所处的特殊环境，结合航天员在太空的口味和消化吸收能力以及特殊进食方式而研制的。可以这样说，航天食品是为在特定环境中的特定人群而研制出的一种特殊食物。这种食品是根据合乎膳食标准的航天食谱制成的，其中必须包含足够和完善的科学营养，如每天人体所需要的蛋白质、油脂和糖类等，并保证含有钙、磷、镁、钾等主要无机元素，还要含有铁、锌、硒、碘等微量元素，以及两种脂溶性维生素（维生素 A 和 E）和各种水溶性维生素（维生素 B 族和 C 等）。

科学史话 航天食品的发展历史

20 世纪 60 年代初，航天员通常食用由铝管包装的肉糜、果酱类膏糊状食物。航天员进餐时，用手挤压管壁，将食物直接送入口中；穿着加压的航天服时，通过头盔进食孔进食。这种食品的缺点是水分含量高，质量和体积大。之后采用一口一块的压缩食品。小块食品质量轻、体积小，便于携带和食用。20 世纪 60 年代中期至 70 年代初，“双子星座号”飞船和“阿波罗号”飞船采用氢氧燃料电池作电源。这种电池发电时，产生出大量水，于是采用了脱水复水食品，这种食品的主要优点是能够保持较好的营养价值和口感。后来，由于载人航天器上食品冷藏设备和加热装置的快速发展，航天食品的种类更加丰富，已接近地面膳食。航天员可以吃到新鲜的蔬菜、水果和加热后的鲜汤等食品。

活动探究 请给航天员设计一个合理的一日三餐食谱，填写在表 14-3-1 中，并和同学交流设计心得。

表 14-3-1　给航天员设计的食谱

三餐	食品种类	所含营养物质	盛装和食用方法
早餐			
午餐			
晚餐			

单元项目梳理

- 认识航天中的动力燃料
  - 火箭升空动力——燃料
  - 化石燃料
  - 未来新能源
- 了解航天事业中的材料
  - 火箭制造材料
  - 航天服的设计
- 关注航天员的健康
  - 人类生存的六大营养物质
  - 航天食品

单元项目检测

学习理解

1. 下列能源中，既比较清洁又可再生的是（　　）。

A. 煤　　B. 风能　　C. 石油　　D. 天然气

2. 青少年成长需要充足的蛋白质。下列食物富含蛋白质的是（　　）。

A. 白菜　　B. 西瓜　　C. 大米　　D. 鸡蛋

3. 火箭各个部位所用材料是不同的。①石墨弹头、②高强度铝合金弹体、③钢铸件发动机，这些部件中使用了金属材料的是（　　）。

A. ①②　　B. ①③　　C. ②③　　D. ①②③

应用实践

4. 2024 年 5 月 3 日，“嫦娥六号”探测器在“长征五号”运载火箭巨大的推力下，启程前往月球，经过 53 天的探月之旅后带着月壤返回地球，这是中国航天“探月工程”向世界展示出的“中国力量”。下列说法不正确的是（　　）。

A. “嫦娥六号”带回来的“快递”——“月壤”中含有珍贵的 ^{3}He，它与 ^{4}He 互为同位素

B. “嫦娥六号”使用的碳纤维被誉为“新材料之王”，是一种新型有机高分子材料

C. “嫦娥六号”升起的由新型复合材料制成的国旗，具有“强度高、耐高低温”的特点

D. “长征五号”运载火箭采用“液氢液氧”作为推进剂，“液氢”属于绿色环保燃料

5. 人类社会的发展离不开能源，当今社会，人类利用的能源主要来自化石燃料。用来驱动汽车、飞机和轮船的燃料主要是从石油中根据沸点范围不同分馏出来的汽油、航空煤油、柴油等，石油分馏的过程是______变化。化石燃料中主要含有的碳、氢元素完全燃烧的产物是______；还含有硫、氮等元素，燃烧时会转化为______等污染空气，可以用浓的 NaOH 溶液吸收，其反应的原理为__________________________________（用化学方程式表示，写出一个即可）。

6. 给我们平时常吃的食物找“家”：①米饭，②萝卜，③苹果，④白菜，⑤鸡蛋，⑥花生，⑦玉米，⑧瘦肉，⑨黄瓜，⑩鲜奶。

主要含蛋白质的有____________；

主要含糖类的有____________；

主要含油脂的有____________；

主要含维生素的有____________。

迁移创新

7. 化学与航空、航天密切相关，下列说法错误的是（　　）。

A. 镁用于制造轻合金，是制造飞机、火箭的重要材料

B. 高纯度硅制成的光电池，可用作火星探测器的动力

C. 聚酯纤维属于新型无机非金属材料，可制作航天服

D. 高温结构陶瓷耐高温、耐氧化，是喷气发动机的理想材料

8. “天问一号”是我国首个火星探测器。“长征五号”遥四运载火箭托举着“天问一号”探测器，在文昌航天发射场点火升空，成功将探测器送入预定轨道。火箭采用无毒无污染的液氧、液氢和煤油作为推进剂。试问：如果燃烧 100 t 液氢，至少需要多少吨液氧？

9. 阅读下面的科普短文。

麦片因营养丰富，成为很多人早餐的首选。超市某品牌的麦片成分如图所示。为了验证这种麦片是否含“铁粉”，同学们在实验室进行了实验验证。

将这种麦片和蒸馏水倒入打浆机中打成浆后，转移到密封袋中。摇晃密封袋约 30 s，将磁铁贴紧密封袋一侧吸附。此时在

配料：谷物（全小麦粉、大米粉、全大麦粉、全燕麦粉、荞麦粉），白砂糖，淀粉，葡萄糖浆，植物油，小麦胚粉，钙（碳酸钙），烟酸（烟酰胺），锌（氧化锌），铁（还原铁），叶酸，维生素 B_6（盐酸吡哆醇），维生素 B_2（核黄素），食用盐，食品添加剂（焦糖色、磷酸三钠、胭脂树橙、维生素 E）。
致敏物提示：含有谷物（含麸质）。可能含有牛奶和鸡蛋。
谷物≥56.2%，全小麦粉≥24.6%，大米粉≥23.3%，全大麦粉≥3.0%，全燕麦粉≥3.2%，荞麦粉≥2.1%。

磁铁下方肉眼可见被磁铁吸出的黑色颗粒，对黑色颗粒进一步探究，证明确实是铁单质。用同样的方法对配料中无铁的麦片进行实验，无此现象。

还原铁就是铁单质，加在麦片里作为补铁营养强化剂，同时还起到干燥和保鲜作用，只要按国标规定的使用量就是安全可靠的。

为什么有些麦片配料中标注含铁，却没有吸出铁粉呢？这是因为添加铁的方式不仅可以是铁单质，还可以是“铁盐”，如焦磷酸铁等。铁盐溶解后可以被人体直接吸收。

在人体内，铁主要以 Fe^{2+} 的形式被吸收。由于我们摄入的食物中获得的铁主要以 Fe^{3+} 的形式存在，这就需要用一些物质将 Fe^{3+} 还原为 Fe^{2+}，以促进铁离子的吸收。维生素 C 有利于铁元素的转化吸收。

依据文章内容回答下列问题。

（1）缺铁会影响人体的健康和发育，最大的影响是易患 _______（填字母）。

A. 佝偻病　　　　B. 贫血症　　　　C. 骨质疏松

（2）麦片中的铁单质，在胃中（含有盐酸）反应的化学方程式是 ____。

（3）麦片中加入铁粉还可以起到干燥和保鲜作用，原因是 ____。

（4）Fe^{3+} 转化为 Fe^{2+} 属于 _______（填“物理变化”或“化学变化”）。

（5）下列关于麦片的说法不正确的是 _______（填字母）。

A. 食品添加剂只要按国标规定的使用量就是安全可靠的

B. 适量食用含维生素 C 的新鲜果蔬，有利于铁元素的吸收

C. 所有麦片中添加的“铁”都是铁单质

D. 该麦片中含量最多的营养物质是蛋白质

项目 15 航天员在太空中的生活

——运用学科综合知识初步解决航天问题

任务一 航天器升空过程的化学问题
任务二 航天员在太空中的穿衣问题
任务三 航天员在太空中的饮食问题
任务四 航天员在太空中的居住问题

单元项目设计意图

为发展学生对大概念“科学进步促进人类发展”的持续理解，设置了真实任务——探究航天员在太空中的生活。学生在真实任务驱动下开展项目式学习，从化学视角解决航天器的升空动力、航天员在太空中的衣食住行等问题。整个项目的学习过程能培养学生运用化学核心知识解决真实问题的能力，并提升“科学态度与社会责任”化学学科核心素养。

单元项目学习目标

1. 通过对航天器升空过程中火箭燃料的选择，理解燃烧条件及燃料充分燃烧的意义，能多角度分析燃料选择的利与弊，体会化学学科对社会发展的贡献，并认识环境保护的意义，培养“科学态度与社会责任”化学学科核心素养，初步形成“科学进步促进人类发展”学科大概念。

2. 通过为航天员设计合适的食谱，理解人体所需要的六大营养物质及营养均衡的价值和意义。通过为航天员选择合适的航天服材料，理解有机合成材料的功能和价值。通过对真实的航天食谱、航天服材料的学习，深化“科学进步促进人类发展”学科大概念，持续发展“科学态度与社会责任”化学学科核心素养。

3. 通过对空间站的舱体材料、氧气含量测定内容的学习，认识化学核心知识在实际生活中的应用，对“科学进步促进人类发展”学科大概念进行迁移运用，持续发展“科学态度与社会责任”化学学科核心素养。

单元项目学习引导

2022 年底，中国空间站全面建成，标志着我国在航天强国和科技强国建设方面取得了具有里程碑意义的成就。中国空间站又称天宫空间站，是一个多舱段航天器组合体，由“天和”核心舱、“问天”实验舱和“梦天”实验舱组成“T”字基本构型，并提供了三个对接口，支持载人飞船、货运飞船以及其他来访航天器的对接与停靠（图 15–1）。当前，天宫空间站已步入应用与发展新阶段，为航天员在太空长期健康生活和有效工作提供基本保障，同时为我国空间科学与技术的创新发展奠定坚实基础，显著提升了我国在国际载人航天领域的影响力。

图 15–1　中国空间站示意图

航天器升入太空的过程以及航天员在太空中的生活都蕴含了丰富的化学知识。科学家怎样为航天器升空选择合适的火箭燃料？航天员在太空中选择饮食时需要考虑哪些因素？材料化学在空间站的运行过程中起到了重要的作用。航天员的服装选择了怎样的材料？空间站的舱体又是由怎样的材料制作的？空间站内氧气的含量是多少？如何获得氧气以保证供氧需求？这些都是同学们感兴趣、并且用初中化学知识可以初步解决的问题。

沿着问题解决的思路，首先，我们研究航天器升入太空中的化学问题（任务一）；其次，解决航天员在太空中的生活问题（任务二至任务四）（图 15–2）。

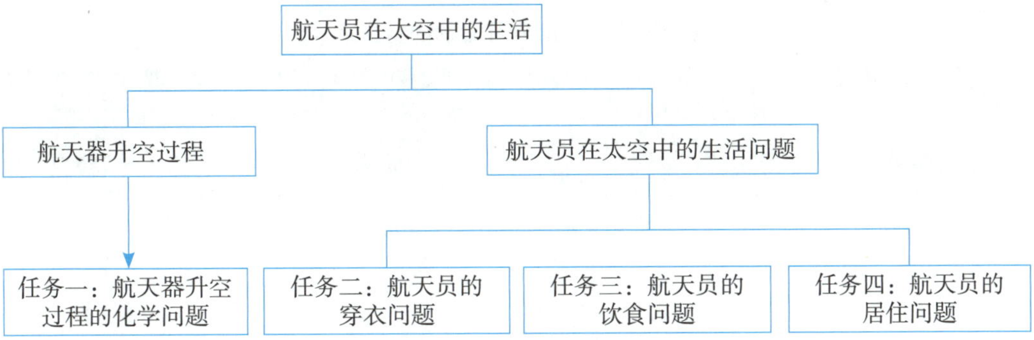

图 15–2　总项目与各任务之间的关系

任务一 航天器升空过程的化学问题

思考交流 航天器依靠火箭升空的动力被送入太空。火箭升空的原理是什么呢？

火箭发动机点火以后，推进剂（燃料和氧化剂）在发动机燃烧室里燃烧，产生大量高压气体；高压气体从发动机喷管高速喷出，对火箭产生反作用力，使火箭沿气体喷射的反方向前进。由此可见，反应产生的气体及放出的热量产生了火箭升空的动力。接下来的学习过程，我们将认识燃烧现象、感受化学反应的热量变化，并为火箭选择合适的燃料。

活动 1 认识燃烧现象

燃烧需要三个条件：一是有可燃物，二是可燃物与助燃剂（初中阶段为氧气）接触，三是可燃物温度达到着火点。到了高中，随着学习的深入，我们会发现具有助燃性的物质不只有氧气（O_2），还有氯气（Cl_2）等。

着火点指火源移走后，物质仍能继续燃烧的最低温度。由表 15-1-1 可知，不同可燃物的着火点不相同。有些可燃物的着火点是固定值，有些可燃物的着火点是一个范围。要想可燃物燃烧，需要使温度达到其着火点。可燃物的着火点是物质的固有属性，一般情况下不会降低也不会升高。

表 15-1-1 部分可燃物的着火点

可燃物	着火点 / ℃	可燃物	着火点 / ℃
蜡烛	190	棉花	210 ~ 255
松香	216	布匹	200
橡胶	120	木材	250 ~ 300
纸张	130 ~ 230	豆油	220

活动探究 **认识燃烧的条件**

实验 1：探究乒乓球是否为可燃物

【实验设计】用坩埚钳夹住一片赛璐珞材质的乒乓球碎片，放在酒精灯火焰上燃烧，观察实验现象。

【实验现象】乒乓球燃烧。

【实验结论】赛璐珞材质的乒乓球是可燃物。

实验 2：探究可燃物燃烧的条件之一是与氧气接触

【实验设计】如图 15−1−1 所示，在烧杯中放置一支燃烧的蜡烛，观察蜡烛的燃烧。继续向烧杯底部加入少量碳酸钠（Na_2CO_3），并倾倒少量稀盐酸（主要成分为 HCl），观察实验现象。

【实验现象】蜡烛一开始燃烧，加入碳酸钠和稀盐酸后，蜡烛逐渐熄灭。

【实验结论】可燃物燃烧条件之一是与氧气接触。

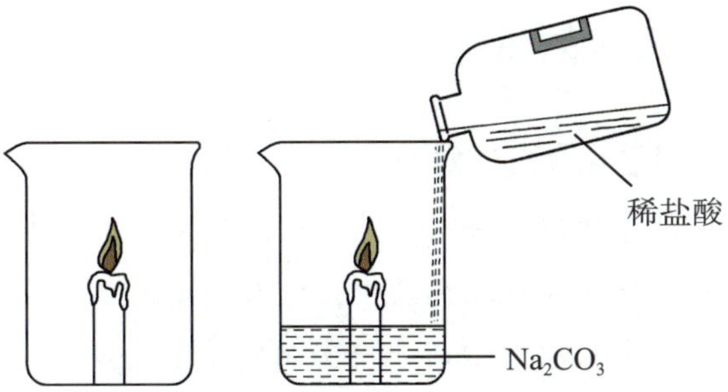

图 15−1−1 探究可燃物燃烧的条件之一是与氧气接触

实验 3：关于着火点的探究（进行兴趣实验——烧不坏的手帕）

【实验设计】如图 15−1−2 所示，用一块棉手帕，在盛有体积分数为 70% 酒精的烧杯中浸泡，待均匀湿透后取出。将手帕舒展开，用坩埚钳夹住两角，在酒精灯上点燃，观察实验现象。

【实验现象】手帕外有蓝色火焰，停止燃烧后，手帕完好无损。

【实验结论】实验条件下，温度达到了酒精的着火点而未达到手帕的着火点。

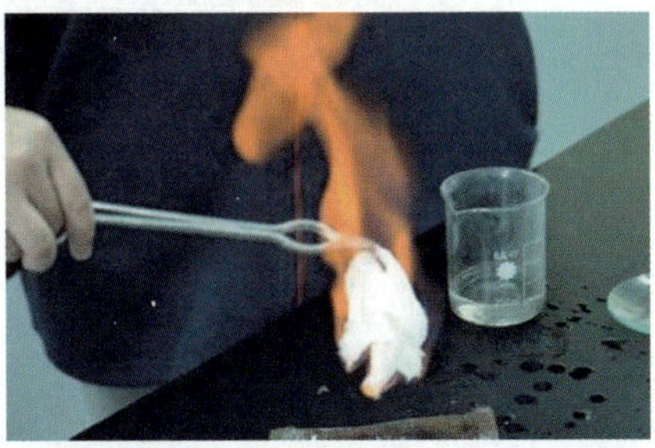

图 15−1−2 “烧不坏的手帕”实验示意图

在实验 1 中，乒乓球的材质有多种，其中一种材质为赛璐珞，是一种可燃的合成塑料。在实验 2 中，加入 Na_2CO_3 和稀盐酸后，两者发生反应 $Na_2CO_3 + 2HCl = 2NaCl + H_2O + CO_2\uparrow$（碳酸钠和稀盐酸反应生成氯化钠、水、二氧化碳），产生的二氧化碳不可燃、不助燃，使蜡烛与氧气隔绝，蜡烛不再燃烧。因此对比加入试剂前（蜡烛周围有氧气）和加入试剂后（蜡烛周围无氧气）的蜡烛燃烧现象，能够得出可燃物燃烧的条件之一是与氧气接触。在实验 3 中，酒精燃烧产生蓝色火焰，尽管酒精燃烧放热，但是酒精燃烧的过程中也会不断地挥发吸热，将热量带走，使手帕的温度始终不能达到其着火点。

认识了燃烧的条件后，我们以天宫空间站的“天和”核心舱为例，看看航天器升空过程中的燃烧现象是怎样产生的呢？实际上，“天和”核心舱升空所利用的运载火箭燃料有液氢（H_2），其燃烧反应的化学方程式为：

$$2H_2 + O_2 \xlongequal{\text{点燃}} 2H_2O$$（氢气和氧气在点燃的条件下生成水）

活动 2　感受化学反应的热量变化

活动探究

实验 1：感受化学反应放出热量

【实验设计】从超市买来一包自热产品（如自热米饭、自热火锅等），将发热袋取出放在玻璃容器中，加入少量水，观察实验现象。

【实验现象】一段时间后，水开始沸腾；用手摸玻璃容器外壁，感觉到烫。

【实验结论】加入水后，反应放热。

实验 2：感受化学反应吸收热量

【实验设计】如图 15-1-3 所示，在玻璃片上滴一滴水，并将烧杯放在玻璃片上，轻轻按压烧杯，使烧杯尽量与玻璃片上的水充分接触。在烧杯中加入少量已研磨好的八水氢氧化钡［$Ba(OH)_2 \cdot 8H_2O$］晶体，然后加入少量氯化铵（NH_4Cl）固体，用玻璃棒搅拌，观察实验现象。

【实验现象】一段时间后，玻璃片粘在烧杯底上；用手摸烧杯外壁，感觉到凉；有刺激性气味的气体生成。

【实验结论】烧杯内的反应吸热。

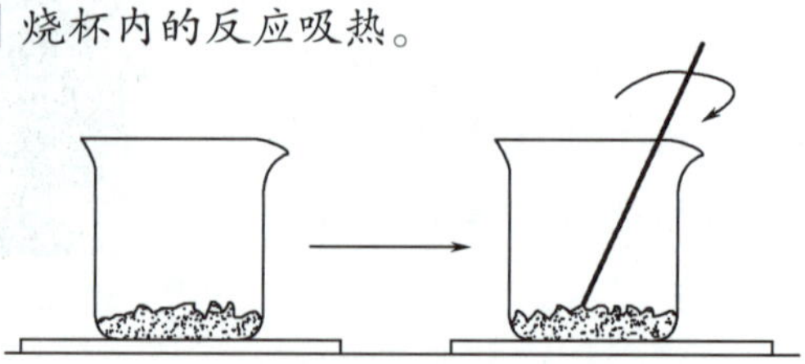

图 15-1-3　吸热反应实验示意图

通过上述两个实验我们知道，有些反应放热，有些反应吸热。自热产品在使用中发生了 $CaO+H_2O = Ca(OH)_2$（氧化钙和水反应生成氢氧化钙）的放热反应，放出的热量能使水沸腾。而 $Ba(OH)_2 \cdot 8H_2O$ 和 NH_4Cl 的反应则是吸热反应，两者反应的化学方程式为 $Ba(OH)_2+2NH_4Cl = BaCl_2+2NH_3\uparrow+2H_2O$，反应吸收热量使水变成冰，反应产生的 NH_3 为刺激性气味的气体。

“天和”核心舱使用的运载火箭中发生了 H_2 燃烧的反应。该反应放热，使产生的气体温度升高，形成了高压气体，高压气体从发动机喷管高速喷出，产生了对火箭的反作用力，使火箭沿高压气体喷射的反方向前进。

活动 3 选择合适的火箭燃料

思考交流 哪些燃料可以用于火箭升空呢？你能写出它们燃烧的化学方程式吗？从环保角度对燃料进行评价，你选择的这些燃料是否为最佳燃料？为什么？请将讨论结果填写在表 15-1-2 中。

表 15-1-2 火箭燃料对比

燃料	燃烧原理（尽量用化学方程式表示）	评价
煤		
石油		
……		

煤、石油、天然气是三大化石燃料。煤是复杂的混合物，主要含有碳元素，还含有氢元素和少量的氮、硫、氧等元素以及无机矿物质。将煤作为燃料，主要是利用碳元素与氧反应所放出的热量。石油中主要含有碳和氢两种元素。将石油加热炼制，利用石油中各成分的沸点不同，可以将石油中的各物质进行分离，进而得到各种各样的产品，供人们使用，这称之为石油的综合利用。石油的综合利用可以得到液化石油气、塑料、合成纤维、合成洗涤剂、油漆等多种产品。石油存在的地方，一般都有天然气。天然气主要是由碳和氢组成的气态碳氢化合物，其中最主要的是甲烷（CH_4）。CH_4 燃烧时发生反应的化学方程式为 $CH_4+2O_2 \xlongequal{点燃} CO_2+2H_2O$（甲烷和氧气在点燃的条件下生成二氧化碳和水）。

化石燃料燃烧不充分时，能产生一氧化碳（CO）；未燃烧的碳氢化合物及炭粒、尘粒等排放到空气中形成浮尘。煤燃烧时会排放二氧化硫（SO_2）、二氧化氮（NO_2）等污染物。SO_2、NO_2 和空气发生一系列的反应，生成硫酸（H_2SO_4）和硝酸（HNO_3），它们溶于雨水后形成酸雨，酸雨会导致森林被破坏、雕像受损等后果。

乙醇（C_2H_5OH）俗称酒精，可通过高粱、玉米和薯类等发酵、蒸馏而得到。C_2H_5OH 在空气中充分燃烧时放出大量的热，可用作酒精灯、内燃机等燃料。C_2H_5OH 燃烧时发生反应的化学方程式为 $C_2H_5OH + 3O_2 \xlongequal{点燃} 2CO_2 + 3H_2O$（乙醇和氧气在点燃的条件下生成二氧化碳和水）。在汽油（一种石油产品）中加入适量乙醇作为汽车燃料，可适当节省石油资源，一定程度上减少汽车尾气的污染。但是，C_2H_5OH 不充分燃烧时也会产生 CO，污染空气。

H_2 本身无毒，完全燃烧时放出的热量约为同质量 CH_4 的 2 倍多，液氢完全燃烧时放出的热量约为同质量汽油的 3 倍。H_2 燃烧生成水，不污染空气，是一种清洁能源。作为高能燃料，H_2 已经应用于航天等领域；H_2 和 O_2 的反应可以应用于电动汽车的化学电源。

“天和”核心舱选择氢能源作为火箭燃料，从环保的角度来看，是因为 H_2 的燃烧产物为水。查阅资料可知，液氢、煤油（混合物，一种石油产品）、偏二甲肼（$C_2H_8N_2$）常用作火箭升空的燃料，三者的几项性能数据如表 15-1-3 所示。

表 15-1-3　三种常见的火箭燃料的部分性能对比

燃料种类	液氢（H_2）	煤油（C_xH_y）	偏二甲肼（$C_2H_8N_2$）
密度（常温常压）/（$g\cdot cm^{-3}$）	0.0708	0.800	0.793
比冲 /s	457	263	313
产物	H_2O	含 CO_2、CO、H_2O 等	含 CO_2、CO、N_2、H_2O 等
毒性	无毒	有毒	有毒

注：比冲值越大，带给火箭的反推力就越大。

对比可知，相同条件下，H_2 的密度小、比冲值大、产物无污染、本身也无毒。这些是“天和”核心舱选择 H_2 而不选择煤油或 $C_2H_8N_2$ 作为火箭燃料的原因。

任务梳理

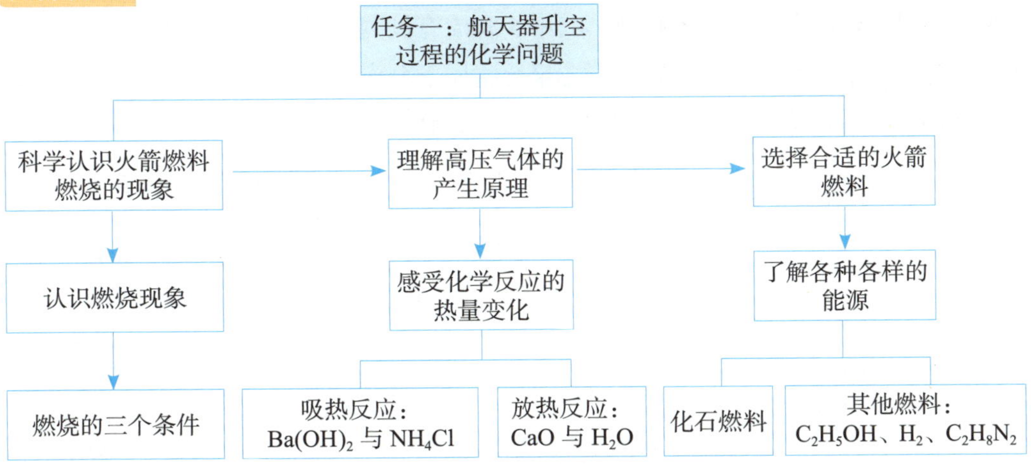

图 15-1-4　任务一的问题解决思路及核心知识

任务二　航天员在太空中的穿衣问题

思考交流　航天员在空间站内开展科学实验时可以穿着便服，但是在太空中行走时需要穿着航天服。一种航天服的材料是氨纶尼龙聚合物，你对此有哪些了解呢？

活动 1　认识有机合成材料

氨纶尼龙聚合物是一种有机合成材料，属于有机化合物（简称有机物）。有机物通常指含碳元素的化合物，但是不包括二氧化碳（CO_2）、一氧化碳（CO）、碳酸（H_2CO_3）、碳酸盐，这是因为这几种物质具有无机化合物的特点。

有机物除含有碳元素以外，还可能含有氢、氧、氯等元素。在有机物中，碳原子可以与其他种类的原子相连接，也可以与碳原子互相连接，形成碳链或碳环。由于有机物分子中原子的排列方式不同，有机物分子所表现出来的性质也不相同。因此，有机物的数目非常庞大。

有些有机物的相对分子质量比较小，如甲烷（CH_4）、乙醇（C_2H_5OH）等，它们属于有机小分子化合物。而有些有机物的相对分子质量从几万到几十万，如淀粉、蛋白质等，通常称它们是有机高分子化合物，简称有机高分子。

用有机高分子制成的材料就是有机高分子材料。有机高分子材料分为天然有机高分子材料和合成有机高分子材料。其中，合成有机高分子材料简称合成材料，包括塑料、合成纤维和合成橡胶。氨纶尼龙聚合物属于合成纤维。

上述提及的物质之间的关系如图 15-2-1 所示。

- 化合物
  - 无机化合物
  - 有机化合物
    - 有机小分子化合物
    - 有机高分子化合物（有机高分子）
      - 天然有机高分子化合物
      - 合成有机高分子化合物（合成材料）
        - 塑料
        - 合成纤维
        - 合成橡胶

图 15-2-1　与有机物有关的物质分类

合成材料的出现，是材料史上的重要一步。从我们的日常生活到现代工业、农业、国防和科学技术等领域，都离不开合成材料。塑料是最常见的有机合成材料，具有密度小、耐腐蚀、易加工等优点。塑料有很多品种，在生活中的用途也不尽相同。图 15-2-2 是塑料在生活中的应用。

聚乙烯（PE）塑料制成的垃圾桶

聚对苯二甲酸乙二醇酯（PET）塑料制成的饮料瓶

聚氯乙烯（PVC）塑料包裹的电线

聚四氟乙烯（PTFE）塑料制成的不粘锅

图 15-2-2　部分塑料制品在生活中的应用（括号内为塑料代码）

橡胶最初是从橡胶树等植物中获得的，后来人们用化学方法制成了合成橡胶。合成橡胶与天然橡胶相比，具有高弹性、绝缘性、耐油、耐高温和不易老化等性能，在生产、生活中有广泛的应用（图 15–2–3）。

图 15–2–3　橡胶制品在生活中的应用

另一种合成材料是合成纤维。涤纶、锦纶（尼龙）、腈纶等属于合成纤维。航天服的一种材料——氨纶尼龙聚合物，也是一种合成纤维（图 15–2–4）。氨纶又称聚酯纤维，可用于为满足舒适性要求需要拉伸的服装。尼龙又称聚酰胺纤维，其最突出的优点是耐磨性高，比棉花耐磨性高 10 倍，比羊毛高 20 倍。在混纺织物中稍加入一些聚酰胺纤维，可大大提高其耐磨性；当拉伸至 3% ~ 6% 时，弹性回复率可达 100%；能经受上万次折挠而不断裂。聚合物是指有机小分子化合物通过反应形成的有机高分子化合物。

图 15–2–4　用氨纶尼龙聚合物制作的航天服

活动 2　了解新型航天服材料

科技前沿　火星航天服的材料及其价值

在大气稀薄、受太阳和宇宙射线辐射更强的火星上，航天员该穿什么衣服呢？2021 年 2 月 18 日，美国“毅力号”火星探测器在火星降落。探测器携带了史上首批航天服材料样品，抵达火星后测试火星航天服的材料是它的任务之一。这次携带的材料有正交织物、聚芳酯纤维材料、聚四氟乙烯材料、聚碳酸酯材料等。除正交织物外，其他材料均属于合成材料。

（1）正交织物是一种应用于航天服外层的材料，由三种材料构成：一种是阻燃材料，另一种是防水又透气的材料，还有一种是制作防弹背心的材料。

（2）聚芳酯纤维材料用于航天服手套的手掌部分。它具有防割性，因为微流星体会撞击空间站外的扶手，形成边缘锋利的凹痕，这种凹痕可能会割破航天服的手套。

（3）聚四氟乙烯材料将作为航天服手套护套和手套背面的一部分，像涂有这种材料的不粘锅一样，它很滑，因此可以有效防止被抓住或撕裂。

（4）聚碳酸酯材料有助于减少紫外线对航天员的辐射，将用来制作航天服头盔的遮阳板等。这种材料的另一个优点就是不易碎裂，如果受到冲击，它会弯曲而不是断裂。

任务梳理

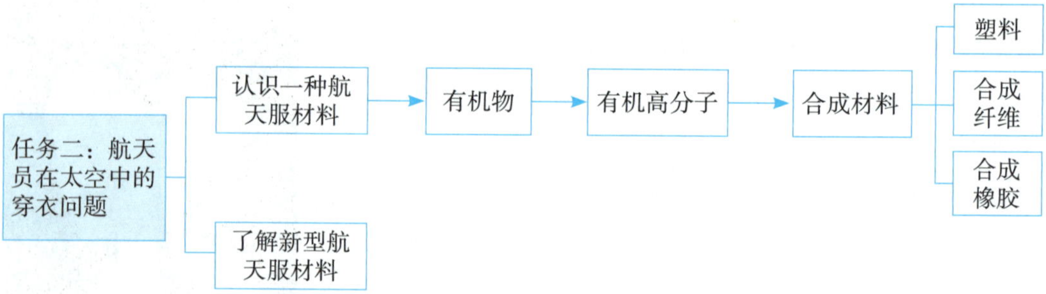

图 15-2-5　任务二的问题解决思路及核心知识

任务三　航天员在太空中的饮食问题

活动 1　认识六大营养物质

思考交流　航天员在太空中摄入哪些食物？如何保证其营养均衡呢？这些食物中富含哪些元素？你知道这些元素对人体的重要作用吗？

糖类、油脂、蛋白质、维生素、无机盐、水是人类基本的营养物质。要想航天员营养均衡，我们首先来了解这六大营养物质。

一、糖类

糖类是由 C、H、O 三种元素组成的化合物，是人类的主要供能物质。糖类分为单糖、二糖和多糖。单糖包括葡萄糖（$C_6H_{12}O_6$）和果糖（$C_6H_{12}O_6$），两者分子式相同，但结构不同，是不同的化合物。葡萄糖经过肠壁吸收进入血液成为血糖，为人体组织提供营养。在人体组织里，葡萄糖在酶的催化作用下经缓慢氧化变为二氧化碳和水，同时放出能量，供机体活动和维持恒定体温的需要，其反应的化学方程式为 $C_6H_{12}O_6+6O_2\xlongequal{酶}6CO_2+6H_2O$（葡萄糖和氧气在酶的作用下生成二氧化碳和水）。二糖包括蔗糖（$C_{12}H_{22}O_{11}$）和麦芽糖（$C_{12}H_{22}O_{11}$），它们也是分子式相同但结构不同的物质。蔗糖是储藏在某些植物（如甘蔗等）中的糖，日常生活中的白糖、冰糖和红糖的主要成分就是蔗糖。多糖包括淀粉和纤维素。淀粉主要存在于植物种子或块茎中。食物中的淀粉在人体内经酶的催化作用，与水发生一系列反应，最终变成葡萄糖。纤维素不能被人体吸收，但是在消化过程中起到重要的作用，因此每天都要摄入一定量的富含纤维素的食物。

图 15-3-1 富含糖类的部分食物

二、油脂

油脂是由C、H、O三种元素组成的化合物。在常温下，植物油脂呈液态，称为油。动物油脂呈固态，称为脂肪。油脂是重要的供能物质，每克油脂在人体内完全氧化时放出约39 kJ的能量，比糖类多1倍以上。在正常情况下，人每日需摄入50～60 g油脂，它供给人体日需能量的20%～25%。一般成人体内储存占人体质量10%～20%的脂肪，它是维持生命活动的备用能源。

图 15-3-2　富含油脂的部分食物

三、蛋白质

蛋白质是由C、H、O、N等元素组成的，是构成细胞的基本物质，是机体成长及修补受损组织的主要原料。动物的肌肉、皮肤、毛发、蹄、角等的主要成分都含有蛋白质。能补充蛋白质的食物有鸡蛋、牛奶、豆制品、鱼类、虾类、瘦肉等。蛋白质也是供能物质，成人每天需摄取60～70 g，处于生长发育期的青少年需要量更大。人体通过食物获得的蛋白质，在胃肠道里与水发生反应，生成氨基酸。一部分氨基酸再重新组成人体所需要的各种蛋白质，维持人体的生长发育和组织更新；另一部分氨基酸可被氧化，生成尿素［$CO(NH_2)_2$］、二氧化碳和水等排出体外，同时放出能量供人体活动。

图 15-3-3　富含蛋白质的部分食物

四、维生素

维生素有 20 多种。水果、蔬菜等物质含丰富的维生素。维生素在人体内需要量很小，但它可以起到调节新陈代谢、预防疾病、维持人体健康的作用。维生素 A 被誉为“眼睛的朋友”，缺乏维生素 A 易得夜盲症；缺乏维生素 C 易得坏血病；维生素 D 被称为“壮骨卫士”；维生素 K 是“止血功臣”。

图 15-3-4 富含维生素的部分食物

五、无机盐

我们在商场中的货架上经常会看到“补钙”“补铁”“补锌”“补碘”等字样，“钙（Ca）”“铁（Fe）”“锌（Zn）”“碘（I）”这些元素多是以无机盐的形式被人体吸收。吃虾皮、喝牛奶能补钙，青少年缺钙易得佝偻病，老年人缺钙易得骨质疏松。动物肝脏含铁量高，人体缺铁易得缺铁性贫血。海带富含碘元素，人体缺碘易得地方性甲状腺肿大病。苹果富含锌元素，人体缺锌会表现为生长迟缓、发育不良、智力低下。

图 15-3-5 富含无机盐的部分食物

六、水

水是构成人体的重要组成部分，人体的组成约 70% 是水。水是维持人类生命活动的基本物质。水在人体中起到提供营养、进行催化、体内运输、溶解物质、润滑组织、调节体液、缓冲保护等作用。在提供营养方面，水作为载体源源不断地向人体组织器官输送所需的营养物质、矿物质和微量元素。

图 15-3-6 为中国居民平衡膳食宝塔。我们不仅要关注营养物质的摄入，还要关注营养物质的摄入比例，实现健康饮食。

图 15-3-6　中国居民平衡膳食宝塔

活动探究 请你绘制一张思维导图，谈谈你所理解的人体所需的六大营养物质与人体健康的关系。思维导图的评价标准如表 15-3-1 所示。

表 15-3-1　“对六大营养物质的认识”的思维导图评价标准

评价维度	营养师	美食家	普通食客
知道蛋白质、糖类、油脂、维生素、无机盐和水等六大基本营养物质	知道六大营养物质的元素组成，理解营养物质之间的关系	知道六大营养物质的名称	知道六大营养物质的名称
了解蛋白质、糖类、油脂、维生素、无机盐（化学元素）与人体健康的关系	1. 理解六大营养物质与人体健康的关系，包括摄取带来的积极作用及缺乏产生的疾病 2. 明确摄取六大营养物质的食物来源 3. 能设计一份营养均衡的食谱	1. 理解六大营养物质与人体健康的关系，包括摄取带来的积极作用及缺乏产生的疾病 2. 明确摄取六大营养物质的食物来源	明确摄取六大营养物质的食物来源

活动 2 认识航天食品

航天食品与地面上的普通食品在营养成分上有什么区别呢？航天失重对人体产生了一定的影响，如机体应激状态下血液浓缩，红细胞破坏导致太空贫血，因此红细胞数目减少；此外，航天员会骨质丢失，易得高钙血症。因此，太空美食需要在地面饮食的基础上，适当多补充钙元素，航天员返回地面后需要再补充铁。

我国的航天食品具有中国特色，主食是脱水米饭、咖喱米饭等，密封装在银灰色的袋子里；菜肴也很丰盛，有鱼香肉丝、宫保鸡丁等，甚至还有大虾等海鲜。它们都是固态复水食品，航天员进餐时，只要将热水倒进去即可食用。由于中国人爱喝茶，所以除了橙汁等常规饮料外，冰红茶、绿茶等时尚的现代饮料也一应俱全，不过它们不是液体的，而是小砖头般的固体饮料。水果也经过了特殊加工，把草莓、苹果、香蕉、水蜜桃等水果冷冻，去掉水分，再经过几个程序的加工，橡皮般大小的冻干水果便做成了。我国科技工作者已经开发了几十种航天食品。随着航天事业的发展，我们的航天食品会更加丰富，为航天员提供更加舒适的饮食条件。

思考交流

1. 我国航天食品中，都有哪些营养物质呢？
2. 航天食品加工时通常需要先脱水，在太空食用前再复水，这样处理的意义是什么？
3. 航天食品为什么要“密封”装在袋子里？

上述提到的我国航天食品中含有六大营养物质。含糖类的食品有脱水米饭、咖喱米饭等；含油脂的食品有鱼香肉丝、宫保鸡丁等；含蛋白质的食品有鱼香肉丝、宫保鸡丁、大虾等；含无机盐的食品有咖喱米饭、鱼香肉丝、宫保鸡丁、大虾等；含维生素的食品有鱼香肉丝、宫保鸡丁、草莓、苹果、香蕉、水蜜桃等；含水的食品有冰红茶、绿茶、热水和其他含水食品。

在食品加工时，脱水是为了防止细菌滋生，从而延长食品保质期；也是为了减轻质量，便于携带。复水的目的是为了补充水这一种营养物质，也是为了增强口感。

食品密封保存的意义既在于使食品与氧气隔绝，防止食品缓慢氧化；又能使食品与水隔绝，防止细菌滋生。

任务梳理

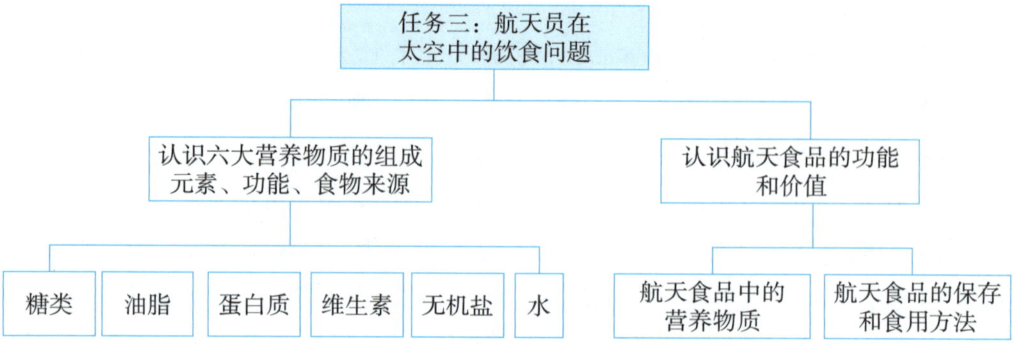

图 15-3-7　任务三的问题解决思路及核心知识

任务四　航天员在太空中的居住问题

航天员在太空中生活时，需要氧气来供给呼吸，航天器的舱体材料也需要保障航天员安全生活。氧气含量的多少和舱体结构的选择对航天员在太空的居住产生重要影响。

活动 1　认识太空中的氧气

活动探究　**实验：测定空间站内气体样品中氧气的含量**

【实验设计】按图 15-4-1 所示装置进行实验。检查装置气密性后，在集气瓶中加入少量水，水面上方充满空间站内的气体，将水面上方空间分为 5 等份，并做好标记。用弹簧夹夹紧乳胶管。将点燃的足量的红磷快速伸入集气瓶内，并塞紧橡胶塞。待红磷熄灭且集气瓶冷却到室温后，打开弹簧夹，观察实验现象。

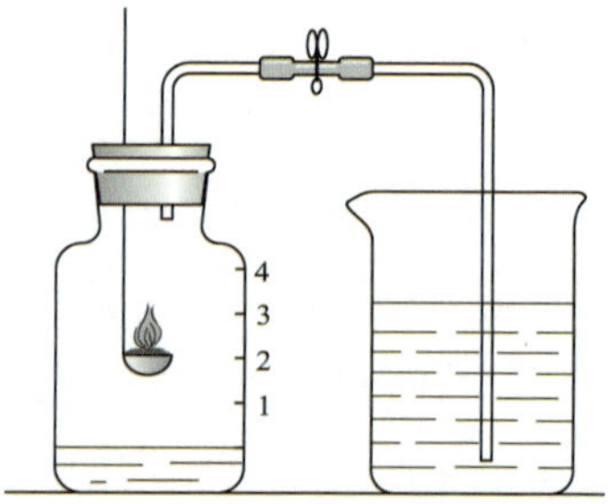

图 15-4-1　“测定空间站内气体样品中氧气的含量”实验装置

【实验现象】红磷燃烧，放热。冷却到室温后，打开弹簧夹，烧杯中的水倒吸到集气瓶中，进入的体积约占集气瓶原水面上方空间的 1/5。

【实验结论】空间站内气体样品中氧气的含量约为 1/5。

红磷（P）燃烧发生反应 $4P+5O_2 \xlongequal{点燃} 2P_2O_5$（红磷和氧气在点燃的条件下生成五氧化二磷），由于红磷燃烧消耗氧气且生成物不是气体，导致反应后冷却到室温时，集气瓶内的气体压强小于外界气压；打开弹簧夹后，由烧杯中进入集气瓶中的水的体积等于集气瓶内消耗的气体的体积。实验测定，空间站内气体样品中氧气的含量和地球表面几乎一样，均为 1/5。太空中本身没有氧气，那么在空间站是怎样实现供氧的呢？

思考交流 现提供的是太空制氧的 6 种原理，请说明每一种原理的优缺点。

方案 1：高压气态氧、液氧

方案 2：$2KMnO_4 \xlongequal{\triangle} K_2MnO_4+MnO_2+O_2\uparrow$

方案 3：$2KClO_3 \xlongequal[\triangle]{MnO_2} 2KCl+3O_2\uparrow$

方案 4：$2H_2O \xlongequal{通电} 2H_2\uparrow+O_2\uparrow$

方案 5：$2H_2O_2 \xlongequal{MnO_2} 2H_2O+O_2\uparrow$

方案 6：$2Na_2O_2+2CO_2 \xlongequal{} 2Na_2CO_3+O_2$

在上述 6 种方案中，方案 1 应用了物理方法制氧，在形成高压气态氧或液氧的过程中，压缩了氧分子之间的间隔，航天员从地球上携带 O_2 到飞行器中。这种方式中携带的 O_2 含量少，不能在太空中再生，选择方案 1 的飞行器在太空中只能执行短期任务。方案 2 到方案 6 应用了化学方法制氧。方案 2 中原料是 $KMnO_4$，它是有毒物质。产物中的 K_2MnO_4 和 MnO_2 都是有毒物质，且两者含有重金属 Mn 元素，在太空中会产生二次污染。此外，方案 2 并不是原料中所有的氧原子都进入生成物 O_2 中，原子利用率只有 25%。方案 3 产氧率高，$KClO_3$ 中所有的氧原子都在生成物 O_2 中，原子利用率为 100%。但是，方案 3 的缺点是 $KClO_3$ 需要密封保存，不能与可燃物接触，否则会发生反应而使制氧剂失效，也可能会发生爆炸，带来一定的危险。方案 4 的特点是原料无毒、产氧率高、速度快，物质和能量可以循环使用，生成的 H_2 和 O_2 可以通过点燃反应生成 H_2O，实现物质循环。H_2 和 O_2 的反应还可以作为化学能源产生电能。方案 4 需要宇宙飞船提供电能，是目前太空制氧的重要途径之一。方案 5 的特点是产物环境友好，但是常温下 H_2O_2 易分解，不易保存，且 H_2O_2 中只有 50% 的氧原子进入产物 O_2 中，产氧率低。方案 6 的方法制取 O_2 非常便捷，还能吸收人体呼出气体中的 CO_2，将其转化为 O_2，但是过氧化钠（Na_2O_2）在常温下易与 H_2O 反应，因此不易保存。方案 6 常用于航天服的呼吸面具中，在航天员出舱后产生氧气，供给呼吸。

活动 2　了解舱体材料

制造航天器舱体的主要材料有铝合金和镁合金，有些零部件则采用高强度的钛合金。合金是在金属中加热熔合其他金属或非金属而形成的具有金属特征的混合物。合金和纯金属的性质有什么差异呢？

活动探究　**实验：探究合金和纯金属的硬度差异**

【实验设计】如图 15-4-2 所示，将黄铜片（铜锌合金）和纯铜片相互刻画，观察实验现象。

【实验现象】在纯铜片上有划痕，在黄铜片上没有划痕。

【实验结论】黄铜片硬度大于纯铜片。

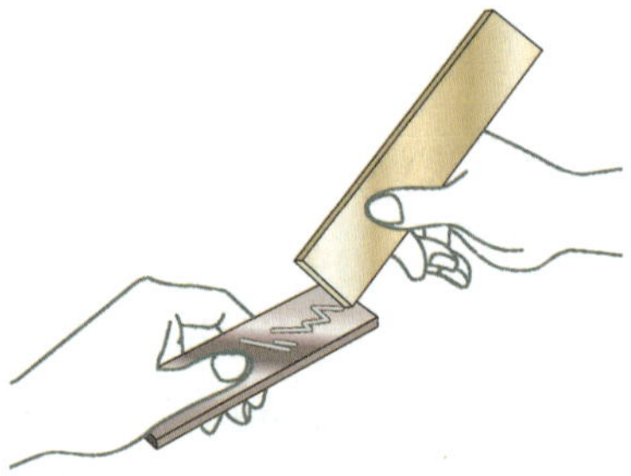

图 15-4-2　“黄铜片和纯铜片相互刻画”实验示意图

合金不仅是硬度大于纯金属，而且大部分合金的熔点低于纯金属，机械强度高于纯金属。铝合金、镁合金、钛合金有哪些特性呢？

铝合金之一的硬铝是铝与铜、镁、硅等金属和非金属熔合在一起制成的合金。硬铝硬度较小，适用于宇宙飞船。镁合金是以镁为基础加入其他元素制成的合金，其特点是密度小（镁合金的密度大约为 1.8 g/cm^3）、强度高、弹性模量大、散热好、消震性好，承受冲击载荷能力比铝合金大，耐有机物和碱的腐蚀性能好。钛是 20 世纪 50 年代发展起来的一种重要的结构金属。钛合金强度高、耐蚀性好、耐热性高。20 世纪 50～60 年代，主要是发展航空发动机用的高温钛合金和机体用的结构钛合金。

20 世纪 70 年代开发出一批耐蚀钛合金；80 年代以来，耐蚀钛合金和高强钛合金得到进一步发展。钛合金主要用于制作飞机发动机压气机部件，其次为火箭、导弹和高速飞机的结构件。

任务梳理

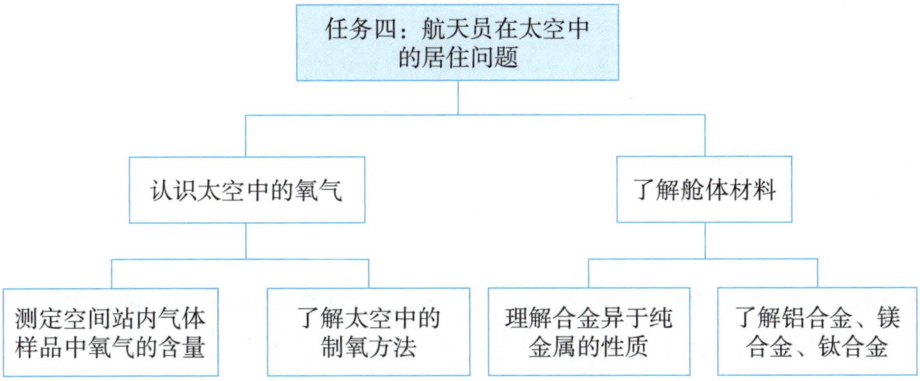

图 15-4-3　任务四的问题解决思路及核心知识

单元项目梳理

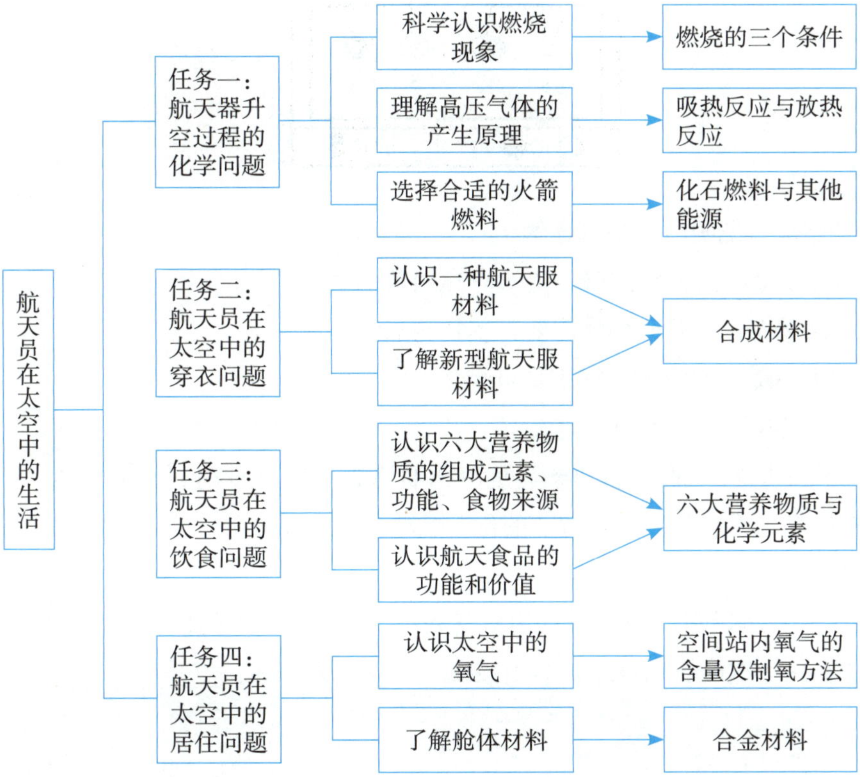

单元项目检测

学习理解

1. 小明的午餐是红烧肉、清蒸鱼、米饭和矿泉水。从均衡营养的角度考虑，这份午餐缺少的营养物质是（　　）。

A. 糖类　　B. 蛋白质

C. 维生素　　D. 无机盐

2. 下列不属于化石能源的是（　　）。

A. 煤　　B. 太阳能

C. 石油　　D. 天然气

3. 用如图所示装置进行实验。升温至 60 ℃的过程中，仅①燃烧；继续升温至 260 ℃的过程中，仅③燃烧。下列分析不正确的是（　　）。

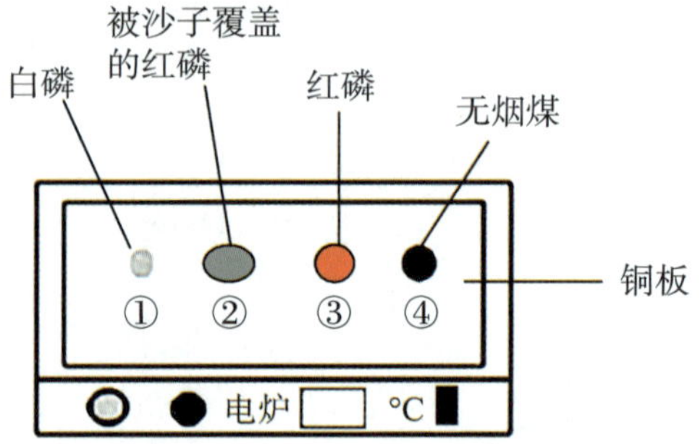

A. ①燃烧，说明白磷是可燃物

B. 对比①③，可说明红磷的着火点比白磷的高

C. 对比②③，可验证燃烧需要可燃物与氧气接触

D. ④未燃烧，说明无烟煤不是可燃物

4. 汽车能源结构在不断优化。

（1）汽车燃料中的汽油和柴油是由石油炼制而得，石油、天然气和________都属于化石燃料。天然气是比较清洁的化石燃料，其主要成分完全燃烧的化学方程式是________________________________。

（2）一种氢燃料电池汽车利用氢气和氧气在铂（Pt）的催化作用下发生反应，将化学能转化为电能驱动汽车。写出该反应的化学方程式：________________________________。

应用实践

5. 用如图所示装置进行实验（夹持仪器略去），加热 b、c 处的正中间，当 b 处白磷燃烧时，a 处白磷和 c 处红磷均不燃烧。已知：红磷的着火点为 240℃，白磷的着火点为 40℃。

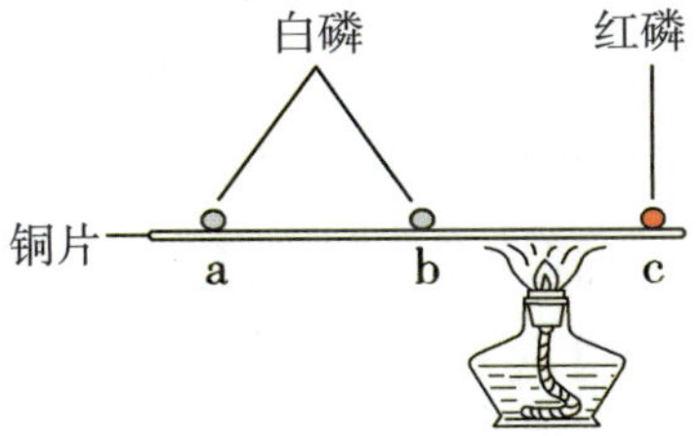

（1）实验中利用了铜的性质是 ________。

（2）能验证“可燃物燃烧温度需要达到着火点”的现象是 ______（填字母）。

A. b 处白磷燃烧，a 处白磷不燃烧

B. b 处白磷燃烧，c 处红磷不燃烧

C. a 处白磷不燃烧，c 处红磷不燃烧

6. 实验室用如图所示装置测定空气中氧气的体积分数。粗铜丝末端的燃烧匙中放足量白磷，按图连接好仪器，点燃酒精灯加热铜丝一端，一段时间后，白磷燃烧。

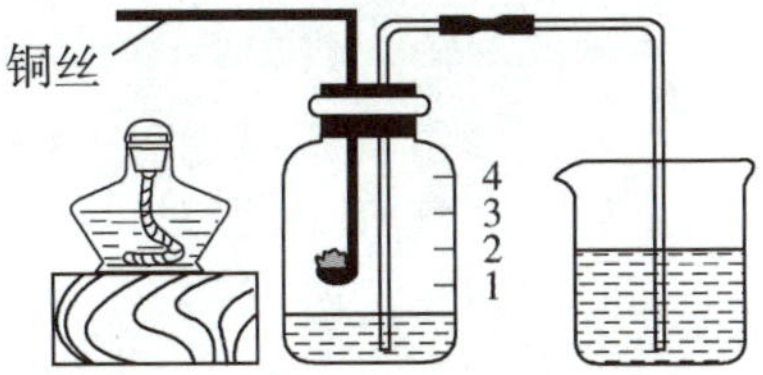

（1）不直接加热却能点燃白磷，利用的是铜的 _____ 性。

（2）说明实验成功的现象是 ________。

（3）集气瓶底的水量不足可能导致实验失败，原因是 ________
________。

7. 用如图所示装置进行实验。已知：白磷的着火点为 40℃。

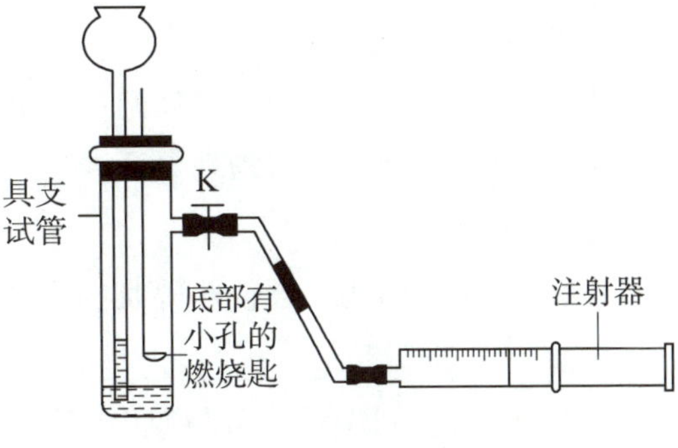

（1）关闭 K，向长颈漏斗中注入蒸馏水，至漏斗下端导管有一段水柱时，停止注水（如图所示），若 ________，则说明装置气密性良好。取下胶塞，倒出具支试管内的水。

（2）取黄豆粒大的白磷，将其固定在燃烧匙上，白磷不燃烧，原因是 ________。

（3）打开 K，沿长颈漏斗倒入 70℃热水至没过白磷，白磷不燃烧。若使白磷燃烧，可进行的操作是 ________。

迁移创新

8. 某研究小组用如图所示装置，探究能否用镁条代替红磷测定空气中氧气的含量。实验前，小组成员提出了不同的猜想。

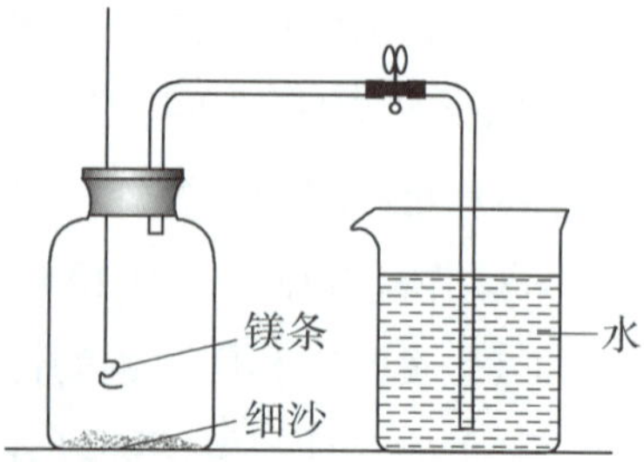

【猜想与假设】

猜想 1：可以代替，因为镁条与氧气反应后不会产生气体。

猜想 2：不能代替，查阅资料知金属镁很活泼，可能会与氮气反应。

【进行实验】

步骤	实验操作	实验现象
Ⅰ	组装好装置后，打开止水夹，手捂集气瓶，一段时间后，松开手	烧杯中导管口有气泡冒出，松手后，烧杯中导管末端有一段液柱
Ⅱ	关闭止水夹，点燃镁条，迅速伸入集气瓶中，塞好塞子	镁条燃烧，放出大量热，发出耀眼白光，生成大量白烟，剩余固体为白色带状物
Ⅲ	冷却至室温，打开止水夹	烧杯中的水从导管进入集气瓶中，体积约为集气瓶容积的 2/5

【解释与结论】

（1）步骤Ⅱ中，关闭止水夹的目的是____________________。

（2）推测猜想 2 成立的现象证据是____________________。

【反思与评价】

（3）该小组认为，即使步骤Ⅲ中水的体积恰好占集气瓶容积的 1/5，也不能说明猜想 1 成立，理由是____________________。

（4）小组中同学对镁条与瓶中气体的反应提出了进一步的猜想：甲同学认为镁条先与 O_2 反应，乙同学认为镁条先与 N_2 反应。为进一步检验他们的猜想，可以进行的实验操作是：取少量镁条，点燃后迅速放入盛有空气的集气瓶中，待镁条熄灭后，____________________。

参考答案

项目 1　提高室内环境舒适度

——运用跨学科综合视角解决生活问题

【学习理解】

1. B

2.（1）渐好　（2）环保

【应用实践】

3. A　4. C

【迁移创新】

5.（1）过滤　（2）混合物

6.（1）过氧化氢 $\xrightarrow{\text{二氧化锰}}$ 水 + 氧气　（2）过氧化氢溶液的质量分数

（3）在其他条件相同时，过氧化氢溶液的质量分数越高，过氧化氢分解速率越快

项目 2　二氧化碳的捕获和利用

——运用跨学科综合视角解决社会热点问题

【学习理解】

1. B　2. C

3.（1）①②　（2）$CO_2 + H_2O \xlongequal{} H_2CO_3$

4. CO_2

【应用实践】

5. A

6.（1）塑料瓶变瘪　（2）通常状况下，溶解二氧化碳的体积与加入水的体积基本相同

【迁移创新】

7.（1）$CaCO_3 + 2HCl \xlongequal{} CaCl_2 + CO_2\uparrow + H_2O$

（2）反应速率适中，有利于收集 CO_2

项目 3　探秘吸附剂世界

——应用模型建构的方法解决实际问题

【学习理解】

1. B

2.（1）O_2、H_2O（或氧气、水）　（2）Fe_2O_3（或氧化铁、三氧化二铁、铁锈）

（3）$CaO + H_2O \xlongequal{} Ca(OH)_2$

【应用实践】

3.（2）氧化钙和水反应生成氢氧化钙　铁和水、氧气反应生成铁锈

（3）①③　浓硫酸、氢氧化钠固体都具有腐蚀性

（4）实验 1：②⑤　实验 2：有效　实验 3：铁、氧化铁

（5）HCl、$FeCl_2$(或 HCl、$FeCl_2$、$FeCl_3$)

（6）抽成真空　填充保护气

【迁移创新】

4.（1）氢氧化钙受热分解生成水，为铁和水蒸气反应提供反应物

（2）反应物中有氢元素，并且生成可燃性的气体　（3）1.5

（4）铁粉在下层，铁粉为 1.5 g，氢氧化钙为 0.5 g　（5）66　54　60

（6）铁粉具有导热性，能够保证反应所需温度

项目 4 “生态鱼缸”中的碳氧循环

——基于真实情境多角度认识物质

【学习理解】

1. C 2. C 3. B 4. A

【应用实践】

5. D

6.（1）挤压软塑料管下部分，使固体和液体试剂接触 O_2 （2）a

【迁移创新】

7. C

8.（1）探究过氧化氢溶液的浓度是否影响过氧化氢的分解速率 （2）放热

项目 5 “徽章”的设计与制作

——初步建构通过类别研究物质性质的思维模型

【学习理解】

1. C

2.（1）小灯泡 （2）用酒精灯分别加热两种金属丝的另一端

3.（1）B （2）在金属活动性顺序中，铝、铁排在氢前，能与酸反应；金、铜、银排在氢后，不能与酸反应

4.（1）$Mn + 2HCl \xlongequal{} MnCl_2 + H_2\uparrow$

（2）$Mn + FeSO_4 \xlongequal{} Fe + MnSO_4$ Mn>Fe>Cu ④

【应用实践】

5.（1）$Fe + 2HCl \xlongequal{} FeCl_2 + H_2\uparrow$

（2）4、6

（3）5、6 或 2、3、5

6.（1）过滤 （2）硫酸、硫酸铜、硫酸锌 （3）锌和铜

（4）取少量固体 C，向其中加入少量稀硫酸，若有气泡产生，则 B 过量；若无气泡产生，则不过量

【迁移创新】

7.（1）$3CO + Fe_2O_3 \xlongequal{高温} 2Fe + 3CO_2$

（2）$S + O_2 \xlongequal{点燃} SO_2$ 或 $4P+5O_2 \xlongequal{点燃} 2P_2O_5$

（3）玻璃棒　（4）防止高温条件下铁被氧化

项目 6　金属材料在汽车零件中的应用

——从材料的应用角度研究物质的通性

【学习理解】

1. B　2. B

3.（1）加热一段时间后，蜡烛熔化、掉落，之后火柴燃烧　（2）AC

【应用实践】

4.（1）“明”字位置逐渐出现红色固体，溶液由蓝色变为无色

（2）$Zn + 2HCl \xlongequal{} ZnCl_2 + H_2\uparrow$

5.（1）验证铜、银的金属活动性强弱　铜丝表面覆盖一层灰黑色（或银白色）固体，溶液由无色变成蓝色（答出 1 点即可）

（2）ABC

【迁移创新】

6. C

7. 为螺丝钉选择铁，铁硬度大，价格便宜；为反光片选择铝，铝延展性好，可压成薄片，银白色利于反光，在空气中抗腐蚀性好；为插头选择铜，铜导电性好。

项目 7　从钢铁锈蚀到多样的自热贴

——应用化学反应原理解决生活实际问题

【学习理解】

1. D

2.（1）疏松多孔　（2）不可行，因为酒精燃烧也产生二氧化碳

3.（1）锥形瓶内没有水，没有发生反应　（2）温度逐渐升高（图 2 曲线逐渐

上升） （3）吸附（吸附水分，保证氧化放热过程持续进行） （4）Fe_2O_3［或Fe_2O_3、$Fe(OH)_3$］ （5）吸水性树脂 （6）化学 热 （7）密封

【应用实践】

4. C

5.（1）没有明显变化 （2）部分溶解，有气泡产生，溶液为浅绿色

$Fe_2O_3+6HCl \xlongequal{} 2FeCl_3+3H_2O$ （3）氯化钠能加快铁生锈；铁呈粉末状，与水和氧气的接触面积大

【迁移创新】

6.（1）O_2、H_2O （2）①热 ②搓揉使表面结块的固体松散，内部的铁继续与氧气反应放热 （3）①其他实验条件相同情况下，探究镁的接触面积大小对温度变化的影响 ②产生的温度过高 ③向加有 100 mL 水的隔热容器中加入 2.8 g 铁粉和 5.85 g NaCl 粉末，连续搅拌，每隔 50 s 记录一次温度，得到温度变化曲线，再与图 2 中曲线做对比

项目 8 泡杯好茶话“溶液”

——真实情境下溶液相关问题的复习

【学习理解】

1. D 2. C 3. A 4. C

5.（1）A （2）80 （3）②③④①

【应用实践】

6. D 7. D

8. ②⑤ ④

【迁移创新】

9.（1）10 （2）ABCD

10.（1）吸附 （2）硝酸钾 （3）200 （4）① NaCl ② B

项目 9　自制泡泡液

——运用实验设计方法解决生活实践问题

【学习理解】

1. a_1、b_1、c_1　在温度相同的条件下，Na_2CO_3 溶液的溶质质量分数越大，溶液 pH 越大，碱性越强

【应用实践】

2.（1）$CO_2 + Ca(OH)_2 \xlongequal{} CaCO_3\downarrow + H_2O$

（2）丙酸钙受热后产生的物质能与稀盐酸反应且生成二氧化碳

（3）探究丙酸钙的质量大小是否对丙酸钙的防霉效果有影响

（4）5

（5）在其他条件相同时，有无蔗糖对丙酸钙的防霉效果无影响

（6）不同意。国家标准规定了丙酸钙用于制作面食、糕点时每千克面粉中的最大使用量，说明过量使用可能有害，故不是用量越大越好

【迁移创新】

3.（1）化学

（2）浓硫酸中有硫元素和氧元素，蔗糖中含有氧元素，则生成物中也会有硫元素和氧元素

（3）6　（4）15　（5）65、88、0

（6）浓硫酸的体积和水的滴数

项目 10　天气瓶的制作及原理探究

——基于真实情境认识溶液

【学习理解】

1. A　2. C　3. D

4.（1）高锰酸钾在不同溶剂中的溶解性不同

（2）探究高锰酸钾和碘在汽油中溶解性是否相同

5.（1）饱和　（2）31.6　（3）20%　（4）60℃时，110 g 硝酸钾溶解于 100 g 水恰好达到饱和（或 60℃时，100 g 水中最多溶解 110 g 硝酸钾）

【应用实践】

6. D　7. A　8. D

9.（1）8　（2）溶解　搅拌，加速溶解　（3）④②①⑤③

（4）100 mL 量筒、胶头滴管

（5）偏小

（6）

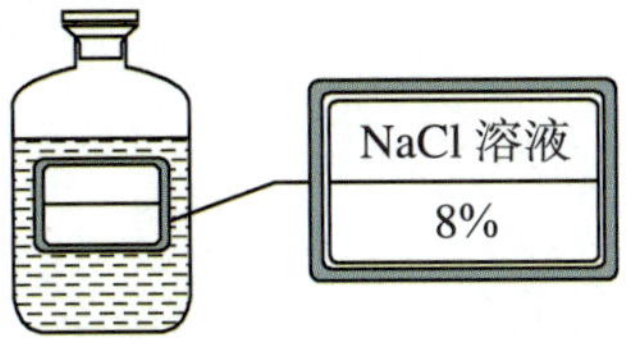

（7）2 ∶ 23

10. 解：溶质的质量分数 = $\frac{\text{溶质质量}}{\text{溶液质量}} \times 100\%$

溶质质量 = 溶液质量 × 溶质的质量分数

= 150 kg × 16%

= 24 kg

溶剂质量 = 溶液质量 − 溶质质量

=150 kg − 24 kg

=126 kg

答：配制 150 kg 质量分数为 16% 的 NaCl 溶液，需 24 kg 氯化钠和 126 kg 水。

【迁移创新】

11.（1）110 g　（2）④　（3）C　（4）3 ∶ 10　（5）28.6 %

12. 解：设 H_2SO_4 溶液中溶质的质量是 x。

$Fe + H_2SO_4 = FeSO_4 + H_2\uparrow$

56　　98

11.2 g　x

$\frac{56}{11.2\text{ g}} = \frac{98}{x}$　$x = 19.6\text{ g}$

硫酸中溶质的质量分数 = $\frac{\text{溶质质量}}{\text{溶液质量}} \times 100\%$

$= \frac{19.6\text{ g}}{200\text{ g}} \times 100\%$

$= 9.8\%$

答：这种 H_2SO_4 溶液中溶质的质量分数是 9.8 %。

项目 11　为厨卫清洁剂改进说明书

——基于真实问题的解决探究酸的性质

【学习理解】

1.（1）$CaCO_3 + 2HCl = CaCl_2 + CO_2\uparrow + H_2O$

（2）洁厕灵的有效成分盐酸有腐蚀性

（3）$Fe + 2HCl = FeCl_2 + H_2\uparrow$

2. $Fe_2O_3 + 3H_2SO_4 = Fe_2(SO_4)_3 + 3H_2O$

3.（1）洁厕灵、醋、苹果、酱油、西瓜

（2）① $Al(OH)_3 + 3HCl = AlCl_3 + 3H_2O$

② 增大

4.（1）蘸有紫色石蕊溶液的棉花由紫色变红色

（2）挥发性、酸性

（3）分子在不断运动

5.（1）固体溶解，溶液由无色变黄色

（2）4　在金属活动性顺序中，锌位于氢前、铜位于氢后，稀盐酸可以与位于氢前的金属反应

（3） 酚酞

【应用实践】

6.（1）稀盐酸或稀硫酸

（2）NaOH 溶液、酚酞溶液

7.（1）$NaOH + HCl = NaCl + H_2O$

（2）稀盐酸与稀 NaOH 溶液的中和反应放热

（3）AC

8. $Fe_2O_3 + 6HCl = 2FeCl_3 + 3H_2O$,

$Fe + H_2SO_4 = FeSO_4 + H_2\uparrow$

【迁移创新】

9. 学生作品展示：

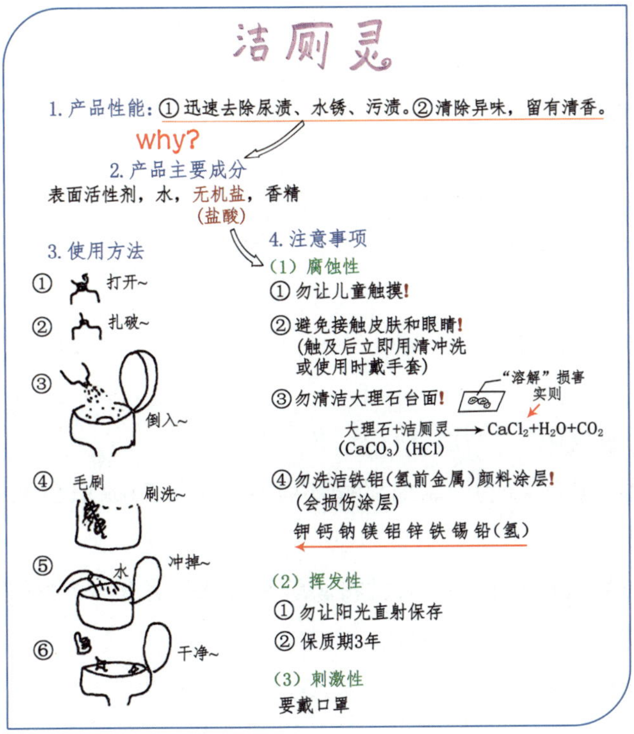

10. 改进思路：

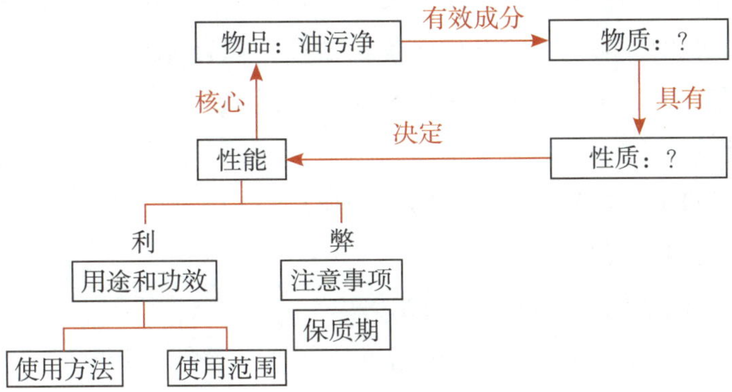

11.（1）粉红色

（2）牛奶滴加黑枸杞提取液后为紫色，而紫色对应的 pH 为 6 和 7

（3）有气泡生成、溶液颜色由灰绿色变为粉红色

项目12 探索松花蛋的制作工艺

——应用化学反应原理解决生产、生活中的实际问题

【学习理解】

1.（1）$NaHCO_3$

（2）糖类

（3）$CaO+H_2O = Ca(OH)_2$

（4）$Ca(OH)_2+Na_2CO_3 = CaCO_3\downarrow+2NaOH$

2.（1）A

（2）$Ca(OH)_2$ 和 NaOH

（3）26.7%

（4）复分解反应

（5）通过反应Ⅱ实现了 NaOH 的循环利用，减少了 NaOH 的用量，所以成本降低

【应用实践】

3.（1）甲同学没有考虑过滤时已将碳酸钙除去，乙同学没有考虑溶液中氢氧化钙与碳酸钠不能共存

（2）NaOH、NaCl

实验设计提示：

[实验1] 取少量滤液，向其中滴加 Na_2CO_3 溶液，如有白色沉淀生成，则说明有 $Ca(OH)_2$ 的存在；如没有白色沉淀生成，则说明没有 $Ca(OH)_2$ 的存在。

[实验2] 取少量滤液，向其中滴加稀盐酸，如有气泡产生，则说明有 Na_2CO_3 的存在；如没有气泡产生，则说明没有 Na_2CO_3 的存在。

【迁移创新】

4.（1）$2NaOH + CO_2 = Na_2CO_3 + H_2O$

（2）产生白色沉淀

（3）[假设猜想] $CaCO_3$、NaCl

$Ca(OH)_2$、Na_2CO_3 溶液也可使酚酞溶液变红（答案合理即可）

[结论解释] Na_2CO_3　$CaCl_2$、$Ca(OH)_2$

[拓展提高] 将上述反应后的物质过滤，取少量滤液于试管中，滴加酚酞溶液，若溶液变红，则含有 NaOH；若溶液不变色，则不含 NaOH

项目 13　垃圾分类处理

——运用跨学科综合视角解决生活实际问题

【学习理解】

1. B　2. A　3. ABCD

4. CH_4　小　难　$CH_4+2O_2 \xlongequal{点燃} CO_2+2H_2O$

【应用实践】

5. （1）$Fe+H_2SO_4 = FeSO_4+H_2\uparrow$

（2）NaOH　过滤

（3）Fe、O

【迁移创新】

6. （1）B 中导管口有气泡冒出

（2）$Zn+H_2SO_4 = ZnSO_4+H_2\uparrow$　　打开 K_2、K_3，关闭 K_1

（3）50

项目 14　探秘航天中的动力

——运用学科思维解决生活中的化学问题

【学习理解】

1. B　2. D　3. C

【应用实践】

4. B

5. 物理　二氧化碳和水　二氧化硫和氮氧化物　$SO_2 + 2NaOH = Na_2SO_3 + H_2O$ 等

6. ⑤⑧⑩　①⑦　⑥　②③④⑨

【迁移创新】

7. C

8. 800 t

9. （1）B　（2）$Fe + 2HCl = FeCl_2 + H_2\uparrow$　（3）能与空气中的氧气、水蒸气反应　（4）化学变化　（5）CD

项目 15　航天员在太空中的生活

——运用学科综合知识初步解决航天问题

【学习理解】

1. C　2. B　3. D

4.（1）煤　$CH_4+2O_2 \xlongequal{点燃} CO_2+2H_2O$

（2）$2H_2+O_2 \xlongequal{Pt} 2H_2O$

【应用实践】

5.（1）导热性　（2）AB

6.（1）导热　（2）最终烧杯中的水倒吸到集气瓶中，上升到刻度 1　（3）集气瓶中的气体沿右侧导管外逸

7.（1）长颈漏斗内的液面高于具支试管内的液面且高度差保持不变

（2）白磷的温度没有达到着火点　（3）将注射器向内推至白磷露出水面

【迁移创新】

8.（1）使集气瓶内形成密闭装置，防止气体外逸

（2）冷却到室温后，烧杯中水从导管进入集气瓶中，体积约为集气瓶体积的 2/5

（3）可能是镁条的量不足，导致镁条只消耗了集气瓶内 1/5 体积的气体，该气体可能是 O_2，可能是 N_2，也可能是 N_2 和 O_2 的混合气体

（4）将带火星的木条放入集气瓶中，若木条复燃，则镁条先与 N_2 反应；若木条熄灭，则镁条先与 O_2 反应

后　记

核心素养的一端支撑的是“全面发展的人”，另一端联结的是未来随时可能产生的“真实世界”，因此学习应基于现实世界展开，更多地强调建立联系、思考问题、解决现实场景和应用型难题。在课程内容选取和设计中，既要有学习探索与生活实践情境，更要有适应未来社会发展的学术探索情境，这样才能培育适应未来社会发展的具有创新意识、创新思维和创新实践的人。设置满足学生多元发展需求的化学课程，选择体现真实性和时代性的化学课程，发展学生的化学学科核心素养，“发展中的化学科学”系列课程在时代的召唤当中“千呼万唤始出来”。

本套书的编写工作，认真贯彻《普通高中化学课程标准（2017年版2020年修订）》《义务教育化学课程标准（2022年版）》的要求，全面体现21世纪5C核心素养和化学学科核心素养，落实“立德树人”的根本任务，综合反映学生发展、社会发展和学科发展对课程开发在时代性、选择性方面的要求，遵循教育发展的规律，利用基于真实情境的项目式学习活动，培养学生的创新精神和实践能力，进一步提高学生的化学学科核心素养，鼓励学生关注并投身于化学事业。

本套书由厦门市教科院高中化学教研员江合佩老师和北京教育学院王春教授共同担任主编。参加本套书编写的人员有清华大学附属中学、北京十一学校、北京一零一中、首都师范大学附属中学、福建省厦门第一中学、福建省厦门双十中学、江苏省盐城市明达初级中学、兰州市教科所等著名中学和教研机构的特级教师和中青年骨干教师。高水平的编写队伍、审读专家和教学实践团队，保证了本套书的科学性、先进性和教学适宜性。

本套书主编为江合佩、王春；参加初中版编写的核心作者有：李海洋、朱海凤、肖毛毛、庞艳丽、王蕾、张旭忠、郑潇洁、胡若欣、肖品、贾春丽、杨碧珣、王瑶、盛麟添、赵扬、商建波、何文杰、傅雷晓萌、董阳、王薇、张涛、陆平、赵亚楠、钟一楠；参加高中版编写的核心作者有：张红娟、侯静、彭玉群、韩晓、王延、李香艳、钱微达、刘茜茜、沈晓翠、孙海涛、刘炯明、庄唯誉、郑敏、林艺玲、孙美琪、武衍杰、陈寒与、阮雪丹、王朝晖、刘妍、裴范翔、杜夔萌、翟青玉、马明会、刘昕、沈晓翠、康凌一、郭菁华、刘淑君、曾华淑、李欣欣、叶海洋、宫春艳、杨琳琳、黄宇晗、韩冬、苏文墉、李艳、宋兆爽、李明娟。佘晓敏、杨伏勇、吴正帅、赵扬、庞艳丽参与了该套书的研讨和审读工作。

山东科学技术出版社对本套书的出版极为重视，在编写、出版等方面给予了大力支持。在编写、修改和审校过程中得到很多教育专家、教研员和优秀一线教师的指导和帮助，在此向他们表示诚挚的谢意！

由于时间的关系，书中还存在不足及需要完善之处，衷心希望广大化学专家、师生及教学研究人员提出宝贵意见，以便使其不断完善。

编者

2024 年 12 月